残像のモダニズム

「共感のヒューマニズム」をめざして

残像のモダニズム

「共感のヒューマニズム」をめざして

槇 文彦

岩波書店

序文

本書は『記憶の形象』（一九九二年）、『漂うモダニズム』（二〇一三年）に続く私の都市・建築に関する第三のエッセイ集である。

その間に四半世紀を経ているが、改めてそうした時がつくりだしてきた私たちをとりまく環境の変化の大きさに驚く。しかし一方、日本の自然、歴史的な名跡、そして人々の残した思想、言説は私たちに時を超えた定点を与えてくれている。我々の理性と感性の世界もそのあいだを揺れ動いているのだ。

一世紀前に生を享けたモダニズムの発生期、また転換期の証言として、今年一〇〇歳を迎えたI・M・ペイ氏、そして当時九〇歳を超えていたルシオ・コスタ氏のインタビューがこのエッセイ集にはおさめられている。彼らの言葉は今でも瑞々しく、その時代を映しだしている。そして最近初めて日本語に翻訳されたル・コルビュジエの『輝ける都市』（二〇一六年、原著一九三五年）も時代の証言に加えていいだろう。

時は人間に対する残酷な審判でもある。私自身もこの一〇年のあいだに、メタボリズムの友人やチームX《テン》のメンバーを含めて数多くの友人たちを喪ってきた。会えない、話せない、それだけではない。ともに過ごした数々の想い出もやがて忘却の彼方へ失われていく。それだけに、彼らの想い出を文字に残しておくことは私にとっても貴重な仕事である。

私自身が過ごしてきた時を独りの旅としてふり返ると、そこから呼び起こされる記憶のあるものは、建築家として設計に、あるいは書くことの発想にも繋がってきたといえる。これらのさまざまな想いがこの本のⅡ章、Ⅲ章におさめられている。

冒頭に述べた変化をふまえて、現在の建築、建築家のありかたをどうみていくべきなのか。

私は今日、いわゆるお上社会のなかでの我々建築家の発言力、社会的地位の低下に大きな憂いをもっている。

冒頭のエッセイ「変貌する建築家の生態」は、建築家の仕事のグローバリゼーションにおける、その生態を「軍隊vs.民兵」という構図によって提示している。別な表現をするならば、かつて弁護士、医者と並んで三大自由職業の一つであった建築家の主権が、国家権力によってその自由度を失いつつある現実を分析している。そしてそれに対して建築家たちもしだいにもの申さなくなってきている。こうした現状に対する一つの反論が、Ⅴ章におさめられた一連の新国立競技場計画に関する記録である。「「宴」のあと」の鼎談の最後に記された、誰も責任をとらない日本社会のメンタリティが太平洋戦争のはじめから今日に至るまでの負の遺産として残されているという証言には、重いものがあるといってよい。

しかし厳しい現実の世界のなかで、我々はまだ希望を失ったわけではない。前著『漂うモダニズム』において指摘しているように、かつてモダニズムという大きな船に乗っていた我々建築家たちは、一九七〇年代を境に船を、そしてモダニズムのセオリー、スタイル、マニフェストを失い、みな、大海原に投げだされてしまっている。そこでは一人ひとりの建築家が自己の生存、すなわちアイデンティティの確保を必死に求めながら、さらに一つのうねりを求めて泳ぎ続けなければならなくなっている。

我々日本人にとって大きなうねりの一つは「都市のＤＮＡ」(Ⅳ章)で指摘している優しさの文化であろう。さらに視点を東京に移し、最後に、一人の建築家として、これまでの仕事を通して感じているもう一つのうねり——それは新しいヒューマニズムの建築ではないか——そうした思いの軌跡をⅥ章にまとめている。それが本書の副題を「「共感のヒューマニズム」をめざして」とした所以である。

そこに一つの未来への希望を私は見出そうとしている。

残像のモダニズム

「共感のヒューマニズム」をめざして

目次

序文

I　「漂うモダニズム」その後

変貌する建築家の生態――3

応答「漂うモダニズム」に応える――30

Another Utopia――54

II　モダニズム　回想と証言

インタビュー　I・M・ペイ――次世代におくるメッセージ――69

インタビュー　ルシオ・コスタ――ブラジリア　時が育んだ都市の「根」――127

コルビュジエの『輝ける都市』――141

ハーヴァード大学「都市デザイン会議」でのジェイン・ジェイコブズ――145

Ⅲ 出会い・記憶・旅――蒼生のころへ
オマージュとしての建築 151
旅とはなにか 164
私の蒼生のころの歴史 169
パナティナイコとの出会い 172
第三走者・阪田誠造 175
空間と人間――追悼・宇佐美圭司 184
朝倉徳道さんを偲んで 187

Ⅳ 東京 ヒューマンな都市づくり
都市のDNA 193
細粒都市東京とその将来像 196
ミニコミュニティ・プランニング――明日の東京と建築家 206
都市に潜在する情景 212

Ⅴ　新国立競技場問題が残した問い

新国立競技場案を神宮外苑の歴史的文脈の中で考える――219
それでも我々は主張し続ける――新国立競技場案について――235
座談会「宴」のあと――254

Ⅵ　新しいヒューマニズムの建築をめざして

群造形――その四五年の軌跡――281
空間・時間・建築――302
つくり、書いてきた半世紀をふりかえって――316

初出一覧――321
あとがき――327

Ⅰ　「漂うモダニズム」その後

変貌する建築家の生態

はじめに

二〇一二年に発表した「漂うモダニズム」[*1]では、主に設計者としての建築家の立場から、我々が直面する現在のモダニズムとの関係性の考察を試みた。このエッセイを受けて刊行された真壁智治氏との共編著『応答 漂うモダニズム』において、私は建築家・建築史家らによる多くの「応答」にさらに応えて一文を寄せている。[*2]そこで「軍隊 vs. 民兵」という比喩を用いて指摘した、建築家の新しい生態を、ここではグローバルな視点からもう少し精《くわ》しく考えてみたい。

理性と感性の交錯する世界

私の手許に、建築家の職能の歴史をまとめた一冊の本がある。『建築家』[*3]は、私が最も敬愛する建築史家の一人であるスピロ・コストフ(一九三六―九一年)の手になるものである。コストフは同書の第一章で、古代エジプト、ギリシャにおける建築家の資格として次のように述べている。建築家に求められる才能とは、巧妙さといわれる類の独創性ある閃《ひらめ》きと、学識という、二つの異なる資質である、と。

＊1　槇文彦「漂うモダニズム」『漂うモダニズム』左右社、二〇一三年(初出：『新建築』二〇一二年九月号)。

＊2　本書三〇頁以下参照(初出：槇文彦「応答「漂うモダニズム」に応える」槇文彦・真壁智治編著『応答 漂うモダニズム』左右社、二〇一五年)。

＊3　スピロ・コストフ編、槇文彦監訳『建築家――職能の歴史』日経アーキテクチュア・ブックス、一九八一年。

これは理性と感性にまたがる世界における資質であるといえるだろう。建築家をとりまく社会環境は劇的に変わっていくが、古代より数千年を経て今日に至るまで、建築家に対し社会が期待してきたもの、あるいは建築家が自己の職能の確立のために獲得しようとしてきた資質の目標は、ほとんど不変であったといってよいのではないか。

古代から中世まで彼らの職能の歴史とは、たとえ扱う素材が石であれ、木であれ、おおよそ工匠の歴史であったといえよう。しかし幾つかの注目すべき事象がその間にあらわれる。

その第一は、一四世紀フランスのシャルル五世の時代、建築施設の増加に対応するため、王室建設局が誕生したことである。当然、当初は親方、公証人、何人かの石工から成り立つささやかな組織であったが、やがて大きくなるにつれ、個々の仕事もしだいに専門化し、複雑化していったといわれている。これは今日の組織事務所の生態にも通じる。さらに重要なことは、建築アカデミー、すなわち建築を職業としてめざす人々のための教育機関がその頃成立し、その後の建築職能のありかたに多くの影響を与えていった事実である。

周知のように、今日的な建築家の職能団体としては、一九世紀初頭のイギリス建築家協会が挙げられる。急成長を遂げはじめた建設産業の台頭によって、施主、建築家、施工業者のあいだで、与えられた役割、業務、そして職業倫理に関してそれぞれ近代的視野に立った議論が活発化した。

その一九世紀のイギリスで最も脚光を浴びた総合請負業者にトマス・キュービットがいる。明治時代、工部大学校造家学科(今日の東京大学工学部建築学科)の最初の卒業生の一人であった辰野金吾は、卒業後、日本銀行の設計にあたって、師ジョサイア・コンドルの勧めで一年にわたって彼らのところで修業をしている。

たまたま現在、私の事務所では、ロンドンのキングスクロス駅周辺の一部で、アガ・カーン財団関係のプロジェクトが進行中である。その建築は、再開発の中心的広場である「キュービットプラザ」に面している。この広場は駅を設計した、トマスの弟ルイ・キュービットにちなんで名付けられた。キュービット一族は、当時の英国王室からも大きな信頼を得ていたとされるが、それにしても都市の重要な道路、広場などに、彼らのような一介の請負業者の名が冠せられるのは珍しいことといわねばならない。

日本の近代化過程における建築家像

明治維新後、急速な都市の近代化に迫られた日本は、都市についてはドイツからヘルマン・エンデ、ヴィルヘルム・ベックマン、建築に関してはイギリスからジョサイア・コンドルを招聘している。コンドルは一八七七年に創設された工部大学校で教鞭をとるが、日本人を妻とし、退官後も生涯日本で設計活動に従事した。一方、造家学科の第一回卒業生であった辰野金吾、曾禰達蔵、片山東熊《とうくま》も、それぞれ若年にして当時の重要な政府機関、あるいは財界の人々の住居、施設を手がけている。当然、まだ建築家の数の少なかった時代でもあり、彼らは古代エジプトやギリシャのマスター・アーキテクトほどではなかったが、今日でいえばいわゆるブランド・アーキテクトとして、それなりの社会的地位にふさわしい活動の場が与えられていたのではなかったか。

日本では他の開発途上国と異なり、素材こそ木造中心であったが、伝統的に優れた施工技術の歴史のある国であり、西洋から渡来した建築施工技術を自己のものとするのにさほどの時間はかからなかった。やはり私の事務所は、一九〇七年に曾禰達蔵（曾禰中條建築事務所)が設計した慶應義塾大学三田キャンパスの、煉瓦造の旧図書館の改修、保存の仕事にかかわった。だが明治時代につくられたこの図書館の仕上がりのレベルは、ヨーロッパのそれと比較してもまったく遜色ないものである。その施工はすべて日本人の手によって行なわれ、唯一、イギリスから輸入しなければならなかったのは鉄製の窓枠だったという。辰野金吾の日本銀行(一八九六年)や東京駅(一九一四年)、あるいは片山東熊の赤坂離宮(現・迎賓館、一九〇九年)なども、建設後、若干の手入れはあったとしても、今日十分に我々の眼をたのしませてくれている。おそらく彼ら建築家にとっても、幸せな時代だったといえよう。

その後、モダニズム建築の到来とともにヨーロッパ、アメリカ、そして日本でも新しい建築家が輩出された。今彼らの生態を改めてみてみたいと思う。

初期モダニズムの巨匠たちと「生活革命」の息吹

アメリカのフランク・ロイド・ライト(一八六七―一九五九年)を除けば、初期モダニズム建築の歴史に大きな功績を残した建築家のほとんどが、一八八〇―一九二〇年のあいだの四〇年間に生を享けている。彼らの初期の作品の多くは彼らが三〇代の頃、すなわち一九一〇年以降につくられた。これは、モダニズムの黎明期とも一致する。なぜこの時期、モダニズムの母胎となる優れた建築家が輩出されたのだろうか。それはよくいわれる新しい建築技術の登場という理由だけではなかった。むしろ、その背後にあった生活革命の息吹のほうがはるかに大きかったのではないか。

ロンドンの水晶宮(一八五一年)の設計者J・パクストンはランドスケープアーキテクトであり、シュレーダー邸(一九二四年)の設計者G・リートフェルトは家具職人であった。ロシア構成主義の立役者たちはみなアーティストでもあった。このように単に建築家だけでなく、誰もが参加し得たのがその時代のモダニズムの特徴であり、彼らとともに建築が生みだす新しい生活のありかたをたのしもうという施主たちがいたからこそ、優れたモダニズムの建築が誕生したといえるだろう。彼らはその生活革命がもたらす自由を存分に満喫しようとしていた。

このように優れたアイディアをもった人たちと、その実現に手を貸した進歩的な施主たちとの幸せな出会い。これについては前述の『応答』でも指摘している。

それでは、彼ら建築家たちの生態とはどんなものであったのだろうか？　設計の対象とされる建物は住居か、あるいはそれほど大きくない施設であったので、彼らのアトリエは一人のマスターを中心とした、一桁の人数の小集団であったに違いない。

そこではマスターとそれに師事する者とのあいだの一対一の対話からデザイン、図面が生まれた。かつて土浦亀城事務所に勤めていた小川信子は、彼女が描いた図面が土浦自身の手によって真っ赤に修正されて返ってくるのが常であったと回想している。そしてそこで十分に学んだ者はやがて独り立ちして、建築家として巣立っていく。それが典型的なアトリエ事務所の姿であり、そこから次の世代のアトリエ事務所が生まれていくという生態は今日まで続いている。

土浦亀城は学生時代に帝国ホテルの工事現場を訪れ、そこでのフランク・ロイド・ライト事務所の仕事ぶりに感動し、直ちにその現場で働くことを希望したという。一九二二年に帝国ホテルの仕事が終わったあとも、ライトの勧めによって、夫婦で彼の米国事務所に滞在したことはよく知られている。しかし、土浦はロサンゼルスに滞在中、ルドルフ・シンドラーの作品にも接し、またヨーロッパを経て帰国するあいだに、ヨーロッパ・モダニズムの洗礼を受けている。土浦は、帰国後設計した目黒の自邸の写真をライトに送ったが、そこにはライト特有の空間のダイナミズムこそうかがえるものの、ライト自身、それを見ていたく傷ついたという話が今でも語り伝えられている。同様に、ライトの事務所に入所し、帝国ホテル建設のためともに来日したアントニン・レーモンドも、師匠との意見の相違からやがてアトリエを去り、独立後の作風に彼の影響はみられない。しかし一方において遠藤新のように、独立後もライト風の建築の姿を生涯変えることはなかった建築家もいた。

私は一九五三年、アメリカのクランブルック・アカデミー・オブ・アートを修了し、ハーヴァードで学ぶ前の夏休みに、近くにあるオールデン・ダウの事務所で働いた。オールデン・ダウはダウ・ケミカル社の創業者家族の一人で、まったく生活に困らない資産家であった。そして事務所も、作品も、徹底して瀟洒なライト風そのものであった。私はそこで家具の図面などを描いた。土浦亀城とアントニン・レーモンド、対する遠藤新とオールデン・ダウ――そこにまったく対照的な建築家としての生涯をみることができる。

豊川斎赫は『丹下健三』[*4]のなかで、浅田孝から黒川紀章まで、私も含めて八人の丹下健三研究室出身者の独立後の生態について一章を割いている。ひとことでいえば、この八人の作品に丹下健三の作風に近いものはほとんどなく、しかも彼ら同士の作風もまったくそれぞれ異なっている。

同じことはル・コルビュジエに学んだ前川國男、坂倉準三、吉阪隆正についてもあてはまるだろう。なぜか。その理由は二つあると思う。一つは、たとえば宇宙物理学であれば、次に何を検証し、発見するかについて明確な目標が存在し、それまで築き上げて

＊4　豊川斎赫『丹下健三――戦後日本の構想者』岩波新書、二〇一六年。

きたさまざまな研究土壌の上に新しい思考が成立していくのであろうが、建築はそれと異なる。イエスかノーかという答えを求めていない世界なのである。「漂うモダニズム」でも言及しているように、医学は病気を治す、あるいは病気をふせぐとの明確な目的をもち、その目的を達成するために研究がある。それと比較して建築は誰もが、いつも共有する目的の存在しない世界なのである。

さらに、優れた師匠に師事し、生涯彼を尊敬する、あるいは彼から学び続けることはあったとしても、遠藤新のような特別のケースを除けば、それよりはるかに自我の表現に対する意志と欲望が支配する世界なのだ。そして自我の強いマスターから、さらに自我の強い弟子たちが生まれてくる傾向がある。

一例を挙げよう。生前、丹下健三をして「もしも彼がいなかったらあの代々木の国立競技場はできなかった」と言わしめた神谷宏治は独立後、彼なりに優れた作品を残していった。だが、そこに国立代々木競技場（一九六四年）や香川県庁舎（一九五八年）の協力者としての面影はない。彼が生涯情熱をもった、「コーポラティブ」という複数の住人との話し合いによってつくりあげていく集合住宅の考え方は、一人の建築家の意思が絶対的に支配する丹下健三の世界の対極にある。冒頭でコストフの言葉から引用した、感性と理性の世界が説明し難いかたちで生まれてくる建築の世界が、神谷の建築にも展開している。

村野藤吾も、きわめて優れた感性の持ち主であったゆえ、彼の後継者はいない。それはそれでよいのだ。

しかし優れたアトリエ事務所から次の新しい志をもった建築家が生まれていく現象は、現在まで維持されてきたといってよい。

年月ということでいえば、私の事務所は二〇一五年に創立五〇周年を迎えた。その間約一〇〇人の人たちが巣立っていったが、中規模のアトリエ事務所としては平均滞在年数が長いといわれている。最近行なった我々の調査によれば、かつて事務所にいた人たちから八〇の小さなアトリエ事務所が誕生した。もちろんそのまま維持されなかったところも少なくないが、この半世紀に同じような現象が他の多くのアトリエ事務所でも起きていたと考えれば、それは膨大な数に達するだろう。

「漂うモダニズム」では、それでも一九七〇年頃までは、多くの建築家たちは、一隻の船に乗っていると信じていたと述べた。今日その船はなくなり、一人ひとりの建築家が大海原を漂いはじめている。そこで泳ぎ切るために必要なのは、たんにデザインの能力だけでなく、体力であると信じる者も多くなってきている。

新しい建築業務、「民兵」の胎動

先進国のなかで特に激しい人口減少、それに伴う高齢化の進む日本では、建築市場のパイは確実に減少している。もちろん、この事実を多くの建築家がすでに認識している。たとえば『これからの建築士』[*5]という本は一七の例を挙げ、活動領域を広めるために、建築家がもっと周辺の地域社会との関係を強化し、そこから新しいプロジェクトを醸成していく方法や、あるいは新しい住宅づくりのシステムのなかで施工にまでかかわるかたちで参加する方法など、ものづくりそのものの本質を見直すことによって職能の拡大を考える人たちが着実に増えていることを示している。

これらの真摯な草の根的運動については、『応答』において、彼らはもはや「ゲリラ」ではなく、立派な「民兵」であると指摘した。新しい建築家のアイデンティティとして、

＊5　倉方俊輔・吉良森子・中村勉編著『これからの建築士——職能を拡げる17の取り組み』学芸出版社、二〇一六年。

「エコ・アーキテクチャー」を追求する一群もそのなかに入れてよいだろう。

建築家が施工に深くかかわるシステムはすでに諸外国でも試みられている。八〇年代になるが、ペルーのＰＲＥＶＩプロジェクトで知り合ったスイスのアトリエ・ファイブはかなり大きな事務所でありながら、数少ないプロジェクトで維持しているのを不思議に思い、直接尋ねたことがある。すると、スイスでは設計事務所がときにプロジェクトの設計から下請業者の施工管理まで請負うことにより高い収益を上げられることを知った。このシステムは隣国オーストリアでも許されているという。かつてＵＩＡ（国際建築家連合）主催の学生コンペの審査で知り合った著名な建築家、カール・シュヴァンツァーも大きなプロジェクトの施工に参加していたが、それなりのリスクも存在したようだ。

この静かな胎動が、日本では着実に広がりをみせている。

たとえば二〇一六年、ヴェネチア・ビエンナーレの日本館の展示で、キュレーターの山名善之は「縁」をテーマに、日本の若い建築家の作品を一二点選定し、注目を浴びた。[*6] 彼は「縁」には人・モノ・地域の三つがあるとして、その命題のもとそれぞれの作品を取り上げている。それらの作品には、先に挙げた『これからの建築士』に取り上げられているものもあり、作者たちの姿勢には強く通底するものがある。そこではたとえば半内部化された地表のオープンスペースの利用から生まれるさまざまな人のふるまい、あるいはその汎用性によって拡大されるコミュニティ意識の醸成が示されており、塚本由晴が唱えるコモナリティの思想にも通じるものがある。

この展示では古い民家のリノベーションも紹介されているが、そのなかで既存の住居を真っ二つに垂直に切り離し、その切り口に設けられた見事なアトリウムは、リノベーションによってのみ初めて実現した独創的な空間である。保存、再生を通じて、そこに

＊6 山名善之・菱川勢一・内野正樹・篠原雅武編『en［縁］：アート・オブ・ネクサス――第15回ヴェネチア・ビエンナーレ国際建築展日本館公式カタログ』ＴＯＴＯ出版、二〇一六年。

新しいローカリズムが発生している。それを直ちに広域のリージョナリズムと結びつけることは難しいとしても、そのふるまいの空間化は、ちょうどかつてのヴァナキュラー建築の生成にみられるように、新しい建築の社会化の可能性を示唆している。

これらの建築家の姿勢に共通して強くあらわれてくるのは「地面」に対する愛着である。彼らは地面を人一倍愛する。かつてヴァナキュラーな建築を育てた人々がそうであったように、その場所特有の天候、地勢、風、樹木、また地続きに住む隣人、さらには周辺の人々のふるまいから、彼らはときに啓示を受けている。

一方、最近、ニューヨークのパークアヴェニューの一角に出現したコンドミニアムがちょっと話題となった。高さ四〇〇メートルに及ぶ正方形の断面をもった建築は、周辺から抜きんでた、割箸のような形態をもつ。最上階の数フロアは各階一戸のアパートによって独占され、一つのフロアに八つの寝室があり、価格は九〇億円とも一〇〇億円ともいわれている。考えてみると、スカイツリーもエッフェル塔も、若干の入場料を支払えば誰もが最上階からの眺望を享受できる。だが、このコンドミニアムではその眺望が数人の住人と彼らのゲストによって専有されている。ネオリベラリズムの象徴ともいえるこのプロジェクトと、わずかな地面を愛する人たち。ここにもグローバルなスケールのなかで二つの極端な対比が浮かび上がってくる。

「漂うモダニズム」で私は建築の空間化、建築化、社会化について述べているが、『応答 漂うモダニズム』において塚本由晴は、建築がつくられる空間化の時点で、商業資本主義によってすでに建築家はイニシアティヴをとれなくなっていると指摘している。パークアヴェニューのこのプロジェクトは、まさに都市空間に対する商業資本主義の挑戦が可視化された例ではないだろうか。

ボトムアップの都市再生の力学は、日本のみならず、グローバルなスケールでようやく胎動をはじめている。しかし他方で、この一世紀のあいだ、とくにインド、中国といったかつての開発途上国を含め、各地で爆発的な都市化が進行しつつある。『応答』のエッセイでも紹介したスペインの地理学者フランセスク・ムニョス・ラミレスの近著『俗都市化』[*7]が指摘しているように、一九八九年のベルリンの壁崩壊後、急速に拡大したネオリベラリズムと余剰資本が、全世界的な規模で都市化の一つの原動力となっている。換言すれば、どこにでもあり得る、ありふれた都市イメージの生産が「民兵」のそれと比較できないスケールで進行しつつあるということだ。そしてその現象は、私のいう「軍隊」によって、二〇世紀から今世紀にかけて推進されている。彼ら新しい建築家の生態について少し述べてみたい。

ここで断っておきたいのは、「軍隊」という表現は、私が新しくつくったものではないことだ。驚くべきことに、今から半世紀近く前、前川國男は私との対談[*8]のなかで、「軍隊」という言葉をある雑誌の記事より引用している。少し長くなるがその一節を紹介しておきたい。

この間、デンマークの、『モビリア』という雑誌がありますが、あれをめくっていましたら、〝何を、なぜ、デザインするか〟、What and why? というような表題で、なんとかという人が書いている文章が目についたんですが、つまり、何を、なぜ、デザインするのかというようなことを、深刻にデザイナーが自分自身に問いたださなければいかんという事柄を、その人は書いているんですが、そのなかに非常に身につまされることが書いてあった。……『モビリア』というのは、イ

＊7　フランセスク・ムニョス、竹中克行・笹野益生訳『俗都市化──ありふれた景観　グローバルな場所』昭和堂、二〇一三年。

＊8　前川國男×槇文彦、対談「建築はどうなる」『建築家』一九七二年夏号。

ンダストリー・デザイナーの雑誌でしょうから、そういうような分野のアーティストのことをいってるんだろうと思うんですが、……ちょうど軍隊にいる若者みたいなものだ。軍隊にいる若者はある意味において非常に安泰である。つまり雨露をしのぐ兵営というものは与えられる。食べ物はカロリーのちゃんと整ったものを与えられる。そしてデシジョンというのは自分でする必要はない。ほかのところで誰かのやるデシジョンに従えばいいんだ。そういう意味の安泰感といいますか、安全感というものを、軍隊における若者は持っているんだ。ビッグインダストリーにいる若者というのは、ある意味において、そういうような環境におかれている人たちじゃないかという書き出しで、What and why? という文章が続けられておったのですが、非常に示唆的な文章だったと、私は記憶しているんです。とにかくそういうような問題意識が世界中どこでも、何らかの形で起こっているということは確実であるということがいえると思うんです。

これは今から四五年前の言葉である。

「軍隊」という組織

私は二一世紀以後、世界各国でのプロジェクトを通して、協力事務所として組織事務所に接したり、またその生態を親しく目撃する機会を得た。たとえばアメリカの代表的な組織事務所では、何人かのパートナーと、すぐその下にディレクター格の数人がいて、組織のマネジメントと重要なプロジェクトをそれぞれ担当する。日本と異なるのはこのトップの人々のあいだにも、暗黙の競合がつねに行なわれていることである。たとえば私が半世紀前に勤めていた初期のＳＯＭ（Skidmore, Owings & Merrill）のナンバーワン・パートナーはゴードン・バンシャフトであった。しかし、誰が次の地位を占めるかという激しい競争について、我々のように無関係な下っ端の人間は、まるでソ連のポリトビユーローのようだと陰口を叩いていた。つまりトップの一握り以外の所員はみな、出所も自由で、その点ではアトリエ事務所とあまり変わらない。しかし後に述べるように、つねに戦力の拡大を怠らない点で、組織事務所は共通した姿勢を維持してきた。それなりに名の売れたパートナーたちは建築メディアにも登場する。

これがヨーロッパになると事情は少し異なってくる。たとえばフランスやオーストリアでは、アメリカや日本のように大きな組織事務所はみられないという。その代わり小さな事務所が大きな仕事に直面した際に協力する規模の大きいアトリエ事務所があるようだ。

とはいえ、ここで注目したいのは、ヨーロッパでは最近名のある建築家、いわゆるブランド建築家の名を冠した事務所の多くが三桁の数の所員を抱えはじめているという事実である。ノーマン・フォスターの事務所には一五〇〇人の所員がいるという。かつてのブランド建築家であったリチャード・ロジャース、ヘルツォーク&ド・ムーロン、ＭＯＡ（MOA Architecture）、ジャン・ヌーヴェル等も例外ではない。

二〇一六年に亡くなったザハ・ハディドの事務所は、約四五〇人を擁していた。彼女について次のようなエピソードがある。

二〇一五年の一月、バングラデシュの首都ダッカでの国際建築のシンポジウムに私と一緒に招《よ》ばれていたウィリアム・カーティスが、壇上で話をしていた。コルビュジエの評論によっても著名な建築史家である。彼は最近マドリッドで、ザハの講演会に出向いたという。講演が終わり、観衆の一人が、「あなたの事務所はスペインでも多くのプロジェクトを抱えているときくが、全部で何件になるのか」と尋ねた。しかしザハはその質問に答えられず、後ろに坐っていた所員に確認していたという。「それらのプロジェクトはどこで進んでいるのか」という次の質問に対しても、一緒に来た所員の助けを借りなければならなかった。

二〇一二年、ザハによる新国立競技場案が「国際デザイン競技」の最優秀賞に選ばれたとき、多くの日本のメディアは彼女が「アンビルトの女王」と呼ばれたことに言及した。だが、カーティスが講演を聞いた当時の彼女は、すでにオーヴァービルトの女王であったのだ。

なぜこのような現象が起きているのだろうか。流動する国際資本がその財力と情報力によって、ブランドを利用しはじめたのが一つの契機といえるだろう。ブランド建築家たちもそうした機会をとらえてさらなるパワーアップを志向しはじめた。つまり、ブランド・アーキテクトがパワー・アーキテクトになりつつあるのだ。パワーはさまざまな理由でさらなるパワーを求める傾向がある。本物の軍隊と同じなのだ。そして国際的なメディアが彼らの欲望を助長するといった構図がそこにあらわれてくる。

日本でそうしたことはほとんどないが、彼らのふるまいはゴシップの種にもなっている。ちょうど芸能界のそれのように。最近、スイス・チューリヒのETH（スイス連邦工科大学チューリヒ校）を訪れた際、昼食時に次のような話をきいた。スイスが生んだ最大のブランド・アーキテクトはヘルツォーク＆ド・ムーロンの事務所である。最近その事務所で新しいCEOが任命され、それを伝える記事は新聞の文化欄ではなく、経済欄で報じられた――このことが、ちょっとした話題として紹介されたのである。私はかつて謙虚に好ましい作品をつくっていた蒼生の頃の彼らをよく知っているだけに、ちょっと寂しい気持ちに襲われた。三桁の数の所員を維持していくのは容易ではない。ときに、国際的な建築家が国外のよくもこんなところのこんなものまで、と思うようなプロポーザルに参加しているのを目撃することがある。所員の一人が一日パソコンの前に坐って、世界中のそうした機会をネットで探しているのかもしれない。

彼らの仕事をどう評価すべきだろうか。私も彼らの多くの作品を見る機会があったが、良いものもあれば、たいして良くないものもあり、当然、玉石混淆である。彼らにとってはつねに良い建物をつくる以上に、重要な建物をつくり続けているというイメージを社会的に維持するほうがより大事なようだ。

ところで日本の「軍隊」の生態について考えてみたい。ひとことで総括すれば、ヨーロッパのそれと比較すると、それは顔のない「軍隊」である。またアメリカ、ヨーロッパのそれと比較すれば、組織の上層部も含めて、全体のなかでの出入りは少ない。とくに日本の場合、スーパーゼネコンの多くは優れた設計部門を擁しており、その規模からいって、当然彼らも「軍隊」と称してよい。巨大住宅産業を代表する「○○ハウス」では、他の産業組織と同様に、日本特有の終身雇用制が採用されている。だが日本でも、組織とはパワーなりという信条は変わらないようだ。名の知られた建築家を多く擁する海外の顔のある「軍隊」のように、グローバルなスケールでの市場開拓が難しい日本の組織事務所では、縮小する国内市場における一つの販路として、CM(Construction Management)業務の拡大、あるいは基本構想のレベルでの大きなプロジェクトへの参加を追求している。彼らは広大なアメリカなどと違い、狭い日本中に支店網を敷き、プロジェクト獲得のための情報収集などその利点を最大限に生かそうという姿勢である。

組織との仕事――国内外の設計環境の変化について

我々はとくにここ数十年間、国内外の組織とさまざまなかたちで仕事をしてきた。もちろん私の限られた個人的経験から一般論を引きだすことは避けなければならないが、それぞれの組織体がもつ文化的特質を経験することは有意義なことであった。

私が初めてCM業務という職能に触れたのは一九八〇年の終わり、サンフランシスコのイエルバ・ブエナ・アートセンター(一九九三年竣工)という中規模のプロジェクトであった。施主を代行してコストとスケジュールのマネジメントを行なう業務だといわれたが、我々の施工監理の内容はそれほど変わらなかった。

だが、我々が驚愕したのは、その高額のフィーを知ったときであった。その疑問を現地の知人に投げかけると、それは施主に代わって責任を負うというかたちでの保険の額であるとの答えが返ってきた。

それから二五年間、海外のみならず日本でもCM、PM(Project Management)が参加したプロジェクトの経験をもつが、正直なところ、CM、PM業務とはこうなのかという納得のいった経験は少ない。CM業務は施主側が十分プロジェクトを管理する能力をもたない場合、あるいは責任回避の手段として、施主側の要請によってその導入が決定される。近年、日本で同規模の公共施設の設計、監理にかかわった際、一つはPMなし、他方はPMありの仕事であったが、PMなしの場合、我々が今まで経験してきた方式で何ら問題はなかったことを報告しておきたい。

一方、海外で仕事をする場合、ふつう、我々は設計から工事完成までのデザインに責任をもつ design architect であり、それ以外のプロジェクトの一切の責任をもつ record architect との協力によって仕事が進められていく。それぞれの協力度は仕事の内容、段階によって変わっていくが、record architect は我々のようなアトリエ事務所の場合もあれば、組織事務所の場合もある。そしてその協力度は事務所の体質以外に、我々のプロジェクトに参加した担当が、我々と同じ情熱をもってくれるかどうかで大きく異なる。だが海外の建築事務所の面白いところは、担当者が帰属する組織への忠誠心が一般に日本より低いので、我々の仕事から、何かをつかみだそうという意志のある若い建築家もいることである。プロジェクトを通じて知り合った何人かの若い建築家は、後に我々の事務所に転職してきている。

日本での経験は少し異なる。たとえばＤＢ(Design-Build)方式、ＰＦＩ(Private Finance Initiative)方式では直接ゼネコンの設計部と協力し、組織事務所とは環境整備、構造、あるいは設備を分担して協力してもらうことが多い。そこでの協力の満足度は、やはりどのくらいより良いものをつくりだしたいかという情熱の存在にもかかっているが、一般的に我々の満足度は低くない。我々のつきあう組織には、情熱はともかく、優秀な技量をもった人たちが多いからである。我々のように過去数十年間、経験と技量を蓄積してきた事務所に対しては、それなりの敬意が払われているので仕事をしやすい面があるのも事実である。しかし、たとえば経験の少ない若い建築家が監修者として、あるいは基本設計者として参加するとき、組織事務所が同じように公平な態度で彼らとつきあっているかについては、大きな疑問が残る。

先に述べたようにオーストリアには、「軍隊」は存在しないという。もしも若い事務所が大きな仕事を与えられたときには、それに協力する規模の少し大きい事務所があるようだ。そこでは基本構想をつくった者の案は十分に尊重され、協力事務所との協同作業を通して若い事務所が育っていく環境も整っている。

一方、日本では、公共機関がかかわるプロジェクトにおいて、実施設計者は工事監理の段階で設計の監修者としては残るが、別な監理者として多くの場合、組織事務所が充てられるという世にも不思議なシステムが存在する。我々も二度ほどそれを経験しているが、良い建物をつくりたい我々は監修者でありながら、結果的には所員をほとんど常駐監理者として現場に派遣し、監理者であるはずの組織から派遣された所員は定例会議にだけ出てくるという本末転倒の現象が起きている。結局、施工者も我々と相談してすべてを決めていく状況になってしまう。これは私たちだけではない。友人の建築家も同じ経験をしている。こんなことが許されていいのだろうか。なぜ第三者監理システムを決定したかについては彼らなりの言い分もあることは承知のうえで、このような他の国にはないシステムが、やがて日本の非公共施設にまで及んでくるのではないかという大きな危惧を私はもっている。

また、公共施設など大きなコンペの要綱作成から審査員の選定まで、基本構想段階の仕事ということで民間の組織事務所が参加することはたびたびあった。ただし基本構想策定における参加者は次の段階の設計コンペには参加できないというルールが近年まで存在していたが、いつの間にかそのルールが外され、基本構想者もコンペに参加可能となり、現実にその案がコンペの最優秀案として採択されたという例を目撃している。あるいは、地方の中規模図書館コンペへの応募資格として、「一級建築士二〇名以上の事務所に限る」という、笑い話にもならないプログラムを見たことがある。

一方、やはり最近ミュンヘンで行なわれたある劇場の国際コンペでは、書類審査の結果、まずは設計者が三〇者に絞られるが、そのうち五者は小事務所でなければならないと明記されている。グローバル化する建築社会のなかで、どのようにして建築文化を育てていくのがよいか。海外の参考となる良い例を取り上げて同じようにその実現をはかっていくのも一つの方法ではないだろうか。

先ほど、公共機関のかかわるプロジェクトで設計者と監理者を分離するシステムについて指摘したが、基本設計者と実施設計者を分離しようとするケースまで出てきており、大きな議論を巻き起こしている。ここでも、工事監理者と同様、実施設計者として組織事務所が待ち受けている。

「新国立競技場案を神宮外苑の歴史的文脈の中で考える」[*9]というエッセイで、私はお上社会から市民社会に移行し得ない日本の現状を指摘したが、上記の一連の動きはそうしたお上社会を逆に利用しようとする状況であるとすらいってよい。

先に触れた住宅産業もそのマーケットを拡大しつつある。かつて、コルビュジエ、ルイス・カーン、ポール・ルドルフなども、住宅設計から身を起こした作家であった。住宅からさらに大きな仕事へというロマンがなくなりつつあるのだ。

このようにアトリエ事務所を取り巻く設計環境は確実に悪化しつつある。自らのアイディアを苦労しながら実現し、その過程からさらに技術と知識を獲得していくという、我々の世代が若いときから踏襲してきた道が、これから建築を志す若い人には閉ざされかけているのではないかと思う。すくなくとも公共のプロジェクトでは。

紹介してきた数々の悪法をどのように是正していったらいいのだろうか。また誰がそれを率先して主張していったらいいのか。ＪＩＡ（日本建築家協会）も日本建築士会連合会も内部に組織のメンバーを抱えている以上、効果的な提言を行なうことは期待できない。しかしＪＩＡであれば、ＵＩＡのメンバーとして、他の国のより良い法制度、シス

＊9　本書二一九頁以下参照。槇文彦・大野秀敏編『新国立競技場、何が問題か――オリンピックの17日間と神宮の杜の100年』平凡社、二〇一四年（初出：『JIA MAGAZINE』二〇一三年八月号）。

テムなどを日本に積極的に紹介し、議論を起こしていく義務があるのではないか。いずれにしろ次の世代に、重い課題が課せられている。

アトリエ事務所に未来はあるのか

アトリエ事務所の未来をめぐる問いに最も敏感なのがこれから巣立つ建築家志望の若者だろう。これから建築はどうなるのか、不安をもつ若者が国内外を問わず多いということはすでにいってきたが、彼らの最大の不安は建築設計で生涯食べていけるのかという不安なのではないか。であれば、彼らの多くが組織志向なのは当然ともいえる。私の手許に、東京大学建築学科出身者の名簿があるが、一九九八年頃から、大学の研究室から教授の主宰する事務所に就職するわずかの人たちを除いて、アトリエ事務所に就職する者はほぼ皆無である。もちろん建築関係以外の産業、団体にも就職先が拡散していて、むしろその数のほうが建築の組織体に就職するよりも多くなっており、卒業時における設計離れが顕著にうかがえる。かつて、東京大学はともかく、東京藝術大学の卒業生はほとんどがアトリエ事務所志望であったが、もはやそうではないときく。大事務所からの勧誘も激しいという。私は希望するところに行きたいという若者たちの気持ちはよくわかるし、首尾よくそこに入れた人たちを批判するつもりはないが。

職能の歴史において、太古から近世まで絶対権力者の施主は存在していたとしても、今日のように、資本と「軍隊」、その背後にある国家権力がこのようなかたちで建築家の生態に関与してくることはなかった。

日本で大組織事務所、スーパーゼネコンで働く設計者、技術者の数は多く見積もっても二万人前後であろう。一方、『日経アーキテクチュア』[*10]によれば、二〇一四年時点で

*10 『日経アーキテクチュア』二〇一六年四月一四日号。

日本の一級建築事務所数は八万近く存在し、仮に将来の人口減に伴う減少を見込んでも、あるいはそこで働く所員数が一事務所当たり一桁であったとしても、その数は組織のそれよりも圧倒的に多い。アトリエ事務所が日本の建築文化を支えていく重要な柱であることには変わりはないだろう。しかし、問題は、そこに働く若者たちに未来はあるのだろうかということなのである。

たとえば、小さな自由をベースにさまざまな建築のありかたを展開している「民兵」たちの行動も、アトリエ事務所だからこそ成り立つものなのだ。モダニズムの黎明期の背後には、世界的な生活革命が存在したと述べたが、現在、もしかしたら第二の生活革命がたんに衣食住だけでなく、コミュニティ、情報、企業、そして教育のありかたも含めたより広範囲なレベルで進行しつつあるといってよい。その第二の生活革命に受けて立つのは、新しいジェネレーションの建築家である。私のいうアトリエ事務所vs.「軍隊」の対比について、友人の大野秀敏は、オーナーシェフのレストランとチェーンレストランにたとえられるのではないかと話していた。確かにアトリエ事務所は、オーナーシェフのレストランのように一皿、一皿つくるものによってアイデンティティ、すなわち自らの存在を維持しようとしていく。一方、チェーンレストランは顧客の平均的欲望に対するサービスを第一義的に考える。日本ではこの比喩はうまく通用するが、先に紹介したように顔のある「軍隊」に対してはどうであろうか。ここで料理の本質、つまり建築設計の特質についてもう一度考えてみたい。

小集団が生みだすアイディア——建築設計の特質とは

建築設計は設計の対象となる物件の規模、またそれが複数であるかの如何にかかわらず、つねに小集団によって実施されるという特質をもっている。たとえば私の経験では住宅の設計であれば一人から多くても三人、中規模の施設であれば四、五人。幕張メッセのような大規模な物件であっても一〇人を超すことはなかった。すべてその中核メンバーが設計の初期から実施設計完了まで行なうことを前提にした数字であるが、それはアトリエ事務所であろうと組織事務所であろうとあまり変わらない。だから一〇〇〇人の事務所では二〇〇件近い物件のデザインが処理されているかというと、そうではない。そこでは組織の管理や、維持のための営業活動の人員だけでなく、設計の分業、ときには外注も行なわれる。エッセイの冒頭で紹介した一四世紀のフランス王室建設局の分業、専門化が今日的な生態において、再登場している。

「軍隊」であれ、アトリエであれ、一つの物件に対しては、つねに小集団の自由な設計行為によってさまざまな建築が生産される。組織事務所から生まれたものがアトリエ事務所のそれよりも優れていることはもちろんあるし、その逆もある。小集団のさまざまな人間的行為であるからこそ、無数の結果が生まれるのである。そこに建築設計の本質が存在する。

対象物件の数を問わなければ、どんな大規模のプロジェクトであっても、二桁の陣容をもつアトリエ事務所であれば十分にその設計に対応し得るはずである。

しかし得てして、社会には大規模なプロジェクトは規模の大きい組織でしかできないのではないかという錯覚が存在する。だからこそ先に挙げた中規模の図書館のプロポーザルの参加資格として、二〇人以上の一級建築士をもつ組織とする例は、たんなる笑い話ではなく、そうした社会の無知を利用した悪質な行為だといわなければならない。

かつてコルビュジエが自動車の設計にも興味を示した時代があった。シトロエンの新鮮な登場を社会が歓迎した時代もあった。つまり自動車はデザインの対象となり得る存在であったのだ。自動車にも、家電製品にも、もはや個人の名が付されることはなくなった。ある意味においてカーデザイナーという主体が消失してしまったのだ。しかし建築設計では、それが小集団の自由な協同作業であるかぎり、その結果が設計主体の名を冠した作品として存続し得るという特質は保持されてきた。

このように、一件、一件の建築設計の特質は、それぞれが小集団の協同作業であるということにある点を、もう一度読者は確認していただきたい。なぜならばこの特質は海外、国内を問わず、とくにコンペにおいて象徴的にあらわれるからである。

コンペで問われるのはまさに小集団がつくりだすアイディアである。冒頭でコストフの言葉を紹介したように、その建築家（小集団）の才能、すなわち巧妙さといわれる類の独創性の優劣が競われる。過去の実績でも、事務所の規模でもない。シドニーのオペラハウス（一九七三年）、パリのポンピドゥー・センター（一九七七年）という二〇世紀の傑作も、卓越したアイディアがコンペで見出されることによって実現した。最近は、エジプトのカイロやノルウェーのオスロでの国際コンペで、やはり無名であった若い建築家たちの案が最優秀賞に選ばれている。すべてフェアーな条件のなかでの小集団の戦いから生まれた結果である。このようにコンペで選ばれることは、多くの建築家が抱く最大のロマンである。それだけにブランド建築家に最初から特典を与えようとした二〇一二年の新国立競技場の国際デザイン競技は、世界のコンペ史上に汚点を残すものではないか。私見では、審査委員会のメンバーの多くが、こうした建築設計の本質、ロマンを理解するだけの経験をもっていなかったためにあのようなプログラムとなったのではないかと思う。

私が構えているのも中規模のアトリエ事務所である。これまで内外の多くの「軍隊」と戦ってきたが、その戦果は決して悪くない。それは、こうした小集団設計の本質が存在していたこととともかかわっているだろう。

アトリエ事務所の建築家は、アーティストや小説家と同じように駄作をつくり続けることは許されない。だが、組織事務所では少々平凡な作品をつくり続けても、その存在が揺るがされることはあまりない。なぜなのだろう。この点を理解するには建築を作品でなく、より広義の社会的生産品として考えることが必要になってくる。

建物を社会が要求する生産品であるとみなすことができるなら、船舶、自動車、家電製品、その他諸々の生産品をつくりだす主体としての組織も存在できる。すると、他の産業と同様に、組織の維持、ときには拡大、生産の合理化、施主との信頼関係の維持が彼らの行動の基本的姿勢となる。私の知っているアメリカの組織事務所では、入社した所員に対し、第一に、施主の要求に逆らってはいけないといわれるという。

確かに社会は、そして多くの施主は、建築家がめざす「作品」を求めているのではなく、彼らを満足させる生産品を要求している場合が多い。大野のいうオーナーシェフとチェーンレストランの例であれば、外食に対する社会的ニーズをたがいにさしたるコンフリクトもなく満たしながら、共存している。しかし建築設計の場合、作品であることをめざす（全部ではないが）一部のアトリエ事務所の姿勢と、社会の要求を満たす建築生産品の提供をめざす組織事務所の姿勢は、市場のシェア争いとして摩擦を生じやすい。アトリエ事務所がめざす作品が十分に施主、社会の満足を満たす場合もあるし、組織事務所によって素晴らしい作品が生まれることももちろんあるからだ。

こうした価値の二重性をつねに背負っているために、建築の評価基準は、一定のもの

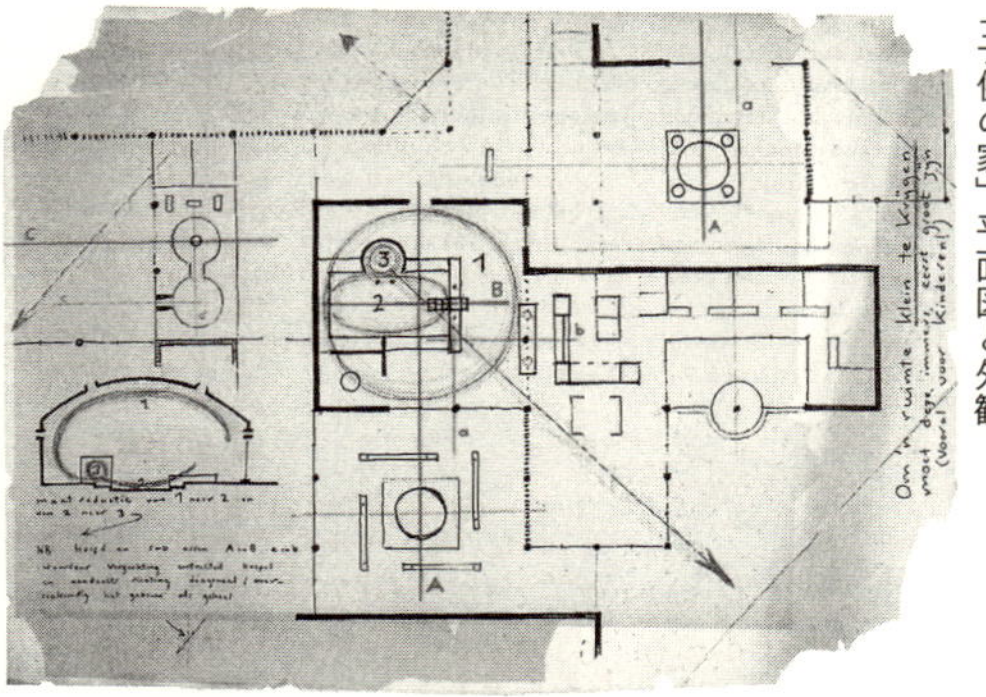

「子供の家」平面図と外観

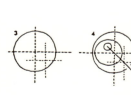

ではあり得ない。すくなくとも建築文化の維持と発展をめざす者は、建築の世界がチェーンレストランに支配されることは避けたいと考えている。誰もが納得する共存のためには、組織事務所、アトリエ、またときにコンペのゲームのルールに介入してくる官僚たちとのあいだで、徹底的な議論が行なわれなければならないと思う。

おわりに

ここまで述べてきたように、現代、そして後世まで建築文化を支えていくものは、アンビルトのものも含め、組織事務所かアトリエかを問わず、小集団のアイディアによってつくりだされる意欲的な建築作品群であることに間違いない。チェーンレストランからは真の食文化が生まれない。しかしヴァナキュラーな食文化は継承されていく。その意味で、小集団の数が圧倒的に多いアトリエ事務所の責任も重い。このことを考えても彼らの設計意欲を削ぐようなさまざまな制約条件はできるかぎり排除していかなければならない。

意欲的なデザインを生みだすものとして、「新しさ」を求める行為は一つのドライバーである。新しさとは、何も形態や空間の新しさを追求するものだけではない。むしろこれからの建築がもつべき新しい社会性の追求なのだ。すでに「民兵」たちの試みとして指摘してきたように、「第二の生活革命」が示唆する空間の形成、あるいはより広い意味での社会性をもった空間の生成に、その萌芽をみることができる。

だがその根底には、変わらぬ人間像と変わりゆく人間像に対する深い理解と愛がなければならない。「漂うモダニズム」でも詳述しているように、マニフェストや特定のスタイルをもたない新しい、共感のヒューマニズムである。人間についてどう考えたかと

1

2

いう思想が建築の形態・空間に込められているか。その空間が消費されることのない社会性を獲得しているか。建築は人生と同様滅びるが、遺された思考の形式は滅びることがない。

そして建築には、つねに変わらない課題が存在するのだ。

アメリカの建築雑誌 *Architectural Record* はその一二五周年特別号において、一〇人の建築家に、彼らに最も影響を与えた作品は何だったかという質問をしている。

その一〇人のうちの一人であった私は、躊躇なくアムステルダムのアルド・ファン・アイクによる孤児院「子供の家」(一九六〇年、二六―二七頁図版参照)を挙げた。このプロジェクトには、優れた「かた」がいかに新しい集合をつくりだし得るかという、「個と全体」の関係に関するテーマ設定がうかがえる。またその単位、つまり「かた」は人間(ここでは子供)のふるまいと、空間の構成を決定する視線を主要な要素としてつくられることが示されている。この二つは、我々にとって建築の永遠の課題であるという点で私は評価した。

それ以外にも、たとえば形態と姿の関係(form vs. figure)、あるいは、建築における祝祭性とは何か。どの時代にもあるはずの、永遠の課題を今日的な文脈のなかで考えていくことが、「漂うモダニズム」で述べた大海原での泳法の一つなのだ。

これから我々がめざす建築への希望は消えていない。「軍隊」、アトリエ、あるいは「民兵」と立場を問わず、とくに若い人々への私からのメッセージでこのエッセイの締めくくりに代えたい。

ジークフリート・ギーディオンには *Space, Time and Architecture* [*11] という有名な著書がある。以下は、私なりのスペース・タイム・アーキテクチャーのエッセンスである。

*11 Sigfried Giedion, *Space, Time and Architecture: The Growth of a New Tradition*, Harvard University Press, 1941.(S・ギーディオン、太田實訳『空間・時間・建築』丸善、一九五〇年〔新版二〇〇九年〕)。

時と建築

1　時とは　記憶と経験の宝庫である

2　時が　都市と建築の調停者である

3　時が　建築の最終審判である

空間と建築

1　空間には　外部と内部の差は存在しない

2　空間は　機能を包容し、かつ刺激する

3　空間が　人間に歓びを与える

応答「漂うモダニズム」に応える

はじめに

先に発表した「漂うモダニズム」[*1]の最後に、あるいは見過ごされた方もあるかもしれないが、私がなぜこのエッセイを書いたか、そのきっかけが簡単に記されている。それは偶然、事務所の前の横断歩道を一緒に渡ろうとしていた見知らぬ若者が、おそらく建築を志す者だろうか、私が槇であるのを確認したうえで、これからの建築はどうなるのですかと問いかけたことだった。エッセイでは触れていなかったが、その出会いと前後して私の事務所を訪れた一〇人くらいのハーヴァード大学の学生のうち何人かも、実はまったく同じ質問をしてきたのである。

そのとき、私は国籍を問わずいま建築を志す多くの若者たちが、自分の建築家としての将来に対して漠然とした不安をもっているのではないかと推察し、それならば何か彼らの不安に対して書くのがよいのではないかという考えに至った。明記はしなかったが、「漂うモダニズム」は、ある年老いた建築家から若い建築家たちに送ったメッセージと受け取ってもらってもよい。

同エッセイの前半は建築と言語、普遍語と母語、その結果としてのモダニズムの現在、

*1　槇文彦前掲書（本書三頁注参照）所収。

人間がそこにどうかかわり得るかの分析に費やされている。後半は、あなたがもしも大海原のなかで設計に立ち向かわなければならないときにどうしたらよいかを、建築の空間化、また結果としての建築の社会化の重要性という視点から、同じ建築家としての立場で説いている。そして最後にもう一度、共感のヒューマニズム、一様でない大海原の地域的特性などをグローバルな視点で記述している。

今回、編者の真壁智治（この後、すべての寄稿者の敬称は省かせていただく）は一七人の建築家、評論家に対し、「漂うモダニズム」の応答として各自の内なるモダニズムを照射し、今日の建築の限界を明らかにすることを要請した。それに対し、多くの方々がその内容こそ異なれ、真摯な応答を寄せられたことに対し、心から感謝したい。

そこから私が得たさまざまな批評、知識は、「漂うモダニズム」において提示した幾つかの課題に対してよりひろく、より深い考察の機会を私に与えてくれたと思う。したがって私の応えはその課題についてさらに述べることにあり、かならずしも一七人の応答に一つひとつ答えるものではない。もちろんその考察のなかで、どの論評が関係しているかについては、でき得るかぎりそのクロス・ポイントを明記した。ただしその交わり方にそれぞれ差がある点は理解していただきたい。

『応答 漂うモダニズム』[*2]の読者は、一七の論文それぞれが問うところに自由に思いをめぐらせ、自分にとってモダニズムとは何であったかを自問する機会を得ることになるのではないかと期待している。筆者の一人である黒石いずみがいうように、パンドラの箱は開けられたのだ。

＊2　槇文彦・真壁智治前掲書（本書三頁注参照）。

モダニズムの歴史から学ぶこと

二〇世紀初頭に出現したモダニズム建築の歴史はすでに一世紀を超す。とくに日本の初期モダニズムに関して、黒石いずみが浜口隆一の『ヒューマニズムの建築』[*3]、内田祥士が山本学治の「凧の糸」[*4]のエッセイに触れているので、少し日本のモダニズムをふり返ってみたい。この二つの論考は、まだ日本に焼野原が多く残っていた戦後すぐから一九五〇年代初頭に書かれたものである。

浜口隆一の『ヒューマニズムの建築』については、もう少し長い時間軸で検証した『ヒューマニズムの建築・再論』[*5]をベースに考えてみる。この再論には浜口隆一以外に宮内嘉久と布野修司らの寄稿も加わっている。私の興味をひいたのは、浜口が当初建築の基本的な機能として、①構造系、②実用系を挙げ、③審美系は機能と認めていないところである。そこから美vs.機能をめぐって丹下健三らの活発な意見も生まれてきた。

また当初〈人民〉という言葉に託して使われてきた概念的な人間像は、後半、浜口が居を定めた静岡県掛川を中心に、その地域で出会う顔のある庶民にとってかわる。

それは一人の人間として当然の経験であったかもしれないが、彼が同書で挙げている建築の三つの普遍的価値は、まさにヴィトルヴィウスが二世紀に述べた用(Utilitas)、強(Firmitas)、そして美(Venustas)に対応するものではないか。我々も大学時代に、これは〈用・強・美〉だと教えられてきた。しかし、近年ヨーロッパの識者からヴィトルヴィウスの使ったVenustasという言葉は、実は〈美〉ではなく〈歓び〉を意味するという見解がだされ、多くの建築史家がそれに同意しつつあるという。なぜなら〈美〉は時代、地域、社会あるいはときに個人の主観によって変化するものだが、〈歓び〉は人間にとってより普遍的な価値であるからである。

*3　浜口隆一『ヒューマニズムの建築』雄鶏社、一九四七年（建築ジャーナルより再刊、一九九五年）。

*4　山本学治「凧の糸」『現代建築論——史論としての展開』井上書院、一九六八年。

*5　浜口隆一、藤原千晴編集事務所編『ヒューマニズムの建築・再論——地域主義の時代に』建築家会館叢書、一九九四年。

ヴァナキュラーの建築には、もともと〈用〉と〈強〉は必要であったが〈美〉の概念は存在しなかった。そしてこの後述べるように、若い建築家たちが地域の住民との協同作業により実現しようとしているものは、彼らがその行為を通じて分かち得る〈歓び〉であり〈美〉ではない。また〈用〉ですら、これからの建築にはもはや限定的な〈用〉でなく、汎用性のある〈用〉が求められていることも、しだいに明らかになってきている。

一方、「凧の糸」のほうはどうだろうか。このエッセイが書かれたのは一九五〇年のことであった。内田祥士は『応答』に寄せた「「日本のモダニズム」 その後ろ姿から想像する今の表情」のなかで、山本が「凧を飛翔させるのも糸であり、凧の飛翔を阻むのも糸である」などと表現した「凧の糸」に戦後の日本のモダニズムの姿勢を映しだし、それと私のいうグローバリゼーション下の「漂うモダニズム」における「船」との異なる点、共通点を巧みに論証している。そして、「地獄の営繕」というかたちで、両者のモダニズムがともに政府のGDPの二倍を超す債務超過によって破綻するのではないかと示唆する。それは私の述べた二〇七〇年の新国立競技場の姿と重なるところがあって興味深い。

海外から日本への建築文化の到達の軌跡は、中国から韓国を経て渡来したものと、ヨーロッパから大陸を経ず海から直接来たものに分かれる。この点、とくに興味があるのは藤森照信が『日本の近代建築』[*6]において明治維新以後、ヨーロッパの建築は東回りと西回りで日本に到達したと指摘している点である。日本はどちらから回ってもその最終点に位置している。モダニズムも同様である。保坂陽一郎は『応答』のなかで丹下健三と白井晟一作品を介して、彼自身是認してきた、その背後にある日本のモダニズムを回想している(「モダニズム建築の多様性の再吟味を」)。私も同感だ。

＊6 藤森照信『日本の近代建築』(上・下)岩波新書、一九九三年。

さらに私にとって興味があるのは丹下と村野の対比である。村野藤吾による戦後早い時期でのモダニズムの傑作は、広島の世界平和記念聖堂(一九五四年)であることに異論はないと思う。しかしそれ以前の森五商店ビル(一九三一年)は、彼が若いときに師事したアメリカ流建築の雄、渡辺節のもとでの経験なしには考えられない。

また一方、村野は戦前初めて訪欧した際、ラグナール・エストベリによるストックホルム市庁舎(一九二三年)との出会いに感動している。その感動なしには宇部市民館(渡辺翁記念会館、一九三七年)の誕生は考えられない。彼は貪欲なまでの吸収力をもった建築家であった。坂倉、前川、丹下がどちらかといえばコルビュジエを介したヨーロッパ流のモダニストであったのと比較してみると面白い。前述の四人のなかで彼のみが、洗練された和風建築を設計しているのだ。彼はオールラウンドプレイヤーのモダニストであった。とくに丹下が国立代々木競技場をつくったのと同じ頃完成した日比谷の日本生命ビル(一九六三年)をみると、丹下vs.白井以上に丹下vs.村野のなかに改めて日本現代建築の幅の広さを感じる。丹下を除いて、村野、白井、前川はかつて同人誌『風声』に登場していることもつけ加えておきたい。

藤森は『日本の近代建築』において、村野以外にも多くの建築家たちが、明治維新後の西洋建築の吸収過程から、やがて日本独自の建築文化をつくりあげていったその軌跡を明らかにしているが、それをみるかぎり、私には、日本建築文化史は、西洋建築のすねかじりに過ぎなかったとは思えない。また、建築家の堀越英嗣は彼の人生経験のなかで出会った二人のアーティスト、イサム・ノグチと三宅一生のグローバルな漂流、そして彼らがそこから獲得したアーティストとしての姿勢が、自身にいかに大きな影響を与えたかを述べている(「新たなヴィジョンを触発する「漂うモダニズム」」)。私にも、ある偶然の出会いがその後の人生の針路のターニング・ポイントとなった経験がある。

二つの源流をたどって

それでは、源流であるヨーロッパのモダニズムの原点はどこにあったのだろうか。松葉一清の応答を介して少し考えてみたい。松葉は、イギリス・レッチワースのニュータウン、ウィーンのカール・マルクス・ホーフ(一九三〇年)という二つのプロジェクトについて『応答』で詳述している(「そして、船は行く——「書き割り」の海原を」)。

いま、私はドイツだけでなくむしろドイツ語圏、つまりオーストリア、スイス、そしてハプスブルク王朝の支配下にあった国々、また言葉が近いオランダまで含めてこれらの地域のモダニズムを考えたほうがよいのではないかと思っている。そのとき、この広がりのなかに二〇世紀の初頭活躍したほとんどの建築家、アーティストが含まれることを発見するのである! 哲学、科学の巨人たちも含めてそのモダニズムには二つの源流があったのではないだろうか。

一つは、私の記憶が正しければ、ルイス・マンフォードが『都市の文化』[*7]のなかで近代の田園のヴィラがモダニズム建築の先駆であったことを指摘している。新しい交通手段の発達・建築素材の出現、身近な自然との共生、何より隣人の陰口等を考えなくてよい自由なライフスタイルの謳歌。

私が「漂うモダニズム」でも紹介したカール・フリードリヒ・シンケルによるポツダムのヴィルヘルム侯邸(バーベルスベルク宮殿、一八三四年)は、古典主義の邸宅から離脱した、より自由な平面計画によってモダニズム建築の出現への橋渡しを示唆している。一九世紀中頃、ジョルジュ・オスマンによるパリ改造の頃から、パリでも郊外にヴィラ

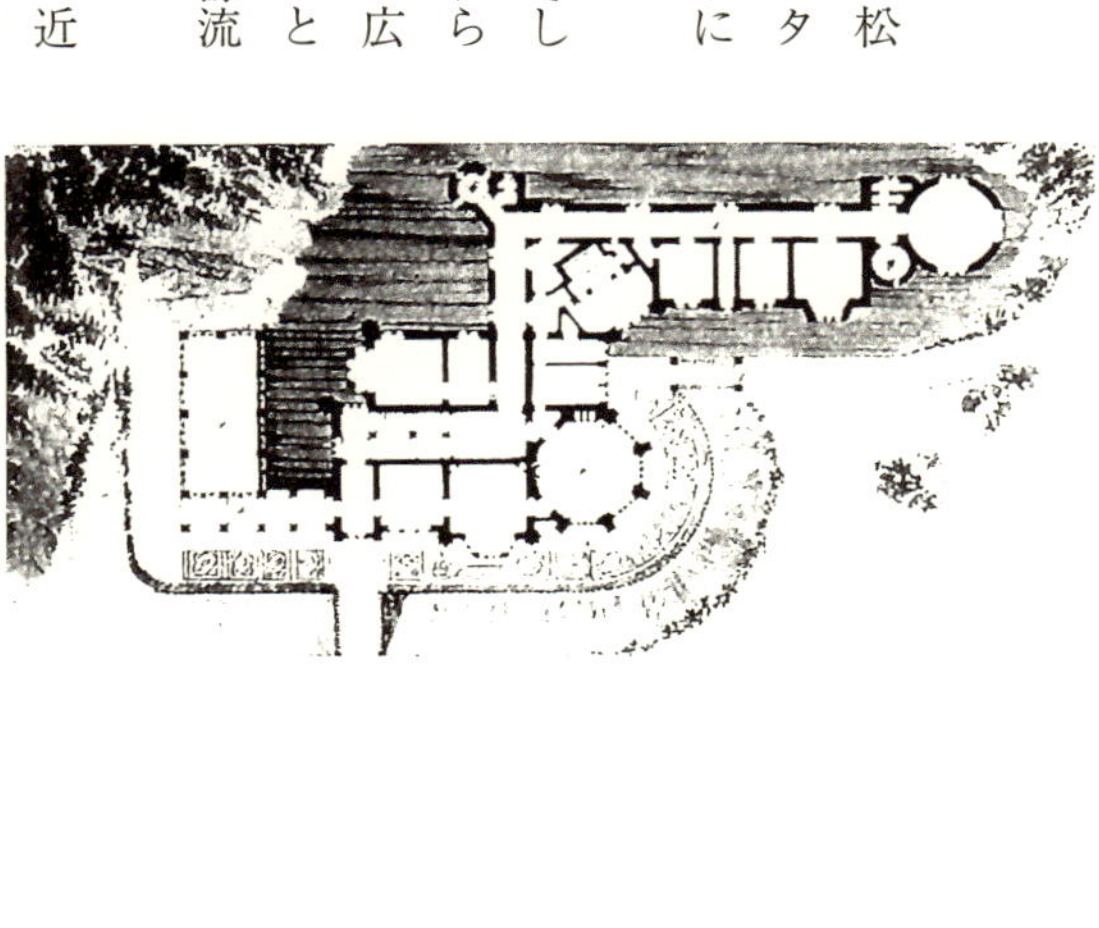
シンケルによるヴィルヘルム侯邸の平面図

*7 ルイス・マンフォード、生田勉訳『都市の文化』鹿島出版会、一九七四年(原書一九三八年)。

が出現しはじめたことが記録されている。

かくしてサヴォア邸(一九三一年)、トゥーゲントハット邸(一九三〇年)あるいはアメリカの落水荘(一九三五年)は、当時の進歩的なブルジョアと優れた建築家との幸せな出会いの結晶とみることができよう。モダニズムの住宅はやがてリートフェルトのシュレーダー邸(一九二四年)、パリのピエール・シャローによるメゾン・ド・ヴェール(一九三一年)など、より敷地条件の制約の多い都市のなかにも出現する。私は上述したすべての住宅を訪問する機会があったが、そこで共通して受けた強烈な印象は、建築家そして施主たちがその建築を通して新しく獲得した自由を、心から謳歌するスピリットに満ちていたことである。

初期のモダニズムから生まれたもう一つの重要な源流は、都市、また田園における集合体としての住宅であった。

ヨーロッパの都市の集合住宅の歴史は古く、紀元二世紀のローマの集合住宅に始まる。建築の時代性と社会性をモットーとしたドイツ工作連盟の行動について改めてここに記す必要はないが、第一次世界大戦前後のドイツの近代建築をみると、生活改良運動や田園都市運動、そしてユートピア思想が強くそこに存在している。それは山本学治の「凧の糸」流にいえば、ピンとはられた糸を感じる作品群であった。ヴァイセンホーフ・ジードルング(一九二七年)には、新しい「かた」を追求する建築家たちの意図が明瞭にあらわれている。

私は一九五九年にベルリンを訪れたとき、すでに高層のジードルング(集合住宅)の「かた」の住宅展(そこにコルビュジエも参加していた)を見た記憶がある。

さらに「かた」、とくに都市における建築の「かた」の追求は、マティアス・ウンガースによる晩年のベルリンでの提案まで執拗に続けられる。この『応答　漂うモダニズム』でたびたび言及されるレム・コールハースのマンハッタン建築群の分析も、その思考形式において、彼らとの接触点が見出せる。だが、ペーター・ベーレンスがより規律を重んじたモダニズムを追求した一方、当時台頭してきた表現主義運動の雄ハンス・シャローンは表現主義建築を生涯貫いた。ベーレンスの思想を継承するミース・ファン・デル・ローエが戦後、ベルリン新国立美術館(一九六八年)を、シャローンがベルリン・フィルハーモニーコンサートホール(一九六三年)を手がけ、これらの建築が同じベルリンで「再会」したことは我々の記憶に新しい。私はそこに、右往左往することのない強靱な、しかし建築に対するまったく異なる二つの信条の峻烈な共存を発見する。

郊外は一握りの富裕層のヴィラだけのものではなかった。中流層にも都市の内外に新しい住環境を提供するべきであるという思いが、ブルーノ・タウトをはじめとするさまざまな建築家によるジードルングとして誕生する。カール・マルクス・ホーフもその典型の一つである。さらにこのユートピア思想はイギリスのエベネザー・ハワードの田園都市論にまで繋がる。

日本の郊外では渋沢栄一の田園調布の住宅地、また都会では一連の同潤会アパートにその思想の片鱗をみることができた。しかし田園調布は次第にオリジナルの住宅の敷地の細分化が起き、その多くは集合住宅に変貌し、同潤会アパートはまったくその姿を喪失してしまった。モダニズムの初期の、とくに住まいの建築はもはや東京ではみることができない。当時のモダニズムの思想を伝える建築がなくなってしまったのである。横河健は彼のエッセイのなかで、なぜそうなったかについて詳しく述べている(「モダニズムが見えない　それでも船を漕ぐか?」)。そのエッセイにあふれた不安、懸念について次に少し述べてみたい。

しかしその前に、私がもしも生まれ変わって、たとえば建築史を志すことになったとしたら、前述のドイツ語圏に誕生した、いわばモダニズム建築王朝の底流にある思考と、ナチスの台頭、第二次世界大戦によるその崩壊についてぜひ研究してみたい。もしもドイツ語圏のモダニズムを——それは北欧にも影響を与えている——壮大な星雲群とみなすなら、その外に幾つかのキラリと光る惑星を発見することもできる。

一つは『応答』で中谷礼仁が指摘したパクストンの水晶宮。もう一つはバックミンスター・フラーのジオデシック・ドーム、そしてフランク・ロイド・ライトの作品。そこから我々は初期のモダニズムの世界地図を描きだせるかもしれない。まもなくソフィア、ウィーン、フランクフルトを訪問する機会があるので、先に述べてきたスピリットはまだ健在なのか、あるいはＥＵという機構のなかでそれは過去のものになりつつあるのか、来たる世代のためにも調べてみたい。

通観するにドイツ語圏モダニズムは、哲学、科学のジャンルと同様、理性の卓越したモダニズムだったと思う。もしもコルビュジエがスイスのドイツ語圏に生まれていたら、彼の後年のキャリアはまったく異なった軌跡をたどっていたかもしれない。他方、日本のモダニズムは繰り返し指摘してきたように、当初から理性と感性の所産であり、そこに日本のモダニズムの特性を発見することができるのではないか。

アジアの凧とその後

さて、建築家たちの不安、懸念の原点はどこにあるのだろうか。今回、小嶋一浩から保坂陽一郎までのおよそ六〇歳以上と、塚本由晴を頂点とする五〇歳以下ではかなり明快にスタンスの違いがあることがわかる。

私の年代層も含めるとそれは当然のことなのかもしれない。先に述べた、近代の歴史的遺産が無視されているという横河健の懸念の背後に、黒石、糸長浩司、松葉、堀越などが指摘しているモダニズムの社会性の喪失と商業主義の跋扈などが存在する。しかしこれらの批判は、今回応答に参加しなかった多くの識者たちもすでに共有しているものである。

そのなかで、小嶋一浩は大海原の真っ只中にあってアトリエ派として設計を営む一建築家の視点から、現在多くの日本の若手建築家たちが都市の住宅の「建築化」の過程において「そこにしかない」設計を行なう一面性に、批判の眼をむけている(「「空間化」と「社会化」をどう引き寄せることができるのか?」)。いわゆる特殊解の技巧派の世界。この指摘は、彼が自身のエッセイの冒頭で触れているブラジルのオスカー・ニーマイヤー、リナ・ボ・バルディらに代表される、おおらかなモダニズム建築に対して、最近のブラジル建築は「デッド・エンド」状況にあるのではないかとの批評にも繋がる。それは世界的現象かもしれない。土木国家日本で「空間化」から「社会化」へということがはたして可能かという彼の問いは重い。この後、空間化の可能性をめぐってもう一度この問題を取り上げることにしたい。

伊東豊雄と内田祥士の批判は、日本の近傍も含む大海原の情況に集中しているといえる。とくに内田は今や船も凧もなく、かじるすねもやがてなくなるであろう日本の未来を警告しているが、それは世界全般にも繋がる情況である。相対的にみるならば、二〇世紀初頭からすくなくとも「凧」が存在していた日本のモダニズムは、はるかに恵まれた出発点をもっていたといってよい。二〇世紀半ばまでその大部分が植民地であったアジア、すでに二〇億の人口を抱えていたこの地域は、太平洋戦争の終結まで、ほとんど一つの爪もあがっていなかった。中国は列強の圧迫からの解放後、第二次世界大戦、毛沢東による文化大革命の洗礼を受け、独自の爪をあげかけるまでに一世紀半を費やしている。そしてその矢先、建築家たちは大海原に投げだされてしまっているのである。にもかかわらず若い建築家たちは希望を失っていない。

最近ジャカルタ、ダッカ、デリーを訪れる機会があった。たとえばダッカ。中心部の主要道路と高層建築群とのあいだに残されたわずかな帯状の土地に、必死に延々とへばりつく低層のスラム群。その背後にユニバーサル・スペースの申し子でもある現代建築群が平然と屹立している。あるいはデリーの高級ホテルを訪ねると、デラックスタイプのユニットはすべて屋外のコーナーに小さなプールが設けられている。ジャグジーではない。日本では想像もできない格差社会の現実。そのなかを彼らは必死に生き抜こうとしている。

ありふれた中高層の建築群とときに巨大建築、また数は少ないがどこにだしても恥ずかしくない一級品のモダニズムの建築。後述する「民兵」たちのさまざまな戦い。そこだけを取りだせば世界中どこも相似形なのだ。グローバルな社会、すなわち建築意志の均質化——。

伊東豊雄の批判はもっぱら、大海原を支配するユニバーサル・スペース、そして背後にある「カルテジアン・グリッド」に向けられている(「それでも我々は小舟を漕ぎ続ける——グリッド・フレームの大海原を」)。彼は今日グローバルな「電子・金融空間」が世界経済を支配し、その結果としてのユニバーサル・スペースが我々の都市、建築の現象面だけでなくその背後にある思考形式、精神構造まで支配しつつあると警告し、そこからの解放だけが未来への解決策だという。

これを仮に彼自身の建築におけるマニフェストとみるならば、それは彼の一連の作品を照合することで十分納得できる。しかし本当にユニバーサル・グリッドからの脱出が未来の都市・建築にとって唯一の解決策であるかどうかは、さまざまな角度、立場から検証されなければならない。

たとえば都市・建築の最終目的が、人間に歓びを与え社会性を獲得することにあるとするならば、我々は歴史的にも、現在カルテジアン・グリッドが支配する空間のなかにも、十分その目的を達成している例をかぎりなく数えあげることができる。したがって、それがたとえ小さい例であっても、建築の本来の目的である社会性がいかに獲得されてきたか、その手法の検証も同時に必要であろう。これは次の空間論においても、重要な課題として改めて検証する。しかしその前に建築批評の現在と関連して「論客」の役割について少し述べておきたい。

論客とは誰か

我々は二〇世紀の建築史家、批評家としてA・フレッチャーに始まり、レイナー・バンハム、マンフレッド・タフーリ、コーリン・ロウ、あるいはルイス・マンフォードなどをすぐに挙げることができる。だが私は建築の設計に携わりながら論評を行なう人たちを、批評家でなく「論客」と名付けたい。もちろん論客の歴史はアルベルティ以後長い。いうまでもなく二〇世紀初頭の論客の第一人者はル・コルビュジエであった。それと対比的にミースは生涯ほとんど沈黙を貫いた。戦後はたとえばピーター・アイゼンマン、アルド・ロッシ、クリストファー・アレグザンダー、レム・コールハース、ロバート・ヴェンチューリなど多くの論客を輩出した。日本では年代順に磯崎新、黒川紀章、山本理顕、若い世代では塚本由晴が思い浮かぶ。一九七〇年頃まで華々しい展開が評論界にあったが、その後はむしろ論客が沈滞気味の評論界に活気を与えてきたといってよい。もちろん論客のスタイルはさまざまであった。雲上からのお達し型もいれば、独り眼前の巨石を押し戻そうとする者もいる。その言説はときに彼らの作品以上に刺激的、挑発的であった。

ここで断っておくが私は論客ではない。オブザーバー（観察者）である。確かにメタボリズムのマニフェストに見出される群造形への所見には、高揚した気分が味つけされていた。しかしその直後の一九六四年にワシントン大学から発表された *Investigations in Collective Form*[*8]（「集合体の研究」）では、集合の三つのパラダイムの一つとして「群」を取り扱っている。その客観性のゆえか、この小冊子はアメリカではアーバンデザインのテキストとして現在でも多くの大学で取り扱われているという。その後発表してきた『見えがくれする都市』[*9]、「平和な時代の野武士たち」[*10]そして「漂うモダニズム」も、一貫してあくまで観察者の眼を通しての考え方である。

もちろんオブザベーションであるといっても、何を観察するか、観察の結果をどう解釈するかは、観察する主体の判断に基づく。私がメタボリズムを高校野球の布陣になぞらえて「投手菊竹、捕手大高、遊撃手黒川、センター槇、丹下と磯崎はダッグアウトからの観戦者」と言ったとき、言外に全体を観察しやすいセンターという位置が自分に適していることを示している。

隈研吾はときに論客であり、またオブザーバーであるという建築界でも特異な地位を占めている。近年、建築家としての活動も多い藤森照信もここに加えてよい。

＊8　Fumihiko Maki, *Investigations in Collective Form*, Washington University, 1964.

＊9　槇文彦ほか『見えがくれする都市——江戸から東京へ』鹿島ＳＤ選書、一九八〇年。

＊10　槇文彦「平和な時代の野武士たち」『記憶の形象——都市と建築との間で』筑摩書房、一九九二年（初出原題：「平和な時代の野武士達」『新建築』一九七九年一〇月号）。

三つの空間、その身体化

まず最近——といっても過去二年ぐらいのタイムスパンはあるのだが、私の二つの空間体験から話をはじめてみたい。

一つは西沢立衛の設計した豊島美術館（二〇一〇年）の一体的空間であり、もう一つは谷口吉生の鈴木大拙館（二〇一一年）の思索空間棟である。

ともに機能のない、そこに入った人が自分とは何であるかを自問することのできる空間である。機能はないが思想のある空間。興味深いことに、谷口の空間が厳密なカルテジアンの空間であるのに対して、西沢の薄いドームの空間はノン・カルテジアンである。これら二つの例は、建築空間が与える感動とは、その空間のグリッドの有無を超えたところに存在することを証明している。私はエッセイ「漂うモダニズム」の後半、モダニズムの深化の可能性について少し触れているが、この二つの空間はその良い証左なのかもしれない。

豊島美術館の空間では、曲線でつくられた二つの開口部の位置をずらしながら外を見ると、さまざまな風景が目に入ってくる。そこでは見る者が自分だけの小宇宙を獲得する。ほとんどの人が一人で坐ったり、寝転んで小さな水滴の動きを観賞しているようだ。おそらくここは舞踏をするにも格好のステージとなるだろう。一方、思索の空間棟では禅を組んでも、また一服の茶をたててもよいという。このようにプライマリーな機能は存在せず、しかし汎用性に富んだ空間に、やはり今日の社会的渇望があるといえる。

もしも豊島美術館を穴のあいた裏がえしの靴下にたとえることができるなら、隈研吾によるアオーレ長岡本庁舎（シティホールプラザアオーレ長岡、二〇一二年）のアトリウムは、

西沢立衛「豊島美術館」

谷口吉生「鈴木大拙館」（撮影：北嶋俊治）

穴のない靴下を裏がえした空間にたとえられるだろう。この空間には外から見る姿はほとんど存在しない。ここでも「市民の居間」として汎用性に富んだ、ときに想像を超えた市民たちの行為が展開する空間が提供されている。空間とは魔術師がつくりだす鳩なのだ。こうした三つの優れた空間が日本から発信されていることを私は誇りに思う。

人間の身体に最も密接に繋がっているのが空間である。塩崎太伸は空間論とは「つまり僕たち私たちがそこにいたいと望む空間への思考である」と述べている（「ジェネリックに育った僕たちのもうひとつの空間論に向けて」）。それはそのままヴィトルヴィウスのいう、歓びを与える空間が建築の最も基本的な価値の一つであるという言説に結びつく。

山本学治も後年、現代建築を論じた「都市再開発の基本問題」[*11]というエッセイで、都市に必要なのはかならずしも美しい街の眺望や景観でなく、都市空間との触れ合いを通じて――つまりそこに生きる人間の住まい良さ、働き良さ、そして動き良さにあらわれる願望の充足ではないかと述べている。

人間は空間との日常的な触れあいを通じて、やがてその空間の身体化を意識的に、また無意識的にすすめていく。糸長浩司は3・11後、彼自身がまちづくりに長くかかわりあってきた福島県飯舘村の人々にとって、その周辺の自然も含めた人間空間の喪失が何を意味するのか、また、空間への想いがさまざまなかたちであらわれていることを考察している（「大震災後の建築と人」）。一方、饗庭伸は、同じ3・11後、岩手県住田町での経験を通じて、住民たちが仮設住宅を徐々にわがものとし、空間を身体化していく現象を興味深く記述している（「大海原を漂うための方法」）。

もしも建築の身体化があるならば、都市の身体化も存在するのではないか。私はかつて「私の都市――獲得する心象風景」[*12]というエッセイのなかで、もはや都市は人々の外

隈研吾「アオーレ長岡本庁舎」（撮影：Erieta Attali）

*11　山本学治「都市再開発の基本問題」『国際建築』一九六六年一二月号。

*12　槇文彦前掲書（本書四二頁注参照）所収。

にあるものではなく、彼の住む都市はその彼個人の手に移ってしまったと述べている。磯崎のいうように、都市は見えなくなったのではなく、人々のなかに内在化していったのである。人々の領域の獲得感の基盤にあるものは、ほとんど肉体的——身体的なものであるのだ。領域はまさにそこへ〈入っていく〉ものであり、領域は入り込んだ彼を包容する。私は「漂うモダニズム」では、対象があまりに拡散することを恐れ、「空間化」「社会化」の観察を建築に限定してきたが、今回の『応答』では大海原とは何かが重要なテーマである以上、都市にまでその観察の視点を拡大しなければならない。つまり一〇〇万人の東京人には一〇〇万の東京があるのだ。

この建築・都市の定住性にレーゾン・デートルを求める一連の諸説に対して、藤原徹平は地理的・文化的コンテクストを自由に横断する多重化した「私」の位相をもつ人々の存在を指摘する（「大海原に流れを生み出す「漂流」的能動」）。そこに彼のいう「ボーダーランド」あるいは「ボーダーランダー」の出現がある。

『俗都市化』[*13]の著者フランセスク・ムニョス・ラミレスは同様に、とくにメトロポリスに出現している「テリトリアン」の存在が、今日の都市における個の様相を複雑化していると主張している。これらは二一世紀の大海原を理解していくうえで一つの重要な指針を与えるであろう。藤原はまた、なぜ日本ではシチュアシオニストが近代建築思想史のなかで取り上げられなかったかという疑問を提出している。私自身もチームX《テン》のメンバー、たとえばアルド・ファン・アイクから一度もＩＳ(Internationale Situationniste)の名前を聞いたことはなかった。後年コンスタント・ニーヴェンホイスの描くニュー・バビロンの有名な都市像に接したときに初めてその存在を知ったのである。そこには都市のなかでの個、あるいはセグメントがもつダイナミズムが表現されていたのが印象的

＊13　フランセスク・ムニョス前掲書（本書一一三頁注参照）。

であった。

塚本由晴の論考で言及されている「ふるまい」という行動にも、空間の身体化が密接に関連してくる(「モダニズムを包囲する建築の産業化」)。毎日繰り返される、即ちルーティン化された空間とのつきあいのなかに人間は快楽を見出す。その快楽は空間の身体化があって初めて成立する。

また、彼が『応答』で取り上げている、ヴァナキュラーとタイポロジーを重ねたモダニズムの将来を考えていこうという問いも重要なテーマである。私もヨーロッパにおけるタイポロジーの歴史について強い関心をもっており、また別に討論の機会が設けられたらいいと思っている。

もはやゲリラではない

今回、塚本以後の世代の応答には、これからのモダニズムがどのようなかたちで展開されていくかについて現況の批判を超えて、より積極的な発言が多かったと思う。これは当然のことであり、これから何が大海原で可能かという課題は彼らにとって今日的関心事であるだろう。とくに塚本の応答は歯切れがよく、エンターテイニングであった。

五十嵐太郎は「オルタナティブ・モダン　近代の底が抜けた後に」と題されたエッセイで、現代日本で活躍する若手建築家の活動を通じて、そこには感覚的に建築から「ケンチク」への移行があることを予言している。それを建築的にいうならば、汎用性の高い、しかし輪郭のぼやけた、何かゆるやかな愛される空間の出現が期待されているといってよい。中谷礼仁と彼以外、この年代層の応答者はみな建築家である。今回の応答者のなかで、その作品が具体的に示されたのは辻琢磨のものしかなかったが、たとえば塚本由晴の作品は二〇一五年『新建築』新年号や、『アトリエ・ワン コモナリティーズ』[*14]の著書などで紹介されている。

そのなかに、北京のランドスケープアーキテクト、ユー・コンジェン（兪孔堅）の作品と多くのクロス・ポイントがあることが発見でき興味深い。ユーの作品を論評した *Designed Ecologies: The Landscape Architecture of Kongjian Yu*[*15] にはさまざまな刺激的な言葉が登場する。たとえば、popular aesthetics ——これは昔、社会学者ヴェブレンが指摘したようなハイ・ブロウに対するロウ・ブロウなのだろうか。もしも popular が形容詞として使えるならば popular ethics もありそうだ。ユーこそ中谷礼仁のいうクリティカル・グリーニズムの実験者なのかもしれない。

藤村龍至、饗庭伸の作品も、彼らの登場する『白熱講義 これからの日本に都市計画は必要ですか』[*16]に瞥見することができる。藤村の作品は、彼が『応答』で取り上げている「都市以上に都市のような巨大空間」の対極にある、人々のふるまいに直接かかわる環境を形成しようとしている。かつて我々の世代はこうした一連の仕事をゲリラと称していた。磯崎新もたしかそのフロント・ランナーの一人だと自称していたときがあったと記憶している。

しかし今やゲリラではない。彼らはいってみれば、立派な「民兵」組織の基盤をつくりつつあるのだ。

『応答 漂うモダニズム』には空間、あるいは空間化と密接にかかわる論考が圧倒的に多かった。私が提言した大海原も、実は得体のしれないようようとした空間がつくりだす大海原なのかもしれない。

もしも大海原を先述の空間領域になぞらえるなら、それは空間の陣取り合戦である。

*14　塚本由晴・貝島桃代ほか『アトリエ・ワン コモナリティーズ——ふるまいの生産』ＬＩＸＩＬ出版、二〇一四年。

*15　William S. Saunders (ed.), *Designed Ecologies: The Landscape Architecture of Kongjian Yu*, Birkhäuser, 2012.

*16　饗庭伸ほか『白熱講義 これからの日本に都市計画は必要ですか』学芸出版社、二〇一四年。

陣取り合戦はおそらく「軍隊」と「民兵」組織の戦いとなる。あるいはトップダウンとボトムアップのせめぎあいとみなすこともできよう。この空間領域を我々が実体として経験している経済空間、社会空間、視覚空間の総体としてとらえるならば、先に紹介したムニョスの『俗都市化』は刺激的な提言に満ちている。たとえば都市における場所と「非場所」の存在。両者の互換性とそこを横断する漂流民。あるいはネットワーク空間をテクノロジー、インフラ、消費と関連した非場所の集積とみなす見解。またネオリベラリズムに後押しされた「軍隊」が世界中のメトロポリスの相似化を推し進めてゆく四つの武器――都市イメージの生産、治安環境の商品化、テリトリアンによる都市空間のパートタイム消費、公共空間のレジャーランド化――の存在などである。彼の言説は今回とくに若い応答者たちの問題提起とクロスするところが多い。

それでは「民兵」たちは「軍隊」、そして最近出番の多い「多国籍軍」の登場にどう立ち向かうのか。先にも述べたように、もはやゲリラの時代ではないと思う。おそらくこれが二一世紀の建築家、都市計画家に課せられた重要な課題の一つである。

「モダニズム」は存在し続けるか

それではいま、モダンとは何を意味するのか。その語源は一六世紀にまでさかのぼり、ラテン語の modernus は「現在」を意味した。モダニストという言葉も一六世紀半ば頃に現れる。さらにモダニズムは一八世紀に古典からの離脱として使われるようになる。したがって我々が現在使用している「モダニズム」は、二〇世紀初頭ではタイムリーな表現であったのだ。

しかし「〇〇モダニズム」という言葉は、モダニズムのコンテンツそのものが溶解しつつある現在、本当に適当な言葉であり、はたして次の何世紀も使い続け得るのだろうか。我々の世界の様相は激変し続けている。ポストモダニズムがよい例だ。ポストモダンの世界はまだ続いているが、建築のポストモダニズムはより深い様相を示すポストモダンの世界についていけず脱落していったのである。もしもモダニズムというイズムが今日の様相に適した表現でなくなったのなら、何が総体の動きに対し適切な表現としてふさわしいか。それを見出すのは我々、また次の世代に課せられた宿題でもある。

建築家の多くは、海図もない現状を前にして何を考えているのだろうか。ひっくるめて言えば次のように描写できるだろう。「なんとなくモダニズム。だから我々もなんとなくモダニスト。そしてソーシャルメディアを通じてなんとなくいるお友達。嫌いな人とは交渉しない」──本当にこんなのでよいのだろうか。

「漂うモダニズム」のテキストは英文化されているが、二〇一三年にロンドンでチャールズ・ジェンクスと会う機会があった。そのとき私が「大海原」の状況の説明として、もはや味方も敵もいない、建築マフィアも存在しないのではないかと言ったとき、彼が受けた強い印象をその表情から読み取ることができた。

自らの海図をつくることとは、彼の住む社会をつくったり変えたりすることよりもはるかに容易なはずである。途中での行先変更は組織の人間でないかぎり、自由である。

「共感の小島」も彼のつくるものが社会性を失わないかぎり、かならず存在する。さらに重要な使命の一つに、我々の社会が潜在的にもっている、しかしまだ顕在化されていないさまざまな願望を見つけだし、それを実現することがある。たとえそれがささやかなスケールであっても、これからの建築に課せられた重要な使命であるからだ。「軍隊」のなかにいると、それはなかなか探しだせない。なぜならば「軍隊」での彼らはトップダウンの命令にしたがって行動しなければならないからだ。

共感の小島、あるいは共感のヒューマニズムのよい例がある。

イギリスの建築雑誌 *The Architectural Review* は毎年、審査を行ない Emerging Architecture として、注目すべき若手建築家の作品を発表している。図に示しているのは二〇一一年一二月に発表された、優秀作品の分布図である。日本とスペインに集中している以外は、エストニア、スリランカ、タイなどどちらかというと辺境とされてきた地である点が興味深い。スペインは、多くが知るように建築家の仕事がほとんどない経済状況であったにもかかわらず、彼らはめげずに優れた作品をつくりだしている。

作品は当然小さいものに限られているが、とくに印象的なのは、与えられた環境のなかでどのように子供がふるまっているかを考えた、子供に関する施設が多かったことである。子供のふるまいには、とくに普遍的な要素が多い。グローバルな「共感のヒューマニズム」の一つのよい例であると思う。もちろん、こうしたうねりが小津波になり得るかは今後の課題であろう。

私はある意味において、かぎりなく自由に満ちた時代に入ったと思う。それは何か新しく実現できるということ以前の、さまざまな発想の自由を指している。メタボリズムの時代にはそれがあった。つまりこれまでの慣習的な発想にとらわれない時代でもあるのだ。たとえば、現在私が興味をもっているテーマの一つに、Another Utopia がある。*17 そこでは三次元的な建築物よりも、広場というオープンな空間のほうが、はるかに住民、利用者が意見をいいやすく、参加しやすいことに着目している。たとえばある地域のマスタープラン(そのスケールは問わない)をつくる際に、まずオープンスペース群を想定し、そこから次に構築物のありかたを想定していくことはできないかという考えである。

"Emerging Architecture" に選ばれた作品の分布

*17　本書五四頁以下参照。

最後に、やはり『応答』におさめられた辻琢磨のエッセイ（「parallel dialogue with Modernism」）における真摯な問いに答えたい。

ひとりとは孤独ではない。ひとりだから自由なのだ。自由だからこそ何を考えてもよいのだ。

おわりに

いま、私がかつて「漂うモダニズム」を書いたときには想定しなかった事態が、我々建築家の周辺で実際に生じつつある。簡単にいうなら、日本のある公共体が公共施設のプロポーザルにおいて、基本設計者は実施設計に参加できないという仕組みを考えていることである。

もしもこうした考え方が公・民を問わず多くの施主群に受け入れられるようになれば、我々がこれまで前提としてきた「建築家」の死を意味する。二人の画家に一枚の絵を描けというようなものである。つまり一人ひとりが大海原を自由に泳ぐことを許されなくなるのだ。

かつて住宅設計は内外を問わず、多くの建築家たちにとって次なるパブリック施設等の設計への登龍門であった。「野武士たち」の平和な時代でも、その門は閉ざされていなかった。では現在残された途は住宅設計だけかという問いに対しては、その市場もまた、建売系の組織によって専有されつつあるといわねばならない。空間系の仕事ですら次第にその領域が狭くなってきているという小嶋の不安は現実のものとなりつつある。

そして大海原での泳ぎを許される者と許されない者の乖離が、静かに進行しつつあるといってよいだろう。

暗い話になってしまって申し訳ないが、もう一度『応答　漂うモダニズム』に話を返したい。

＊

私は二〇〇九年、東京の日本ユダヤ・コミュニティセンター(JCJ)を設計した折に、ユダヤ人の歴史に興味をもち、それに関するいろいろな本を読む機会を得た。そのなかで二つのことが強く印象に残っている。一つは三〇〇〇年間、ディアスポラであったユダヤ人がなぜそのアイデンティティを維持し続け得たかという問いである。ヴァナキュラーな文化をもつことを否定された彼らにとって、追求すべき普遍的価値とは〈知・美・富〉であった。

ドイツ在住の研究者・大澤武男は『ユダヤ人の教養』[*18]で、なぜこうした普遍的価値が、彼らユダヤ人によって高いレベルで達成されてきたのかを述べている。人口比でいえば、たとえばノーベル賞受賞者の割合も非常に高いという。その理由として、子供のときからの熱心な教育と、教師と学生のあいだの対話を重視してきたことを指摘している。議論を通じてのみ己を、また相手をよりよく知ることができる。その教育の優越性ゆえに、現在ドイツなどでも、ユダヤ人の日曜学校へ子供の入学を希望する人が多いという。

これまでモダニズムに関するさまざまな論考は、どちらかといえば一人の識者の一方的な研究発表にとどまることが多かった。今回の『応答　漂うモダニズム』のような、さまざまな応答の提示、その応答に私がさらに応えるという対話方式は、これまであまり我々の活字世界には存在しなかった。先に述べた『これからの日本に都市計画は必要

＊18　大澤武男『ユダヤ人の教養――グローバリズム教育の三千年』ちくま新書、二〇一三年。

ですか』は、数少ない前例の一つであるといってよい。

私は年の割には比較的健康に恵まれ、元気なあいだは、建築家としての生活を続けたいと考えている。オブザベーションもあわせて。そして、でき得るならば、よきオブザーバーとして。

Another Utopia

はじめに

一九五三年の夏、ハーヴァード大学の修士課程を終えて、次の一年間、私は憧れのニューヨークに住み、働くことになった。以後半世紀以上にわたり、ときに数日、あるいは数週間、数知れずニューヨークを訪れる機会をもってきた。とくにここ数年は、ニューヨークで幾つかのプロジェクトが進行し、訪問する機会も増えていた。

しかしある日ふと、自分にとってニューヨークの原風景とは何だろうかと考えることがあった。それはマンハッタンにひしめくスカイスクレイパーの像ではなかった。

広大なセントラルパーク、古いMoMA(ニューヨーク近代美術館)の彫刻ガーデン、ロックフェラーセンターのスケートリンク、グリニッジヴィレッジへの入り口でもあるワシントンスクエア、そこで老人たちがのんびりとチェスをたのしんでいる風景、あるいは七〇年代、コロンビア大学でのワークショップのために長期滞在していたホテルが面するグラマシーパーク……。これらのオープンスペースはたとえ周辺の建築群が時とともに変わっても、不変であった。

たとえばグラウンド・ゼロの中心、メモリアルパーク。私は『新建築』誌上で、ここ

MoMAの彫刻ガーデン(一九五四年)

ワシントンスクエア(一九五四年)

の計画の主役はメモリアルパークであり、それを囲む超高層群は脇役に過ぎないと述べている。[*1]事実、二〇一四年九月一一日にNHKの取材のため訪れたメモリアルパークでは、ほとんどの人々の視線は、ふたつの大きなサンクン・ガーデンの黒い御影石――そして、そこに刻まれた亡くなった人々の名前と、捧げられた花束に向けられていた。

私にとってニューヨークの原風景はさらに、北から南への幾つかのアヴェニューとそれぞれを横切る無数のストリートに存在する。たとえばサード・アヴェニューには当時古びた高架の鉄道が走り、両側に同じく古びたビルが立ち並んでいた。道も、いうなればオープンスペースなのだ。

一九七二年に刊行された、奥野健男の『文学における原風景』[*2]は建築家にとって衝撃的な評論であった。七〇年代の初め、建築、都市の状況に対してある種の閉塞感が漂っていただけに、原風景が我々にとって現在の都市の存在感と密接に繋がっているというこのエッセイの指摘は、きわめて新鮮であった。私も子供の頃、家の近くの原っぱで友人たちと存分に遊んだ記憶がある。今のように、使われない土地に塀などが張りめぐらされるような光景はまったくなかった。ささやかな空き地の風景が今でも瞼に浮かんでくる。

こうしたさまざまなオープンスペースの記憶、経験が人間にとって重要であるなら、一度オープンスペースから都市のありかたを考えてみてもいいのではないか、という発想へと展開していったのである。

皇居空間が示唆するもの

霞が関の丘から、皇居の内堀空間を介して日比谷の大通りに展開するビル群のスカイ

9・11メモリアル（二〇一四年）

*1 槇文彦「私とニューヨークそして4ワールド・トレード・センターへ」『新建築』二〇一四年一月号。

*2 奥野健男『文学における原風景――原っぱ、洞窟の幻想』集英社、一九七二年。

ラインを眺めたとき、東京のなかで最も美しい光景に出会ったと思うのは私ひとりではないだろう。この内堀内の皇居、そして皇居前広場を含む巨大なボイド空間の東には、いま述べた日比谷通り、さらに東京駅を介して日本の商業空間を代表する顔といってよい銀座、西から南にかけて国会議事堂をはじめ行政の中心となる官庁街、北は上野まで至る大学・美術館群など文化の森への入り口となっている。見事な日本の心臓部の形成である。それは江戸、また明治以降のさまざまな発展の複合体であるが、皇居空間の周縁にいかに重要施設を配置するかという試みの結果といえる。

歴史的には、このような解釈でピリオドを打つことができるのだが、私は、皇居空間くらいの広がりをもった中心部の空間は、そうした意図さえあれば、望ましい都市機能をもった空間配置を可能にする潜在的な力をもっている、という事実にむしろ着目したい。仮に皇居空間をもたない東京の中心地域のありかたを想像してみよう。行政、商業、文教地区が道路だけによって仕切られているとすれば、都市のレジビリティ(わかりやすさ)の消失だけでなく、何か東京全体のイメージがつまらないものになってしまうのではないだろうか。

ここで私が述べているのは、既存施設の存在しない新しいコミュニティをつくろうとするときに、施設からではなくオープンスペースにクリティカルな重要性をまず与える、あるいは、施設配置と並行して計画を考える際にも、施設と同等の重要性をオープンスペースに与える姿勢があってもよいのではないかという問いなのである。オープンスペースには、我々の都市生活に対するさまざまなポテンシャルが存在する。

都市のエッジについて

皇居内堀越しに見る日比谷のスカイライン

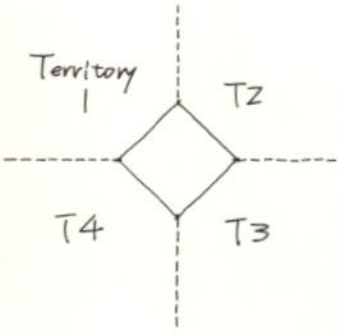

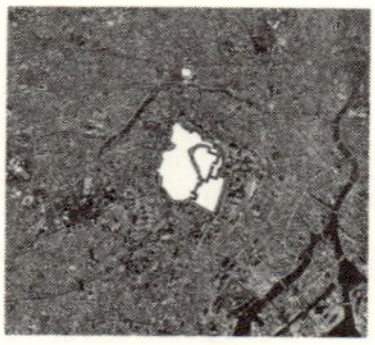

(右)広場による周辺領域の形成
(左)皇居の内堀空間

ケヴィン・リンチは著書『都市のイメージ』[*3]のなかで、イメージの構成要素として、paths（道路）、edges（縁）、districts（地域）、node（ノード・接合点、集中点）、landmarks（ランドマーク）を挙げている。いま我々が問題にしているオープンスペースはエッジに囲まれた領域であると理解してよいのではないか。オープンスペースとそれを囲む領域の関係は、機能的また視覚的な断絶を意味している。つまりエッジである。

ふつう都市のエッジというと海辺、川べり、あるいは断崖などをすぐに想像するが、エッジの先に海なら埠頭、川なら橋などを想像することができる。つまり断絶ゆえにオープンスペースのなかは、何を考えようと自由であるといえる。その自由度を最大限活用することが、そこに住む者にとって賜りものとなるであろう。橋も埠頭も二つの空間の接点といえる。

オープンスペースはエッジに囲まれているからこそ自由であるということをここで確認しておきたい。

オープンスペースのマニュアル

世界の各地、各都市にはさまざまなオープンスペースの歴史があるに違いない。おそらく今後オープンスペースを問題にしようとするならば、多くの都市歴史学者たちの協力を得て、一冊の本、マニュアルを編んでゆく作業が必要であろう。おたがいに学びあうということはこれからのグローバルな時代のなかでの重要な課題なのだ。

たとえば日本の江戸時代の名所とギリシャの都市国家のアゴラを比較するだけでも、興味ある統治との関係性が浮かび上がってくる。ギリシャの都市国家の市民たちはアゴラに毎日のように通うことを勧められた。アゴラにはマーケットがあり、スポーツ施設、

この図は現状の都市に広場をはめ込んだものではなく、広場が存在する結果として生まれた都市のファブリックであると想像してほしい

*3　ケヴィン・リンチ、丹下健三・富田玲子訳『都市のイメージ』岩波書店、一九六八年（新装版二〇〇七年、原書一九六〇年）。

あるいは学びのコーナーなども設けられていた。とくに男子の成人者は即戦力でもあり、早くから彼らの体力増進が図られ、世界で初めての屋外競技場もつくられた。

一方、江戸時代の日本は、武士階級が統治する封建制度が確立され、ギリシャのような市民社会ではなかった。したがって小オープンスペースこそあれ、人々が大規模な集会を行なえるところは皆無であった。しかし春夏秋冬の季節を愛でる名所が各地に設けられ、その数は徳川吉宗の時代、一〇〇〇にも達したという。そこには風流な武士たちが訪れることもあった。同時に、社寺仏閣の境内がそのまま名所となることも多かった点は当時の浮世絵からもうかがえる。そこには寺子屋も設けられ、当時の住民たちの高い識字率は、日本の近代化の促進に貢献した。

このようにギリシャのアゴラと日本の名所を比較すると、オープンスペースが彼らの統治システムと密接にかかわり合っていたことが明らかになる。集中と離散、対比的な統治のありかたが存在した。このことは山本理顕の『権力の空間／空間の権力』*4を併せ読み、考えると面白い。

ブルガリアの首都ソフィアでは古代ローマの教会遺跡が広場の中核をなしている。ここではオープンスペースが都市の歴史的な記憶を呼び起こす装置なのである。記憶のオープンスペースである。

市民参加型のスペース構築を

市民参加の可能な建築はこの世の中では限られている。なぜならかつてのヴァナキュラー建築を除けば、それは富と権力の象徴であったからだ。また今日、建築や都市に関してさまざまな規制が整備されている一方で、計画に関して人々が自由に提言、または

江戸の名所分布図

*4　山本理顕『権力の空間／空間の権力——個人と国家の〈あいだ〉を設計せよ』講談社選書メチエ、二〇一五年。

ソフィアの聖ゲオルギ教会。四世紀創建とされ、同地で現存する最古の教会である

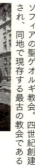

議論を行なえるようにする仕組みは十分であるとはいえないであろう。

もしもある新しいオープンスペースの構築にあたってひろく市民の意見をつのることができるとすれば、建築物と比較してさまざまなポジティブな提言を得られるのではないか。建築と異なってオープンスペースは誰もが生活のなかで接点をもつために、そこに設置したい仮設も含めた施設の種類、樹木、水、芝生のありかたなどについて、意見、提案もでやすいだろう。

それでは、オープンスペースはコミュニティの核になり得るか。

答えはイエスである。ただし当初からそれをめざさなければならない。よい例がひとつある。

軽井沢の南原の別荘地はふたりの学者(ひとりはそこの地主であった)によって開発された。ふたりが決めたルールは、①それぞれの別荘に門や塀を設けない。②中央に原っぱを確保し、午前中は学者の勉強の邪魔にならないよう、そこに子供や孫たちのための小さな学習塾をつくるということであった。

当初は数家族から始まったこの別荘地・南原の会員は、今や一〇〇〇人を超す。その間、多くの家族が自身の住まいを変えてはいるが、すでに四世代にもなった南原コミュニティの特色は、夏にはかならず同じメンバーが顔を合わすことである。私はこれを「夏の定住社会」と称した。[*5] 原っぱに東屋が設けられ、テニスコートがあり、運動会、花火大会などの数々の催しが開催される。若い世話役のなかで結婚する者もいる。外からの参観も絶えないという。

あるいは、都市における例として、代官山ヒルサイドテラスがある。ここでは分散型の小広場とそれに接続する歩道が、人々に出会いの場を提供している。この広場から居

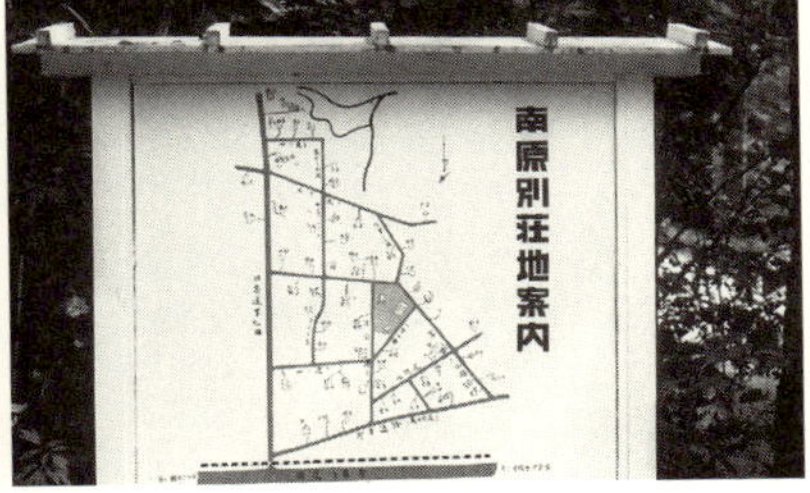

原っぱを中心とした南原別荘地

*5 槇文彦前掲書(本書三頁注参照)所収。

住者や利用者たちのコミュニティづくりが自然に始まった。このように、現代のコミュニティのなりたちは実に多様である。

「ふるまい」の観察――人、そして自然やもの

塚本由晴は、彼のふるまい論のなかで、かつてのヴァナキュラー建築から学ぶこととして、人間のふるまいだけでなく自然やものの「ふるまい」の観察を通して得られるものも重要であると指摘している。当然オープンスペースは、自然の諸相を知るうえでの格好のスタディの場を提供する。たとえば、厚い樹林層を通る空気はその温度が低くなることはすでに実証されている。ならば、オープンスペースを大きな天然扇風機、団扇などと考えるのはどうだろうか。その気になりさえすれば、水の扱いを考えるうえでもよい実験場をオープンスペースは提供する。過去の歴史から学ぶことも多くありそうだ。後に述べるテントと樹木の組み合わせも魅力的な試みになるだろう。

自然だけでなく、ものと人間のふるまいの関係も興味ある課題だ。二〇一二年竣工の東京電機大学東京千住キャンパス*6の広場で白い円柱に抱きついている子供を見かける。私の考えでは、母親に抱かれた記憶が残っているためではないかと思う。あるいは、二〇一〇年にできた東京の国際仏教学大学院大学*7キャンパスの庭に、仏教のシンボルでもある七輪の円環で囲まれた簡単な彫刻を置いた。写真に見られるように、そこは子供たちのお気に入りの遊具になっている。子供は円が好きなのだ。またたとえば、起伏のある広場。丘を駆け上る子供たちの姿が見えてくる。都市において周囲を見渡すことができる、個人のための空間にもなり得るであろう。子供のふるまいは時代、地域を超えてユニバーサルなのだ。ここでも文化人類学者、社会学者、自然環境の専門家たちの議論

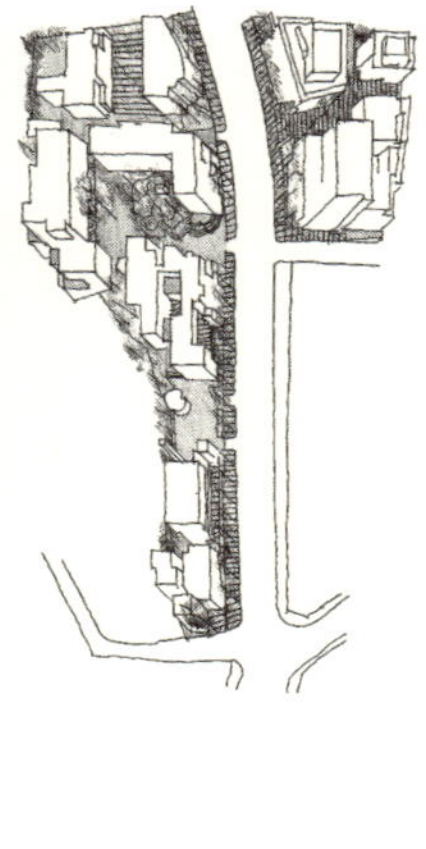

ヒルサイドテラス

国際仏教学大学院大学

*6 『新建築』二〇一二年七月号。
*7 『新建築』二〇一〇年六月号。

への参加が期待される。

発想を一歩進めて伊東豊雄の「みんなの家」も、こうしたところに設置することによって、より大きな社会のサークルとの対話が実践できるかもしれない。

未来のオープンスペースのありかたには展望も開けている。「宇宙とは何か」の秘密を解き明かすための、数千億円をかけた高エネルギー加速器も重要だが、「人間とは何か」という問いへの探究の第一歩として、我々と同じ普通の人たちが参加し得る、ささやかな実験場としてのオープンスペースの存在もやはり重要である。

エッジに展開させ得るさまざまな施設の提案

かつてヨーロッパ、そして後にアメリカでは都市の中央広場に面したかたちで教会、庁舎などの重要施設が配置されていた。今日でも、オープンスペースとさまざまな好ましいタイプの建築の組み合わせを考えることが可能である。仮にオープンスペースのそれぞれの東西南北面に、美術館、図書館、スポーツセンター、音楽ホールと並べてみよう。これらの施設は当然、独特のサポート施設をその近傍にもち、相互の利便性を図ろうとするだろう。人口一〇万人くらいの小都市であれば、そうした施設群のシナジーが十分期待できるかもしれない。人々がオープンスペースを利用してさまざまな施設を効率よく訪れることもできるだろう。小中学校の先生はオープンスペースで子供たちとさまざまな学習の場をもつこともできるし、その様子を見にくる高齢者たちを引き付けるかもしれない。

また、オープンスペースは求心性と遠心性とを同時にもち合わせている。その周縁に対して及ぼす力は、エッジでの展開に影響を与えるであろう。都市のレベルにおいて、

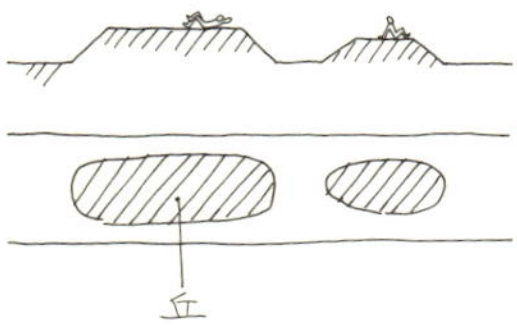

起伏のある広場

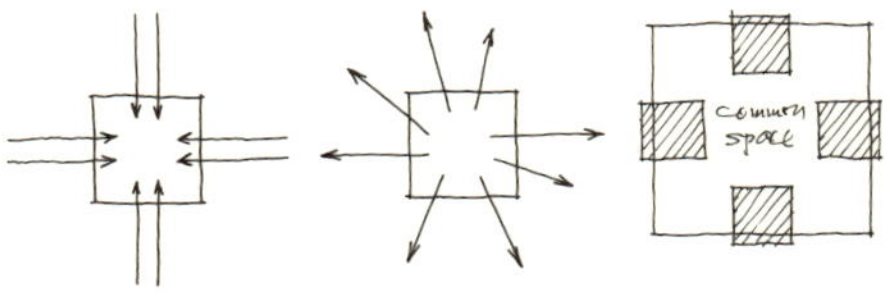

(右)オープンスペース中心の施設の配置
(中)遠心性　遠くへ視線を照射する
(左)求心性　外からの視線を引きつける

たとえば京都は、グリッドパターンの中核の三方が山に沿って連続したオープンスペース(名所)群で囲まれていると理解してよい。

たとえば、核となるオープンスペースから四方に細長いオープンスペースが伸びるような図を想像してみよう。その細長いオープンスペースに面して中高層の建物が建つという姿はどうだろうか。この姿から品川駅の旧国鉄操車場跡に建設された、緑地を挟んで展開する高層ビル群(品川インターシティ、一九九八年)を想像してみてもよい。この高層ビルの裏面を広い道として考え、その他の領域は低層、低密度の建築群と考えれば、低層、高層それぞれの特色がたがいに迷惑をかけずに共存し得る配置となる。

あるいは縦細の三角形のオープンスペースを考えてみよう。鋭角の頂点の周辺には子供・高齢者の施設が設けられ、ヒューマンなスケールが維持されている。三角の横幅が増えるにつれて、それに見合う成人用の遊び場も増える。最後の底辺にはちょっとした競技施設などが設けられてもよい。そこにはスポーツショップが集まってくるかもしれない。三角スペースの中心には、子供も含めて違う年代層の人々が集まることのできるパビリオン風のカフェなどがあってもよい。このようにオープンスペースを主体に考えることによって、さまざまな人間の好み、ふるまいから、三次元空間のありかたが誕生し得ることが示唆される。

また、オープンスペースは災害に強い。あるいは災害に強いオープンスペースが求められる。その利点は避難、延焼防止、さまざまな物資の備蓄も含めた緊急時対応施設を地下に設けられることなど、かぎりなくある。最近アメリカでは地下公園が実現しようとしている。オープンスペースの一部地下化は、多くのアイディアの展開を可能にするであろう。

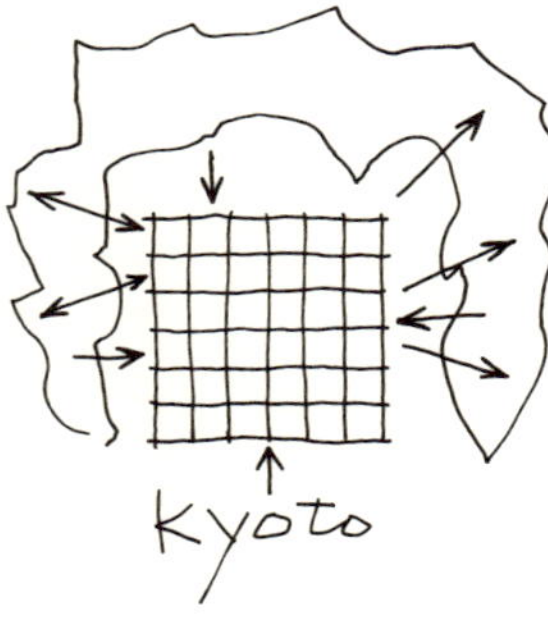

山に囲まれた連続する名所群

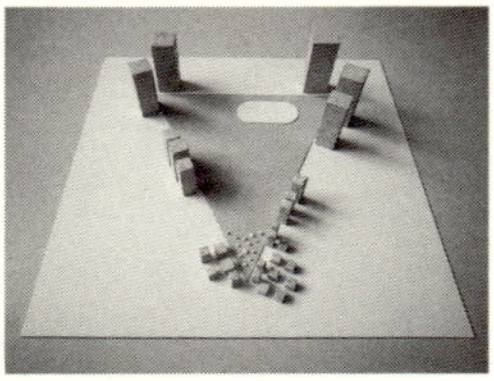

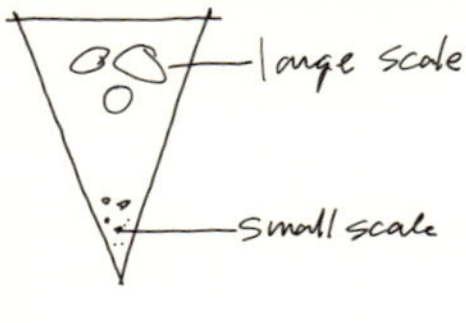

オープンスペースは本来高い汎用性を有している。したがって室内空間として最も高い汎用性をもっているテントとの組み合わせはどうだろうか。たとえば規格化されたテントの支柱は、あらかじめオープンスペースの地表面の開口部とセットにし得る。テントは災害時にも有効に利用されるであろうし、ふだんは地下の備蓄庫に収納しておけばよい。

また大きなイベントに使用されるときは、他のオープンスペースのテントを借用することも可能だ。我々の設計したセントルイス・ワシントン大学サム・フォックス視覚芸術学部は、二〇〇六年の開館日、ミズーリ州最大のテントを借用した。二〇一五年に出席したダッカでの国際会議も、数百人を超える収容力をもつテントで開催された。その最終日には、前日の豪雨のためテントが一部破損していたという笑い話もある。

日本のように深刻な人口減少、少子高齢化に伴う税収の減少が予測されている国では、いずれ多くの公共施設の維持、運営が困難となる。そのとき、汎用性の高いオープンスペースとテントの組み合わせは脚光を浴びるに違いない。

*8 『新建築』二〇〇七年七月号。

オープンスペースにもっとユーモアを

我々の日常生活のなかでいちばん欠けているものにユーモアがある。みなが笑えるユーモアを仕掛けることも、オープンスペースの重要な役割である。たとえば一〇〇メートルの走路をつくる。九秒五八というウサイン・ボルトのもつ世界記録でベルが鳴る。走者は直ちにボルトとの脚力の差を計測できるのだ。あるいはメビウスの輪という不思議な輪のことは誰でも知っている。実際に大きなメビウスの輪をオープンスペースに設置し、輪に設置されたレールを頼りに子供たちがその連続体を体験するようなことは不可能だろうか。ブランコと滑り台だけが子供の遊び場ではない。

あるフィクション——二〇七〇年旧国立競技場跡

「お父さん！　僕が三五メートル走ったら、ボルトのベルが鳴ったよ！」

子供の弾んだ声が聞こえてくる。「僕は四〇メートル走ったら鳴った」と別の声。どうやらボルトの偉大な記録はまだ破られていないらしい。もちろん子供たちはここで半世紀前オリンピックが開催されたことはまったく知らない。多くの若い世代の人たちも。ただ二〇二〇年の酷暑のオリンピックで多くの参加選手たちが競技参加を拒否したことだけは今も語り継がれている……。

　巨大な維持管理費を支払えなくなった老齢国家・日本が世論に押されて、施設の撤去を決定したのは何年前のことであったろうか。ただ競技用トラックと一万人分くらいの芝生の観客席が樹木に囲まれて残されている。

　いちばんヒットしたのは、大人も子供もたのしめる、世界に類を見ない参加型のスポーツ広場にしたことだ。蹴鞠とサッカー、羽根つきとバドミントンなど、スポーツの歴史もここで教えてくれる。外国からの親子連れもあとを絶たない。そして内も外も素晴らしい子供たちの交流の広場になっている。東京に新しい名所が誕生した。もう一つうれしいことは二〇二〇年のオリンピックのために撤去された集合住宅が、新しい姿で再建されたことである。

ディスカッションへの誘い

この一連の考察は、幼少の頃の原っぱ、また大都市のさまざまな既存のオープンスペ

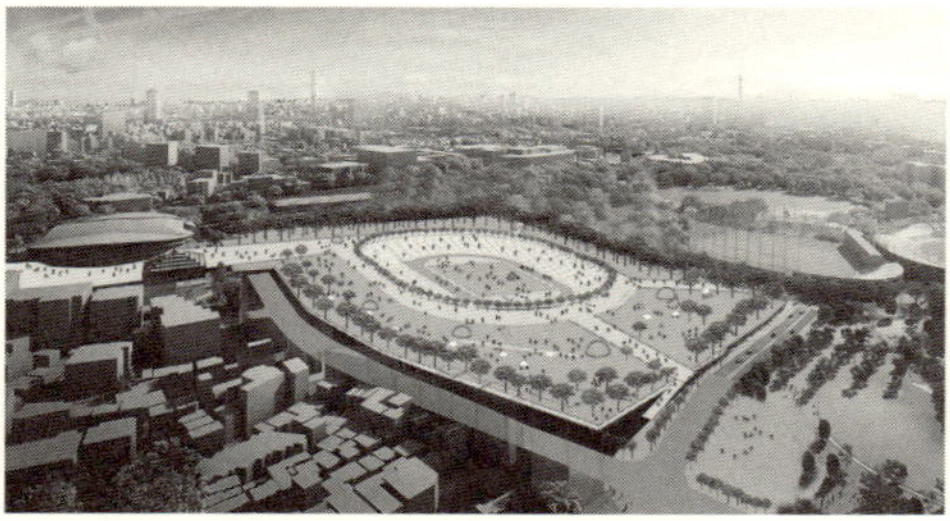

「二〇七〇年の旧国立競技場跡」

ースの記憶、経験という、私なりの都市の原風景の構築から始まっている。

しかし従来の公園、憩いの場という概念を否定し、オープンスペースはもっとさまざまな知的考察の対象となり得るのではないかと提言している。もちろん憩いの場という機能はそのままあってよいが、この提言は、それ以上に我々の都市生活をより豊かにする何ものかが、ポテンシャルとしてそこに潜んでいるのではないかという問いでもある。なぜならこの一世紀、多くの地域の近代化の過程のなかでつくられたモダニズムの建築は、かならずしも多くの人々に都市生活の歓びを与えるものばかりではなかったからだ。もちろんさまざまな建築の工夫もさらに必要ではあるが、建築の外にあって建築の侵入を許さない、より独立した存在としてのオープンスペースにさらなるパワーを与えることが重要なのではないか。

ここでの提言は未完であり、不十分なものもある。私は、オープンスペースであるからこそさまざまな意見をもった人々が参加しやすいと、先に述べた。それと同様にこのエッセイは、オープンスペースのように、さまざまな人から「いや、そうではない」あるいは「私はもっといいアイディア、意見をもっている」といった声を求める誘いでもあるのだ。

たとえば技術者、ランドスケープアーキテクト、都市計画家、あるいは先述した文化人類学、社会学、自然環境、都市歴史学などの領域の研究者の意見もさらに聞いてみたいと思っている。

このように専門領域を超えたディスカッションの対象として、オープンスペースを取り上げてみた。おそらくこの問題はグローバルなレベルでも関心をもってもらえるのではないか。バーナード・ルドフスキーの『建築家なしの建築』[*9]によってヴァナキュラー

*9　B・ルドフスキー、渡辺武信訳『建築家なしの建築』鹿島SD選書、一九八四年。

の建築が一挙に注目を浴びたように。そして、この「アナザー・ユートピア」はかつて原広司研究室での集落研究において取り上げられた空間領域の問題に通底するものでもあるのだ。

オープンスペースのスケールの大小を問わなければ、対象領域は無限にある。都市人口が急激に増加している開発途上国、成熟社会におけるさらなる郊外化、日本のように人口減少に比例して増加する都市のボイド空間など……。

他のところでも指摘してきたように、現在我々の都市、建築のジャンルで必要なのはディスカッションなのではないだろうか。このエッセイが、そうしたディスカッションの発起点になることを望んでいる。

Ⅱ　モダニズム　回想と証言

インタビュー　I・M・ペイ
次世代におくるメッセージ

翻訳＝土居　純

1　若き日の巨匠たちとの出会い

——本日は東京滞在中のお忙しいなかお越しくださり、大変恐縮しております。数カ月前にニューヨークでお目にかかったときに、ちらっと昔話をうかがうことができました。それがまた貴重なお話でしたので、これはぜひとも建築史に記録しておかなければと思った次第です。

これからお話をうかがうにあたり、僭越ながら内容を三部に分けさせていただきました。

第一部では初期の学生時代と作品について、続いて第二部では建築家として培われた経験について、そして第三部ではアートと建築の関係について、さらに最新作にも触れていただくつもりです。そのほうが読者にも、これまでの足跡を、どのようにキャリアが開始され、それがどのようにして今日に至ったかというかたちで追うことができるのではないかと思います。ただ、七〇年にも及ぶキャリアを逐一お話しいただくわけにはまいりません。それにご自身の偉業についてはすでに多くの出版物に収録されていますし。

ですからまずは初期のハーヴァード時代の話からはじめてみましょうか。一度うかがおうと思

ペイ氏（左）にインタビューする著者（撮影：新建築社写真部）

っていたのですが、ヴァルター・グロピウスはスタジオでどんな講評をしたのでしょう。ちなみに私が師事したホセ・ルイ・セルトの場合は、スタジオに現れるなり私たち学生の作品に目を留め、講評をはじめるという具合でした。グロピウスは事務所の所員に接するように、自ら手を動かしながら学生の作品に手を入れていくのです。グロピウスはいかがでしたか（以下、聞き手＝槇文彦）。

I・M・ペイ（以下、ペイ）　それとはまったく違いました。グロピウスは建築の工業的な側面に大変こだわっていましたからね。当時グロピウスとジークフリート・ギーディオンは――彼の名はご存じでしょう――かなり仲がよかった。ギーディオンはグロピウス論も出版しています。

それから *Mechanization Takes Command*[*1] も。この頃のグロピウスの心をとらえたのはバウハウスではなく機械化です。バウハウスの時代は、彼にとってはもはや過去のものだった。渡米した彼は、建築の発展には工業化という新たな道があると悟ったようです。私が彼のスタジオを初めて受講したとき、自作のプレファブ住宅を見せられたのもうなずけます。その住宅を見たことはありますか。ドイツ系建築家と共同で手がけたというなかなか興味深いプロジェクトでした。

――ヨーロッパで？

ペイ　マサチューセッツ州のケンブリッジです。パネルを接ぎ合わせるプレファブ方式の住宅で、共同製作者のドイツ系建築家の名はたしかワックスマンでした。

――ああ、コンラッド・ワックスマン[*2]ですね。一九五五年には訪日もしています。

ペイ　当時のグロピウスが没頭したのは建築の機械化と工業化です。といって、学生が一人残らずそれに感化されたかというとそうでもありません。その一人である私自身は（笑）、少しのあいだは興味ももったし、彼についていこうとそれなりに努力をし、機

イオ・ミン・ペイ／Ieoh Ming Pei　一九一七年、中国広東省生まれ

＊1　Sigfried Giedion, *Mechanization Takes Command: A Contribution to Anonymous History*, Oxford University Press, 1948.（ジークフリート・ギーディオン、GK研究所・榮久庵祥二訳『機械化の文化史――ものいわぬものの歴史』鹿島出版会、一九七七年〔榮久庵祥二訳による新装版二〇〇八年〕）。

＊2　Konrad Wachsmann（一九〇一―八〇年）フランクフルト生まれ。一九四一年に米国に渡り、四一―四八年、W・グロピウスとともに事務所をもち、この間、モビラーストラクチュアの最初の考案をなす。一九五〇年イリノイ工科大学教授となる。工業化に不可欠な量産可能な万能部材の基本的要素の研究に従事。一九五一年、米国住宅局のためモデュール割りの分類方式を作成した（『建築大辞典』彰国社刊を基に作成）。

械化の課題に手をつけてもみました。が、そう長続きはしなかった。

そのグロピウスですが、彼はほかの建築家とは異なり、実務家というよりはむしろ教育者でした。大変懐が深かった。学生自身に考えさせ、提案させる。最初にだされた課題はプレファブでした——学生全員がこのプレファブ方式を採用することが条件で、そこに改良を加えながら新たなシステムを組み立てていくことになっていました。一部の若手建築家や学生にしてみれば面白い課題だったかもしれませんが、自分にはそうは思えなかった。さほど気乗りがしなかったけれども、それでもグロピウスについていこうと頑張りました。

ところがグロピウスは全員がプレファブの課題にとり組んだことを見届けると、今度はその条件を外して、まったく別の方針でデザインを練るよう促すわけです。おかげで学生はグロピウスを離れて自主的にものを考えられるようになっていく。彼は学生の好き勝手にさせてくれました。自分の設計哲学を学生に押しつけることは一度もなかった。この度量の広さにつくづくグロピウスの偉大さを痛感したものです。

初めての美術館プラン

——グロピウスがご自身の原点となったのは、プロジェクトをいかに展開させていくかを教えたからではなく、その度量ゆえ、ということですか。

ペイ　ま、グロピウスの課題は三コマしかとっていませんからね（笑）。修士課程では四コマ履修することになっていました。私が四コマ目を履修できなかったのは、戦争のせいです。ハーヴァードからワシントンへ移る間際にとり組んだ課題については、自分でテーマを選んだ気がします。

クラス討論がありましてね。席に着いた私たち学生を前に、グロピウスは教卓にもたれ、話を切りだしました。「ところでこのインターナショナル・スタイルにはどれほどの影響力があるだろうか」。なにしろインターナショナル・スタイルが脚光を浴びた時代です。グロピウスに限らず、ル・コルビュジエにしろＣＩＡＭ（近代建築国際会議）にしろ、建築界全体がインターナショナル・スタイル一色でした。とりわけグロピウスにしてみれば、建築界はいよいよ収束されつつあり、それだけ世界は工業化の一途を辿っている、すなわち世界が共通の問題に直面するというわけです。ならば建築には表現上の統一が起こるであろう、と。

グロピウスは学生の一人ひとりに意見を尋ねました。が、私の述べた意見は周りから浮いてしまった。つまり工業化がすべてではない、それ以外の側面が幾つもあり、それは私たちがこれまで建築と見なしてきたものの枠外にある、と述べたのです。歴史的な要因もあれば、文化的な要因、社会的な要因もあり、しかもこれらの側面は工業の発達とはかならずしも連動しない。国によって伝統も異なり、であれば建築の工業化への対応にもばらつきが生じるだろう、と。グロピウスは言いました。「なるほど、ではそれを証明してごらん」。

グロピウスは工業化の概念に凝り固まっていました。世界の工業化は、建築の画一化を一気に加速させるだろう、と。そこへ私が、師に敬服しながらもあえて異を唱えると、それを証明せよと言い渡された。「わかりました。少し時間をください」と答え、次の講評会には美術館の計画案を携えて出席した。これが私の初めての美術館でした。これをグロピウスに見てもらおう。地域ごとの文化の違いが何を意味するか、美術館ならそのことが伝わるはずだ、と。

現に西欧の美術館は――ワシントンＤＣだと、太い円柱と大空間からなるギリシャ・ローマ風の建物になります。アメリカにあっても、なぜかギリシャ・ローマ風。この手の美術館は私のいる世界、すなわち中国には馴染まない。その頃私はまだアメリカ籍を取得しておらず、中国籍でしたから。こうした大型建築に翡翠細工だの書だのを展示するなんて、自分には考えられませんでした。

このように文化の違いは建物のスケールを変化させる。大事なのはここなんです。ですから建築表現についても、構造だとか構法云々ではなく、入力すべき要素がほかにもあるはずなのです。で、それを実践しました。

ハーヴァードのことはよくご存じですよね、マルセル・ブロイヤーがハーヴァードにいたことも。

――ええ。

ペイ　講評会でこの案を発表したとき、ブロイヤーが私を擁護する側に回ってくれました。永い友情のはじまりです。ブロイヤーはグロピウスとは建築観を異にしていました。そして私の立場を実によく理解してくれたのです。

ブロイヤーはバウハウスとハーヴァードで教えていましたが、その建築観にはむしろハンガリーでの生い立ちが関係しているように思います。だから彼にはこの案が通じたのです。彼は言いました、この世界には目を向けなければならない差異が存在する、と。まあこんなふうにして私はこの二人の人物と出会い、彼らから多くを学んでいきました。彼らが未知の事柄を伝授してくれたという意味ではなく――もちろん彼らは伝授してくれましたが――たとえ私が間違っていようが自分の頭で考えるよう仕向けてくれたのです。大建築家であるこの二人の教師のあいだでも意見が交わされました。グロピウスはこう言う、対してブロイヤーはこう言う、そして残りの人間はじっと坐ってそれに耳を傾ける。素晴らしい体験でした。

あまり脱線してもいられませんね。私はブロイヤーに同行して二度ほどギリシャへ船旅に出ました。相手をよく知るには一緒に船旅に出ることです。二週間エーゲ海を漂いました。ブロイヤーと過ごした日々の何とたのしかったことか。まさに至福の時！　おかげでブロイヤーとの距離がぐっと縮まりました。

――当時学内にいたヨーロッパの建築家はグロピウスとブロイヤーだけですか。

ペイ　少し時間を遡りましょう。ハーヴァードに進む前の、マサチューセッツ工科大学(MIT)在学中の話になります。MITには四年間在学し、その間ル・コルビュジエに接する機会がありました。訪米中のコルビュジエが教えにきたのです。

――あれ？　それは初耳ですね。MITがル・コルビュジエとアルヴァ・アアルトを招聘したのですか。

ペイ　グロピウスが招《よ》んだりするとは考えにくいですね。それで私もMITに戻ったのです。MITにはカリスマ的な教育者がいなかったぶん、かえって開放的でした。だから外部からどしどし招んできた。MITには建築哲学の方面の指導者がいなかったので、私にすればむしろハーヴァードよりも可能性が見込めた。アアルトにも会いました。アアルトからは一つ教訓を得ました。

――スタジオでのアアルトはどんなでした？

ペイ　アアルトはスタジオにはめったに姿を見せず、呑みに出かけてばかりいました。アアルトについて一つ語りましょう。彼は人間味にあふれた人物でした。グロピウスとは逆のタイプですね。スタジオでは一切講義をせず、会話に明け暮れた。アアルトが座

製図台の前に坐るペイ氏。マサチューセッツ工科大学の学生時代

長です。私たちは作品に関する質問を次々に投げかけました。ちょうど万国博覧会の建物が完成した頃です。だいぶ昔の話ですけれど、ニューヨーク万博（一九三九年）がありましたよね。そのときのプロジェクトであるフィンランド館が世界中で話題になっていました。木の板を使って曲線的なフォルムをつくりだすという、あの斬新なアイディアです。さてスタジオ終了後、彼はなぜか場所を移して私たち四、五名を夕食に招く。当時ボストンにはジェイコブ・ワースというドイツ料理の店がありました。まずビールが出される。胃にもたれる食事がこれに続き、とどめはシュナップス（アクアビット、北欧特産の強い蒸留酒）です。

――シュナップスを？

ペイ　シュナップスはアアルトの大の好物でした。これが入ると彼はますます陽気になる。レストランで席に着くと、アアルトはまだ誰も注文していないうちから――私たちの懐具合では酒代まで出せませんから――シュナップスを注文し、建築について、人生について、あとは自分の興味の赴くままに語りはじめる。ここにもまた一人、独特の思想と指導法をもった人物がおりました。ただアアルトは真の教育者ではなかったように思います。アアルトは一人の人間であり、人格であった。かたやグロピウスは生粋の教育者であり、そして彼には知識を他人に授けようという確固たる意志があった。が、アアルトは人生について語りたかっただけです。

タリアセンの記憶

――ミースはどんなでしたか。

ペイ　ミースの話をする前に、ル・コルビュジエについて触れておきましょう。

ル・コルビュジエもまた独特でした。彼は口数が少なかったけれども、確か一、二回講義をしてくれました。英語を話さなかったので、通訳がつきました。当時、彼の関心は周囲の人間とはだいぶ違うところに向いていました。近代建築の理念です。教育者の立場で工業化の意義を語ったりはしませんでした。

――視覚資料なども交えての講義でしたか。スケッチとか?

ペイ　ええ、せっかくスケッチをしてくれたのに、あいにく誰も保管していません。当時の彼はCIAMにかかりきりでした。パリ万国博覧会にも出展していましたし。

――パリ万博は一九三七年ですね。

ペイ　このパリ万博の二大成果が坂倉準三の「日本館」とホセ・ルイ・セルトの「スペイン館」でした。坂倉準三はル・コルビュジエの弟子です。セルトもまたCIAMの中心人物でした。セルトにCIAMの話題を振ったら最後、何時間でも話は続きます。彼はのちにCIAMの主導権を握ります。

以上が、私の知る初期の近代建築家たちです。ミースについてはいちばん馴染みが薄いけれども、その実、誰よりも影響を受けました。

その次にお尋ねになるのが、フランク・ロイド・ライトのことでしょうね。ライトとの接点も一応あります。ただし別のかたちで、しかも幸福とはいいがたい出会いでした。私は一九三五年に渡米し、まずペンシルヴェニア大学に入り、そこでいろいろと調べ回るうちに、違う、ここは私のいるべき場所ではないと悟りました。まだ手に職をつけていなかったのです。図面の描き方も知らなかった。で、工学部に入らなければということで、MITに進んだ。

最初は建築ではなく工学技術を学びます。一年経ってみると、不満が募ってきた。違和感を抱きながらも、もう一年辛抱してみてから、やっと進路変更を決めました。そして向かったのがタリアセン、一九三七年のことです。ぽんこつ車(笑)を走らせて出かけました。手紙も書き送らず、願書も出さずに。季節は夏。学期が終わると直ちにタリアセンへ発ちました。到着した私を出迎えたのは、馬のような大型犬三、四匹です。犬たちが車にまとわりつくわ、フロントガラスは涎まみれにされるわ、なかからは何も見えないわ、で車内に閉じ込もるしかありませんでした。タリアセンの第一印象は決してよくありませんでした(笑)。

おかげですっかり怖気づいてしまいました。第二印象もやはり似たり寄ったりです。このときのタリアセンは、フランク・ロイド・ライトの義理の息子にあたる長身の男性に任されていました。ライト本人はウィスコンシン州を留守にしていたので、私はこの人物に迎えられ、構内の建物を一通り案内してもらった。なかなか親切にしてくれたので、こちらも好感をもちました。けれど、向こうのよそよそしい態度は最後まで消えなかった。ここで学ぶにはまだ早い、と私の未熟さを案じたのでしょう。だからフランク・ロイド・ライトに対する印象はここでも改まりませんでした。期待していたような回答を得られなかったうえに、ライトと会うことも果たせなかった。

それでどうしたか。さっさと家路につきました。ええ、たしかに私は近代建築の巨匠たちと会いました。ただし行き当たりばったりの出会いです。アアルトとは、そう、酒や食事の席を幾度もともにしました。グロピウスとは、いやはや。まる一夏、彼の家で妻子ともども厄介になりましたっけ。

――イゼ・グロピウス夫人はどんな方でしたか。

ペイ　イゼ夫人?　とても意志の強い女性でしたよ。彼女は庭いじりが好きでね。マサチューセッツ州のリンカーンにあるグロピウス邸には、網戸つきのポーチの奥に花の植わった一画があって、イゼ夫人はそこでせっせと花の世話をしたものです。彼女は帰宅途中に車にはねられ重傷を負い、そのせいで寿命を縮めてしまいました。

――そうとは存じませんでした。

ペイ　当時の大建築家に関する話は、だいたいのところ私の耳に入っています。ただミースについてはそこまで知りません。彼がシカゴを拠点とし、東海岸に出てくることがあまりなかったからかもしれません。ミースは饒舌な人でもなかった。地元シカゴにはミース信奉派がいました。私が唯一ミースと差しで話ができたのは、シカゴにあるミースのアパートを訪れたときです。とても古風な住まいで、彼自身がデザインした家具はどこにも見当たりませんでした。彼は葉巻を吹かし、どこかつれない態度だった。もっと彼のことを知っていたら、と思います。でもミースのことはのちにフィリップ・ジョンソンからさんざん教わりました。

――ハーヴァード時代にフィリップ・ジョンソンと顔を合わせることはありませんでした？彼はどんなふうでした？

ペイ　フィリップのこと？　大変な教養人ですよ。たくさん旅もしているし、本も読んでいるし、社交もたくさんしている。彼の功績は二つあります。一つは一九三二年にMoMA（ニューヨーク近代美術館）で開いたインターナショナル・スタイル展、もう一つはニューキャナンの自邸（一九四九年）。ま、そんなところですかね。

――ジョンソンとはほぼ同世代ですか。

ペイ　少しずれますね。彼のほうは二年前（二〇〇五年）に九八歳で他界しましたから、私のほぼ一回り年上になります。彼は遅れてハーヴァードで建築を学びはじめた。私とはほぼ同時期にハーヴァードに在学していたけれど、一般の学生とは立場が異なった。ハーヴァードに入ったのは、たんに学位をとるためだったはずです。グロピウスについてはあまり興味がなさそうだった。けれどもミースについては、私たち学生にもミースに目を向けろと説いて回るくらい、彼はミースに一途でした。めざすのはミースだ、と一人ひとりに言い含めていた。彼には自分が何を望み、何を話しているかがわかっていた。私がミースについて知っている事柄は、すべてフィリップの受け売りです。

フィリップは人をたのしませるのが得意でした。他人と膝を突き合わせて議論すると、もう止まらないという感じで。大物です。建築家としての評価は人により分かれるけれども、フィリップ・ジョンソンが建築界の重鎮であることには誰も異論はないでしょう。

――ジョンソンの最高傑作は彼自身であるともいえます。

ペイ そう、まさしく！(笑) それも類まれな建築人間でした。

失われた時代のこと――第二次大戦前

――建築家としての形成期にあったとき、アメリカ国内の建築学部はまだその大半がエコール・デ・ボザールの影響下にあったのですか。それとも一部の学校ではすでにモダニズム教育がはじめられていましたか。ハーヴァードはそのなかでも先陣を切っていましたが、コロンビア大学あたりはどうだったのでしょう。

ペイ 私がアメリカに来た一九三〇年代半ばの時点では、まだまだボザール派が幅を利かせていました。グロピウスの渡米は確か一九三七年だったと思います。

――ご自身のように変化を求めていた人たちにとっては、どんな環境だったのでしょう。

ペイ なにしろ行き場がない！ 何のあてもありませんでした。それで私はフランク・ロイド・ライトを訪ねてタリアセンくんだりまで行ったのです。当時ハーヴァードはボザール派のハフナー教授に牛耳られていました。東海岸はボザール派に占められていた。内陸に入っても状況は似たり寄ったりでした。違ったのはせいぜいシカゴくらいです。

——本当に？　何もなかったんですか。

ペイ　ええ、まったく。むろん当時のアメリカは第二次大戦を前に不安定な時代にありましたけれど。学生はみな、多かれ少なかれ戦争のあおりを食らっていました。大学で建築を学ぶような時代ではなかった。失われた時代ですね。

——近代建築をめざした人々には、行き場が限られていた、ということですね。今お聞かせくださった経験は、当時にすれば大変貴重なものだったのではありませんか。

ペイ　でしょうね。入学定員も絞られていましたし。ハーヴァード大学のデザイン大学院（GSD）に入学できたのは一二名程度でした。

——そんなものでしょうね。この新しい教育に惹かれてやってくる人はずっと多くいたでしょうから、非常に狭き門だったわけですね。

ペイ　開戦当時はそうでもありませんでした。実際、学生数はさほど多くはなかった。当時は徴兵があったので、平時なら建築の学位を取得しにくるはずの若者が軍にとられてしまったのです。私が在学した頃は、学生に欠員が出るくらいでした。

結局、学生の多くは外国人、なかでも南米のアルゼンチンやチリの出身者が目立ちました。また女性は、男性と違って戦争に動員されなかった。女子学生にはノーマン・フレッチャーと結婚したジーン・ボドマンや、チップ・ハークネス夫人のサラがいました。ジーンもサラもＴＡＣ（建築家共同設計体）の創設メンバーです。この二人は私のクラスメイトでした。女子学生がいて、留学生がいて、かたやアメリカ人の男子学生は数えるほどだった。

――ＭＩＴとハーヴァードでの学生時代を締めくくるにあたり、上海に計画なさったという美術館についてお尋ねします。このプロジェクトによってモダニズムの限界を検証しようとなさったとか。ところが一枚も図面が残っていないんですね。近代的な建物で、グロピウスにも評価されたとのことですが。

ペイ　ああ、あれはもう残っていません。どこにも。それに学生時代の記念作となったＭＩＴ時代のものも紛失してしまいました。卒業設計だったのに。

――ＭＩＴの卒業設計について覚えていらっしゃることはありますか。

ペイ　当時は国粋主義にかぶれておりましてね。想像がつくでしょう。卒業設計を手がけたのが一九三九年。中国から来て間もない頃です。私は祖国にもっと強い国になってほしいと望んでいました。

当時の中国は絶望のどん底にあり、共産党勢力もまだ台頭していなかった。その頃まだ中国南部に滞留中だった共産党員を見て、あらゆる運動は草の根運動に後押しされるのだと奮起した覚えがあります。中国に必要なのは現状打破だった。そこでＭＩＴには大変な物議を醸すことを承知のうえで、あることをしました。卒業設計のタイトルを「中国におけるプロパガンダ・ユニット」としたのです。直ちにローレンス・アンダーソン教授に「これを認めるわけにはいかない」と却下された。それでも譲りませんでした。

ハーヴァードに提出した美術館のプランについてはさほど思い入れはありませんが、ＭＩＴの卒業設計については手許に残しておくべきでした。若者にとって、建築はこの世でいちばん大切なものではありませんからね。建築以外のことで頭がいっぱいでした。

あの頃の心境を打ち明けますと、祖国に対する苦い失望しかありませんでした。大衆の無知と無能に落胆した。だから民衆の力によって、すなわちプロパガンダによって大衆を啓蒙しようと。プロパガンダという言葉はＭＩＴではあまりに扇動的でした。

自分では気づきませんでした。若く、無知だった。でも地方の人々を啓蒙しなければという気持ちのほうが強かった。まず竹製のユニットをいくつもつくることを思いついた。これならどこにでも建てられる。竹はもっとも廉価で一般的な材料でしたから。当時はコンクリートが手に入らなかった。このユニットの部材をプレファブ化しました。

ははあ、グロピウスに先んじていたわけですね！

あとはパネルに色を塗り、この色によって映画、舞踊、パフォーマンス、講演などの催しを識別できるようにした。拡声器の代わりに、遠くからも目につく着色パネルにしたのです。このプロパガンダ・ユニットを各村の高台に据え、どこからでも見えるようにしました。

いずれのプロジェクトも理論の域を出るものではありません。私たちにはそうするしかなかったのです。なす術がなかった。夢を見るだけ。以上が私の見た夢です。

2　施主との共同――ディヴェロッパー、公共機関、行政

独学で体得したアーバンデザイン

――ハーヴァードで卒業設計を終え、そのあとはウィリアム・ゼッケンドルフの事務所に入られました。ゼッケンドルフ時代の話を読みながら、ミースとハーバート・グリーンワルドの関係が思い浮かびました。

今日とは違い、当時のディヴェロッパーにはものがよく見えていたように思います。あるいはゼッケンドルフやグリーンワルドが例外だったのでしょうか。それとも彼らは建築家と組むことに前向きで、それだけ金儲けにあまりこだわらない風潮が社会全体にあったのか。ちょっと話が大きくなりましたので、とりあえずはゼッケンドルフとの関係についてご説明くださいますか。

ペイ グリーンワルドについてはよく知りませんが、ミースによるシカゴの集合住宅には彼の後ろ盾があったとは聞いています。グリーンワルドとミースには世代差があります。ミースがグリーンワルドの一世代上です。ゼッケンドルフと私の場合はその逆で、ゼッケンドルフが私の一世代上になります。ゼッケンドルフは私にとって兄のような存在でした。

グリーンワルドはミースを立てるけれども、ゼッケンドルフが私を立てることはない。彼は私に仕事を手伝わせようとした。私は指示を受ける立場でした。グリーンワルドとミースの関係はそんなに長くは続かなかったはずです。

——そうなんですか。

ペイ ええ、六、七件のプロジェクトで契約を解消したはずです。最後の共同作となったのがニュージャージー州ニューアークの住宅開発だったかな。そんなに数はない。一方、私はゼッケンドルフの下で一九四八年から一九六〇年までの一二年間勤め、辞めてからも友人として一〇年ほどつきあいを続けました。ゼッケンドルフとは家族づきあいをするほどの間柄でした。ゼッケンドルフの息子とは親友ですし。今でもその息子とは、向こうがニューヨークに来るたびに一緒に夕食に出かけます。

——ゼッケンドルフのもち込む仕事には、建築スケールのものもあれば都市計画スケールのものもありましたね。

ペイ　たしかに。そうした時代背景がありましたから。一九四八年当時、復員兵のほとんどは職に就けずにいました。彼らが復員したのが一九四五年。政府は経済政策を講じる必要に迫られていた。そして一九四九年、連邦政府は住宅法を定める。これは重大なできごとでした。

この住宅法により、連邦政府、州政府、市町村の三段階の行政が結束して、各都市のスラム跡地を整備することになった。「スラム」という言葉も使われなくなりました。スラムはむしろマイノリティ社会を指す言葉でした。当初は都市再生と呼ばれたのが、住宅法制定を機に都市再開発と呼び改められました。

一九四九年の住宅法は次のように機能しました。各都市はイニシアティヴを執り、再生の対象となる地域を定める。とはいえ都市の広域を再開発するわけですから、大勢の地主と交渉しなければなりません。そこでこの住宅法は政府に土地収用権を与えました。

この収用権は不可欠でした。各市町村が最初にどの地域を再生するかを判断する。さしあたり一〇〇エーカーの地域としましょう。次に州政府と連邦政府に赴いて、開発指定と資金を受けるための認可を得ます。うろ覚えですが、確か州と市町村が資金の三分の一を、連邦政府が三分の二を負担する、といった配分でした。政府の援助によって土地開発が積極的に進められるようになれば、スラムが一掃されるだけでなく、経済活動や雇用の創出にも繋がります。ゼッケンドルフはこれを商機ととらえた。私にとってはハウジングの仕事のはじまりでした。

——なるほど。少し意外なのは、グロピウスはあれだけ工業化に関心をもっていたわりには、ハーヴァードであまり設計を教えていなかったのですね。けれども作品を拝見するかぎり、ご自身はいつのまにか都市的コンテクストのなかで建築をつくる術、つまりアーバンデザインの知識

を身につけていった、とお見受けします。また一方では、アーバンデザインはＣＩＡＭをきっかけに、すなわち戦後ヨーロッパを仕事場とする建築家たちによってはじめられます。けれども彼らの案は、そのままアメリカの都市に応用できるものではなかった。だとすると、自力でアーバンデザインを学ばれたのですね。

ペイ　ええ、あちらのアーバンデザインは別物でした。アーバンデザインとは、ＣＩＡＭのイデオロギーによれば、社会寄りのものだった。アーバンデザインは建築家個人の力でなし遂げられるものではなかった。なぜならそのかなりの部分が社会に根差しているからです。セルトの編んだ *Can Our Cities Survive?*[*3] という本がありましたよね。覚えていますか。

――ええ、覚えていますよ。

ペイ　表紙が印象的でした、イワシの缶詰の。アーバンデザインはもっぱら社会との関連で語られますが、そこには本来、経済・政治要因も絡んでいるのです。政治要因こそ、ル・コルビュジエらが見落としたものです。政治要因や経済要因を考慮せずに、まともなアーバンデザインができるでしょうか。

アーバンデザインには資金もいるし、行政側の政治的な意志も必要です。都市再生を図って定められた一九四九年の住宅法はツールとしては欠陥だらけでしたが、すくなくともＣＩＡＭよりは実際的で、地に足がついていた。ＣＩＡＭはあまりに理想主義なうえに、政治の問題を切り捨て、投資という現実も切り捨てたのです。こういってしまうと語弊があるかもしれませんが、ともかくＣＩＡＭがアーバンデザインの社会面だけを前面に打ちだしたことだけは確かです。そしてこの社会的な議題とはあくまでイデオロギー上の議題であり、すなわちそれは当時の共産主義者の思想にして、私自身も含めた

*3　Josep Lluis Sert, *Can Our Cities Survive?: An ABC of Urban Problems, Their Analysis, Their Solutions*, Harvard University Press, 1942.

若者の思想でもありました。

ところが一九四九年に住宅法が定められると、今度は残り二つの政治・経済という要因に比重が傾いてしまった。三つの要素すべてを盛り込んだ本格的なアーバンデザインにとり組む機会がすぐそこまで迫っていたのに、政府はこれを要請も奨励もしなかった。プロジェクトは、政治的に承認され、経済的に成立しさえすればよかったのです。予算がついても、その金額内に収めなければならない。相当厳しい予算です。低廉住宅にすることが目下の最優先課題でした。スラムを撤去しても、その跡地が恵まれた場所のはずがありません。たとえば融資を受けようとFHA（米連邦住宅局）へ赴いても、厳しい制約がもれなくついて回る。アーバンデザインどころではありませんでした。

採用された鉄筋コンクリート案

——それでもゼッケンドルフと共同のプロジェクトはそうでもなかったのではありませんか。たとえば「キップス・ベイ」（一九六三年）とか。

ペイ　そう、「キップス・ベイ」がありました。先述したように都市再開発、都市再生の仕事は、ゼッケンドルフが関与していたこともあり、さんざんさせられました。都市再開発やスラム撤去の仕事は、政治家との交渉からはじまります。ゼッケンドルフと私は市長や州知事を訪ねて、都市から都市を飛び回りました。ゼッケンドルフには自家用のＤＣ３機があったので、それを足代わりにして。

——ゼッケンドルフがチャーターしたのですか、それとも所有していた？

ペイ　所有していました、小型機ですが。私たちが市長に会いにいくと、先方は再開発の対象地域を案内してくれる。この時点で、すでに国の資金供与を申請・獲得し、あとはそれを実施する人間を探すだけ、という段階に入っています。するとゼッケンドルフは、「ではぜひとも私が」と請け合う。そんなふうにことが運びました(笑)。

——訪問先からゼッケンドルフの事務所に戻ると、すぐに構想にとりかかったのですか。作業はどんなふうに進められたのでしょうか。

ペイ アーバンデザインについてもそれなりに配慮しながら進めなければなりませんでした。どのプロジェクトでもそうとはかぎりませんが、私たちの場合はアーバンデザインのことが絶えず頭にありました。私には一二名前後の作業グループがつきました。

——一二名?

ペイ その頃は一二名程度でしたね。私たちの関心はアーバンデザインにありましたが、その知識はほとんど、いやまったくありませんでした。せいぜいわかっていたのは、都市の一部をとり壊してつくり変えるということくらい。つくり変えるということは、傷を治すようなものです、たぶん。スラムという傷がある。けれどもこの傷を癒すには、古い都市、すなわち健全な組織と結びつけるしかない。つまり都市開発とは傷ついた都市をいたわることだ、と。

私たちは大車輪で二、三日中にプランを用意しました。うちのグループは、限られた時間内でひたすら根を詰めて働いた。スピードが勝負でしたから。おかげで鍛えられました。週末中に仕上げました。ではアーバンデザインとしての出来はどうか。アーバンデザインに正解はあるのか。わからないけれど、すくなくともアーバンデザインには配慮した。健全な組織によって傷を癒そうと努めました。今思えば、もっとましなアーバンデザインにすることも、もっとコミュニティに貢献することもできたかもしれません。

こうして仕上げた基本計画を市長に届けます。すると「ゼッケンドルフさん、なかなかよくできたプランではありませんか。これでいきましょう。ところで当市で負担できる額はこれくらいですが、予算内に収まりますか」という市長に対し、ゼッケンドルフが答えます。「そうですね、そちらでスラムを撤去していただいて更地にした状態で私どもに引き渡してくださいますか」。連邦政府、州政府、市町村には土地造成の費用と手続きを負担してもらいました。土地を造成するには、土地を購入し、金を支払い、解体作業もしなければならないし、電気、ガス、水道も引かなければなりませんからね。これらをまとめて政府に負担してもらったのです。

ゼッケンドルフは造成を終えた区画を受けとると、次は君が低廉住宅を建てる番だと私に告げます。低廉住宅。ああ、いったい何から手をつけたらよいのだろう。とりあえずはＦＨＡの扉をたたく。まったく、国から資金を引きだすのにどれだけ苦労したことか。ＦＨＡは締まり屋です。要するに平方フィート単価一〇ドルで建てられるとしても、ＦＨＡはその全額どころか一部しか負担してくれないので、残額を銀行に借りることになります。

ゼッケンドルフは賭けに出ました。「では私がお請けしましょう」。彼が負ったリスクは、そのまま私たちつくる側にしわ寄せされました。こちらはわずかな予算でどれだけ良質な住宅をつくれるかと、さんざん知恵を絞りました。当時は住宅といえば煉瓦造が常識でした。「キップス・ベイ」を建てた当時、ニューヨークでは平方フィート単価の相場が九・七五ドルでした。それくらいしたんです！　これっぽっちの費用でよい建物がつくれるだろうか。無理でした。案をいじればいじるほど足が出ました。それで「キップス・ベイ」では煉瓦の代わりに鉄筋コンクリートを試みることにしたのです。

――**「キップス・ベイ」がブレイクスルーとなったのですね。少し詳しくうかがえますか。**

ペイ　煉瓦に対抗するには、現場作業をシングル・ステップに簡略化するしかないわけです。型枠を用意しておいて、そこにコンクリートを流し込み、あとはガラスを嵌めるだけにしておく。問題はコンクリートの質です。耐久性はどうか。見た目はどうか。むらにならないか。私には冒険だったので、ゼッケンドルフにひとこと断りました、「後ろ盾になってもらえませんか」。

理由も説明しました。煉瓦に未来はない——これは誤りでした——と。私の記憶では、ボストンの煉瓦工なら一日あたり約八〇〇個積めた。それがニューヨークになると、助手を使ってもせいぜい五〇〇個くらい。ちなみに助手の仕事の内容はご存じですか。助手の少年なり青年が、足場に立つ煉瓦工に煉瓦を一つひとつ手渡ししていく。助手は手許に常時二四個くらいの煉瓦を置き、なくなると補充しにいく、という具合です。それでゼッケンドルフには、煉瓦工の作業能率は次第に落ちていくだろうと告げました。「なるほどね」と彼。コンクリート案をゼッケンドルフに売り込んだ次第です。

——驚きですね、ゼッケンドルフのようなディヴェロッパーが新しい発想をこれほど素直に受け入れるとは。

ペイ　ゼッケンドルフのすごさは、駆けだし建築家の思いつきさえ受け入れてしまうことです。実地で得た見解でも実践された案でもなく、ただの仮説にすぎないのに。彼は私の味方に立って、このコンクリート建築の実現に向けて手助けしてくれました。私の恩人です。

——デザインが仕上がって、ゼッケンドルフはさぞや安堵したことでしょうね。

ペイ　遠慮せずにやってくれ、と背中を押してくれました。直ちにデザインを起こし、ゼッケンドルフの承諾をもらい、施工会社二社に見積りに出しました。ターナー社とフラー社、どちらも当時の最大手です。両社からはそれぞれ平方フィート単価一八ドルとの回答がありました。まるで示し合わせたかのように、きっかり同額。そんなばかな。単価一〇ドルが上限だというのに、一八ドルですよ。頭を抱えました。この悪い知らせを受けた私は、いったいこれまでの苦労は何だったのかと、やるせなくなった。

二、三週間後、ゼッケンドルフ邸に食事に呼ばれました。「諦めるのはまだ早い。最近、ある会社を買収したんだ」。土木会社でした。その会社の出してきた見積りが単価一〇・一五ドル。いわゆる建築施工会社ではなく、道路や橋を良質のコンクリートで建設する会社でした。彼らはこの見積り額を、実は私の案を詳しく知る前に出してきたのです。コンクリートが特殊な扱われ方をするとは知らずに(笑)。いったいどれだけゼッケンドルフの世話になったことか。建物は今もちゃんと建っています。その「キップス・ベイ」は五福[*4]をもたらしました。

——といいますと。

ペイ　どうやって彼らが五福を手に入れたか、ですか。まず建てたあとに賃貸に出した。それをまた別の人間が購入しコーポラティブハウスに転用すると、つねに高値で売買されるようになった。大当たりです。現地を訪れるとわかるように、住人はここに暮らすことを誇りにしています。彼らは私を招き入れ、私の名を刻んだプレートまで見せてくれました。まるで墓碑です(笑)。こんなにうれしいことはありません。あれからもう半世紀になるというのに。

——そのお話をうかがっていて、私も一つ思い出しました。今から一〇年ほど前、九州の中津という小さな市に葬斎場(風の丘葬斎場、一九九六年)を設計しました。完成後かなり評判となり多くの人が訪れていますが、その人たちが口々に、できれば自分もここで見送られたいと言ってい

*4　『書経』に由来する言葉。人生の五種の幸福、すなわち寿命の長いこと、財力のゆたかなこと、無病なこと、徳を好むこと、天命をもって終わること。

るそうなのです。これは私の建築家人生で受けた最大の賛辞だと思います。まるで、あなたのところで最後の晩餐をしたいと言われたシェフの気持ちです。

エドモンド・ベーコンとの仕事

――「キップス・ベイ」は配置計画も独特ですよね。

ペイ　あれはミースを参考にしました。

――ミースですか。となるとプロジェクトにかかっているあいだにも、建物のアイディアを練るだけでなく、デザイン戦略にも工夫を重ねていったのですね。のちの作品にもそれはうかがえます。ワシントンの「ナショナル・ギャラリー(東館)」(一九七八年)しかり、「ルーヴル・ピラミッド」(一九八九年)しかり、いかに建物を都市という大きなコンテクストに収めるかがよくよく検討されています。こうした方向に自然と意識が向いたのでしょうか。デザインに関する持論のようなものがあったのでしょうか。

ペイ　「キップス・ベイ」の頃までは非常に廉価なプロジェクトばかりです。極限まで切り詰めた最小限の建築です。今となっては誰もこれほど廉価につくることはできませんが、一九五〇年代にはそうすることが求められた。この思想がヨーロッパに伝わると、たちまち別物になりました。パリはアメリカに都市再生を学び、一〇年から一五年遅れて都市再開発に乗りだしました。予算もずっとゆとりがあった。都市再開発に携わるフランス人建築家は、予算に縛られることもなかった。したがって建築の善し悪しを判断するには見た目だけでなく、それができるまでの経緯も勘定に入れなければなりません。アメリカの状況の厳しさといったらありませんでした。

ちなみに「キップス・ベイ」はロバート・モーゼス主導のプロジェクトでした。都市再開発とは一種の政治プロセスですからね。ニューヨークにはこの政治家モーゼスがいた。彼はなかなかの実力者でした。SOM(Skidmore, Owings & Merrill)にもマスタープランをたくさんつくらせています。その一つ「リンカーン・センター」(一九五五―六九年)もやはり都市再生プロジェクトですが、完成はずっと後のことです。都市再生事業では都市型住宅に限らず、さまざまな計画が進められました。モーゼスはSOMに大量のプランを発注しました。その一つがこの「キップス・ベイ」だったのです。

SOM案の「キップス・ベイ」は碁盤目上に五棟の建物が配置されたものでした。モーゼスはこれをゼッケンドルフに引き渡した。続いてゼッケンドルフにこの図面を見せられた私は、これはおかしいと指摘した。ある日、私はメトロポリタン・ライフ社が開発したというスタイヴェサント・タウンに出かけました。そして道に迷った。友人に会いにいく途中で迷子になってしまった。その経験があったので「キップス・ベイ」では建物を五棟ではなく二棟にまとめることにしました。難儀でした。するとゼッケンドルフになだめられました。それなら元のプランに戻してほしいとSOMにかけあってみたら、と(笑)。この話はご存じない?

――いいえ。

ペイ　で、向かった先が友人のゴードン・バンシャフトのところです。モーゼスを説得してマスタープランを変更してもらうよう、同僚に口利きをしてくれないか、とゴードンに頼むと、彼は「なぜ都市再生に首を突っ込むのさ。あれは建築家のすることじゃない、弁護士の仕事だ」。マスタープランをつくったのはSOMだと言い返すと、「私なら手を出さない、やめておけ」。これが彼の答えでした。ゴードンがあてにならないと知った以上、モーゼス本人に直訴するしかありませんでした。ゼッケンドルフは結局五棟ではなく二棟で話をつけてくれた。そんないきさつがありました。

ついでにフィラデルフィアの「ソサエティ・ヒル（・タワー）」（一九六四年）について少し触れてもよいですか。「ソサエティ・ヒル」は、やっと行政側にもアーバンデザインに明るい主導者が現れたという意味で、思い出深いプロジェクトでもあります。このとき主導権を握ったのがエドモンド・ベーコンなる人物でした。思うに、建築・都市計画部門の役人でアーバンデザインに目を向けたのは、おもにこのエドモンド・ベーコンとエドワード・ローグの二人です。

——同感です。フィラデルフィアのエドモンド・ベーコンとボストンのエドワード・ローグ。二人は当時の都市計画界のヒーローでした。

ペイ　現地フィラデルフィアではコンペが開かれました。ディヴェロッパーと建築家とでチームを組んで競った——ゼッケンドルフは私と組み、ルイス・カーンはオスカー・ストノロフと、SOMもどこかとチームを組んだ。参加チームはほかにもたくさんいました。当時としては大がかりなプロジェクトでした。あまり仕事のない時代でしたからね。エド・ベーコンの提示したフィラデルフィアのマスタープランが「グリーンウェイ・システム」なるものでした。

歴史の本にあたればこのグリーンウェイ・システムのことが解説されています。これこそアーバンデザインのお手本だと思いましたね。これによりフィラデルフィアの街は、（街が建設された一七世紀末から一八世紀初頭にかけてつくられた）かつての広場の単位に分解され、そしてこれらの広場をとり結ぶように緑道（グリーンウェイ）が張りめぐらされる。この緑道網の突き当たりに「ソサエティ・ヒル」が建てられる、というわけです。私がこの緑道網をさらに延長し、プロジェクトに組み込むことを提案すると、ベーコンは支

ソサエティ・ヒル

Photograph　Robert Damora

持してくれました。

——ベーコンも審査員だったのですか。

ペイ　いいえ、彼は都市計画局長でした。だから影響力があったのです。審査員はOPDC（オールド・フィラデルフィア開発公団）です。ややこしいんですよ。一人がこれがいいと言っても、ほかが反対する。OPDCの理事はウィリアム・デイという人物でした。デイはコンペの発起人でもありましたが、このグループの顧問でもあるベーコンには発言力がありました。ベーコンが私の案を推してくれたこともあり、私たちゼッケンドルフ組がコンペに勝ちました。

「キップス・ベイ」は一九五〇年代、「ソサエティ・ヒル」も五〇年代の仕事です。「ニューヨーク大学ユニバーシティプラザ」（一九六七年）がこの流れの最後にきます。それで打ち止めです。

施主とのめぐり合い

——そのあとは？

ペイ　一九六〇年代にゼッケンドルフの事務所を辞めました。ここからは自分で仕事をみつけてこなければならなかった。チームはいるのに仕事がない状態ですから。いざ一人になると、仕事のとり方からしてわからない。ずっとゼッケンドルフに任せきりできましたから。

——このときはおいくつですか。

ペイ　一九六〇年だから四三歳ですね。戦争で二年半をふいにしました。だいたい建築家は遅咲きですし。若くして独立するほうが珍しい。

――私は恵まれていたんですね。三〇代前半で処女作を発表していましたから。ワシントン大学の「スタインバーグ・ホール」も、名古屋大学の「豊田講堂」もともに一九六〇年の作です。いずれも公共施設です。そのどちらも最近になって改修、増築されました。そうとう運がよかったのですね。

ペイ　まだ三〇歳だったんですか。ふつうはその若さで仕事はもらえませんよね。羨ましい。日本なら珍しくはないとしても、アメリカならあり得ません。

さてそんな私に声をかけてくれた施主がいました。ウォルター・ロバーツ博士です。建築家の仕事がいかに施主次第であるか、私には語り尽くせません。自分でもよい仕事ができたというときには、かならずその背後に偉大な施主がついていました。だから私の作品の出来不出来については、施主にも五割方その責任があるはずです、たぶん。

ゼッケンドルフのあとに現れたのがこのロバーツ博士でした。プロジェクトはコロラド州ボルダーの「国立大気研究センター」（一九六七年）。ロバーツ博士は私も含めて大勢の同業者（エドワード・バーンズ、ハリー・ウィーズほか多数）にインタビューをした。コンペ形式ではなくインタビュー形式です。候補者はコロラドに呼び集められ、そして運が私に味方した。ロバーツ博士は、私のことも私の作品も気に入ってくれたのです。おかげで初仕事ではそれなりの規模のものをやらせてもらいました。決して小さくない規模のものを。

――研究施設ですね。

ペイ　そう、研究施設、それも厄介な建物でした。ロッキー山脈に建設するというんですから。その頃見に行ける距離にあった唯一の実例が、ＳＯＭによる新築の「空軍士官学校」（一九六二年）でした。コロラドスプリングスまで見学に出かけました。ミース的手法による建築です。構内には列柱つきの金属製の校舎が並び、これが山並みと鋭い対比をなしていた。それを目にしたとたん、この手法はやめておこう、と思いました。むしろ山並みと一体化させるつもりでした。それで逆の手法をとった。

——同じくコロラド州デンバーでは「マイル・ハイ・センター」(一九五六年)を手がけておられますよね。

ペイ　そちらは独立後の作ではなくゼッケンドルフとの共同です。あれも面白いプロジェクトですが。

——一九六〇年代に西海岸から車で戻ってくるときに、この建物を見学するためにデンバーを経由した覚えがあります。

ペイ　胸を張って見せられるプロジェクトではありませんが。作品集にも載せたことがないし。これはやたら制約の多いプロジェクトでして。一九五〇年代初めの作品です。「国立大気研究センター」はそこから七〇マイル(約一一〇キロメートル)ほど離れたところにあります。こちらは完全に自力で手がけたものだし、施主にも恵まれました。このプロジェクトでは後ろの山並みから攻めることにしたのですが、はて、いったいどうやって、と悩みました。ロッキー山脈に圧倒されてしまって。

結局、そのヒントをアメリカ先住民に学びました。アリゾナ州側にあるメサ・ヴェルデ国立公園へ出かけ、アメリカ先住民が地場の岩を使い、丘を削ってつくったという岩窟建築を見てきました。建物の高さは四階建てくらい、けっこうあります。先住民が一世紀ほど前に建設したという代物ですから、一見の価値はあります。彼らは建物を周囲に馴染ませ、みごとに一体化させた。はたして自分にもできるだろうか。ＳＯＭの手法とは逆行するわけですから、ミース的な解にもなり得ません。

こうした視察のために、かなりの時間を費やしました。たとえ一〇時間かかろうが、報酬は一時間分しかもらえません。つまり空き時間を犠牲にしたのです。請求書に記載できない仕事ばかりでした。それでも調査を諦めるわけにはいかなかった。経済的に辛い時期でした。考える時間がいくらあっても足りないのに、その対価は支払われない。私たちが何にこだわろうが、施主にとってはどうでもよい事柄ですから、当然です(笑)。ともあれ、これが独立後の一作目にあたります。

二作目は「エヴァソン美術館」(一九六八年)、重要な作品です。ニューヨーク州シラキュースに建てた、私にとっては初の美術館建築です。当時はまだ無名で、業績もありませんでした。美術館側はまずフィリップ・ジョンソンに打診するも、断られました。彼は当時ニューヨーク州北部のユーティカでやはり美術館を手がけていたのです。フィリップの答えはノー。次に声をかけたのがゴードン・バンシャフト。ゴードンもやはりニューヨーク州北部のバッファローで「オルブライト＝ノックス美術館」(一九六二年)が進行中だった。この美術館の新館は有名でした。黒い箱のような建物で。ゴードンもやはりシラキュースの話を断った。結局めぐりめぐって私が請けることになったのです。棚ぼた式に！　きっかけなんて、そんなものかもしれませんね。自分が無名ならとりあえずはおこぼれでもよいから何でも頂戴する。

美術館の初仕事となったこの「エヴァソン美術館」は一つの転換点となりました。そのおかげでのちの「ナショナル・ギャラリー」を任せてもらえたともいえます。実績がものをいいます。当時は実作といえばボルダーの「国立大気研究センター」とこの「エヴァソン美術館」の二件だけでした。

ケネディ家によるインタビュー

――「ナショナル・ギャラリー」もまた大きな飛躍でしたね。

ペイ　大躍進です。飛躍といえば、それこそ「ジョン・F・ケネディ記念図書館」（一九七九年）もそうでした。けれどもこれほど無念な作品もありません。一九六二年、ジャクリーン・ケネディに指名を受けました。この仕事はぜひともとりたかった。自分の名が少しずつ売れはじめていたので。素晴らしいプロジェクトだっただけに、不本意な結末を迎えることになり、残念でなりません。ロバート・ケネディが暗殺されるとプロジェクトは永らく中断し、その後ジャッキー・ケネディに引き継がれました。彼女がオナシスと再婚すると、またも中断。ケネディ家が零落しかけると、ハーヴァード大学は私たちの提案した敷地を却下した。母校に拒否されたのです。私が敷地に選んだのはバスの車庫でした。

――現在ケネディ行政大学院のある場所ですか。

ペイ　あれは私の設計ではありません。当初のプログラムでは図書館と大学院を併設し、車庫の跡地に建てることになっていました。ところがこの私の案は、図書館を不要とした大学側に却下された。大学側が欲しがったのは大学院だけだった。ジョン・F・ケネディ記念図書館がつくられようものなら、観光客が押しかけるに違いない、と危惧したのです。大学側はだいぶ後になってから大学院を建てましたが、その頃には私もプロジェクトから手を引いていました。

――ひょっとしてケネディ家が図書館の設計者を探していたときに、私と鉢合わせしたかもしれませんね。大勢の建築家に声をかけていましたから。

ペイ　それはもう、世界中から招んでいましたよ。

――丹下健三氏も招ばれていました。彼が私に打合せに同席してくれないかと訊いてきましたから。私はその頃ハーヴァードで教えていたんです。打合せのあとリッツ・カールトンでの晩餐会に列席するという恩恵にも浴しました。隣は丹下氏、逆隣にはミース・ファン・デル・ローエがいました。

ペイ　ルイス・カーンもいましたね。フィリップ・ジョンソンがいて、ゴードン・バンシャフトがいて……よくまあ自分がこのメンバーに入れてもらえたものです。

――私なんて畏れ多くもミース・ファン・デル・ローエの隣でした。忘れがたい思い出です。

ペイ　ともかく「ジョン・F・ケネディ記念図書館」は意義深いプロジェクトだったのですが、動きだすまでに一五年かかりました。その頃にはいよいよ予算も削られ、敷地も当初の魅力を失っていた。プログラムも縮小しました。ケネディ大統領に名前負けしているでしょう?

とはいえ私にとっては建築家としての信頼を築くよい機会でもありました。大きな仕事を手に入れるには、何よりも信頼を築き上げることだった。何しろまだ規模の小さなものしか扱ったことがありませんでしたから。

――でも近頃の施主はこちらの適性を探ろうと、根掘り葉掘り尋ねてきます。建築家と施主の関係はもはやたがいの信頼によって成立するのではなく、むしろ腹の探り合いに近い。最初に訊かれるのが、当該のプロジェクトと同種の実作がこちらにあるかどうか。次にプロジェクトの設計者としてどれだけの適性があるかを問われる。それでも施主は納得してくれない。こちらの適性を裏づけるための保証人リストまで提出させられます。

ペイ　その仕事をするのにふさわしい人間であることを証明するためにね。

――なかでも呆れてしまうのが、受賞歴まで要求してくることです。さらにそれを証明するのに賞状のコピーまでとらせるんです（笑）。いっそのこと次回顔写真を撮るときには賞状と賞牌も並べて写そうかと思っているくらいです。

ペイ　あいにくそれが現実ですよ。仕方がありません。建築家は言われたことを淡々とこなすだけです。あとはインタビュアーに、この場合は施主に共感してもらうことです。施主がその建築家の仕事に惚れ込むか、さらにその人物にも惚れ込むかどうか。ここがポイントです。この建築家なら自分の悩みをわかってくれる、と施主に思わせられるかどうか。世の中そんな施主ばかりではありませんが、なかにはまともな施主もいます（笑）。

――「ジョン・F・ケネディ記念図書館」の設計者に選ばれたときには、ケネディ家のインタビューもお受けになりました？

ペイ　ジャッキー・ケネディとウィリアム（ビル）・ウォルトンの二人にインタビューを受けました。ビル・ウォルトンはケネディ大統領下の美術委員会委員長を務め、またエーロ・サーリネンにワシントンの「ダレス国際空港」（一九六二年）を設計させ、サーリネン死後にはこの空港の完成を見届けた人物です。ビル・ウォルトンはジャッキー・ケネディの相談役でした。インタビュアーはほかにも数名いたかもしれませんが、この二人が中心でした。

彼らは私以外にも大勢の建築家にインタビューしました。ルイス・カーンもその一人です。この顛末については記録しておくべきでした。*The New Yorker* が一度は記事にしようとしましたが、ビル・ウォルトンが他界してしまったので結局ボツになりました。貴重な内容だったのに。「ナショナル・ギャラリー」とポール・メロンとの関係もそうでした。（インタビュー形式で設計者を選抜するのは）アメリカでは一般的です。設計競技はしません。日本は競技形式かもしれませんし、すくなくともヨーロッパでは図面を提出させられますが、アメリカではインタビュー形式が主流です。

――でも変わりつつありますよね。

ペイ　ええ、最近はね。設計競技が導入されつつありますが、でも永年インタビュー形式がとられてきました。インタビューでは、先ほどおっしゃったように自分の適性や能力を証明するほかに、施主とそのプロジェクトへの共感も示さなくてはならない。このときは施主が私を信頼してくれた。つまりダークホースに賭けたのです。

ディヴェロッパーとのつきあい

――今日ではいたるところでディヴェロッパーの力をまざまざとみせつけられます。資本の流動性が高まるにつれ、ディヴェロッパーの力も肥大化する。決して健全とはいえない状況です。彼らの関心が収益性の高い投資に集中してくるとなると、なおさらです。そのうち建築家の職業的地位を揺るがしかねません。この流れは避けられないのでしょうか。

仕事を選ぶときの判断基準のようなものはおもちですか。ここ一〇年、二〇年はプロジェクトの数を絞ってご自分のためだけに仕事をなさっていますよね。

ペイ　ディヴェロッパーの仕事をするようになってかれこれ一二年になっていましたから、このまま続けても仕方がない、ゼッケンドルフほど気の合うディヴェロッパーとはもう出会うこともないだろう、と見切りをつけたのです。

――ゼッケンドルフが例外だったということですか。

ペイ　だと思います。でも他人はそうは思わないかもしれない。施主としてのゼッケンドルフの評判はそれほど輝かしいものではありませんでした。私にとって彼は偉大なパトロンであるばかりか、彼とのあいだには個人的な交友もあった。

要は信頼関係です。彼はほかの建築家にはさせないことも、私にはさせてくれました。現にゼッケンドルフはハリソン&アブラモヴィッツとも組んでいますが、馬が合わなかった。意思の疎通がうまくいかなかったというか。かたや私は彼とは良好な関係にあり、向こうもこちらを買いかぶるくらいに信頼してくれた。それだけに、このへんでディヴェロッパーとつきあうのはやめにしよう、第二のゼッケンドルフが現れるはずはない、と判断したのです。だいいち私はディヴェロッパーが苦手でした。かつてはティシュマンズ社やユリス社などともつきあいましたが。これは自分の進むべき道ではないと悟りました。

――仮にディヴェロッパーのほうから話をもちかけてきたら、丁重に断りました?

ペイ　その時分はまだノーとは言えませんでした。仕事も欲しかったし。「ジョン・F・ケネディ記念図書館」の受注を境に、公共機関からいっきょに声がかかるようになりました。以来、そちらに軸足を移すことにしました。

公共機関相手の仕事にはまた別の苦労がありました。一つには、この種のプロジェクトは実に込み入っている。もう一つは、行政が絡んでくるので政治にも巻き込まれる。公共機関はだいたいが行政機関です。公共機関の仕事を受けた以上は、建築の政治プロセスにもつきあう覚悟が必要です。私には勝手のわからない仕事でした。たとえば「ナショナル・ギャラリー」のときには、NCPC（首都計画委員会）とつきあうはめになった。当時のNCPCはおそろしく反動的でした。ただ施主には大変恵まれました。ポール・メロン氏です。NCPCは難物でしたけど（笑）。

「ナショナル・ギャラリー」では四番通りをくぐった向かいに（東館を）つくるという

ことで、NCPCだけでなく美術委員会とも交渉しなければなりませんでした。美術委員会に対してもプランを説明するわけです。当時ワシントンのモールで目にするのは、保守的な建物ばかりだった。とにかく保守的。ナショナル・ギャラリーの旧館(西館)は新古典主義の建物だったので、このスタイルをそのまま新館(東館)にもコピーすることになっていました。同じものをつくれ、というのです。

――美術委員会の顔ぶれは?

ペイ　ゴードン・バンシャフトがいました。エーロ・サーリネン夫人であるアリーン・サーリネンもいたはずです。東館が建つ前のモールにあった近代建築といえば、HOK(Hellmuth, Obata, Kassabaum)設計の「国立航空宇宙博物館」(一九七六年)くらいのものです。当然、美術委員会はこの「航空宇宙博物館」が気に入らなかった。私もよく記憶しています。

ともあれ、私はこのとき地場の石灰岩を使うことにして、採石場のどの層から切りだすかも具体的に決めていました。そこへHOKが割り込んできた。向こうのほうが先に着工したのでね。まんまと出し抜かれました。

――ははあ、マグロと一緒ですね。東京の魚市場でも卸売り業者と顔見知りの人間がよいところどりをしますものね。

政争のすえに生まれた美術館都市

――ところで高名な建築家というものはかならず、その代表作によって名を残します。丹下健三といえば「国立代々木競技場」、フィリップ・ジョンソンといえば先ほどおっしゃった自邸「ガラスの家」、フランク・ゲーリィなら「ビルバオ・グッゲンハイム美術館」(一九九七年)といったと

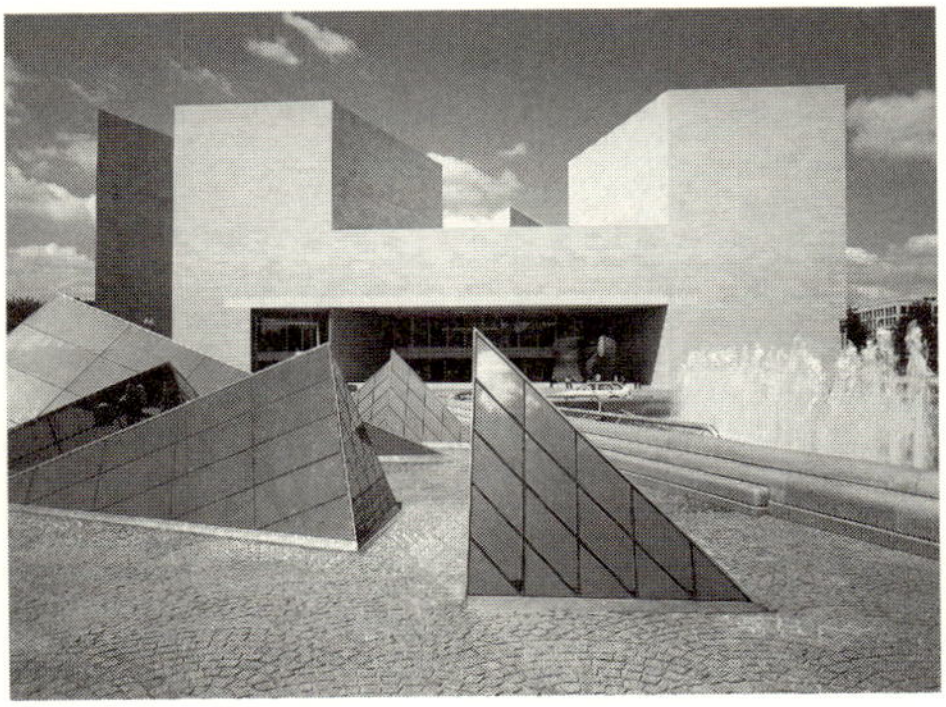

ワシントン・ナショナル・ギャラリー東館

ころでしょうか。ただこの組み合わせは建築家本人ではなく、世間一般が決めたようなものです。一方建築家にも、個人的に思い入れのある作品が一つや二つあります。ご自身にもそんな作品はありますか。

ペイ　子沢山の男を相手にそれを聞くのですか（笑）。

――どの娘も等しく可愛いのですか。

ペイ　そうでもないかな。可愛い娘もいればそうでない娘もいます。

――一人に絞るなら？

ペイ　「ルーヴル・ピラミッド」でしょうね。

――「ルーヴル」ですか。

ペイ　「ルーヴル」には建築家の直面するあらゆる難題が凝縮されていました。一つ残らず。何をおいてもまず、歴史という大きな難題がありました。ルーヴルの歴史は一二世紀に遡ります。七〇〇年も前です。ここはかつて王宮であり、革命の舞台でもあった。ほかに何があるでしょう。それだけのものがフランス以外の国にあるでしょうか。日本の伊勢神宮は？　ノー、伊勢神宮には革命もなければ、血も流れなかったし、王も暮らしていない。中国の紫禁城は？　ノー、その歴史はたかだか元王朝の時代にしか遡ることができない。このようにルーヴルはフランスの歴史を体現しているのです。

第二が文化の問題です。フランス文化の伝統はルーヴルにあります。シャルトルにでも、大聖堂にでもなく。ロマネスクは？　もちろん素晴らしい。私ならゴシックよりもロマネスクに重きをおきます。でもルーヴルに伝わる文化にはとうてい及ばない。そのコレクションの充実ぶりゆえ、そして建物と室内の素晴らしさゆえにルーヴルは特別なのです。室内には見どころが満載です。これらを手がけたのは、当代きってのデザイナ

ルーヴル・ピラミッド

ーたちです。ル・ブラン、マンサール、ル・ヴォー。彼らの偉大な作品のうえに、歴代のデザイナーが手を加えていった。継ぎ足し、また継ぎ足し、という作業がナポレオン三世の時代まで連綿と続けられました。ルーヴルには歴史の積み重ね、芸術作品の蓄積があります。この絶妙なバランスをどう保つかが課題でした。

第三が社会の問題です。フランス社会全体に、ルーヴルは自分たちのもの、という意識があります。ルーヴルは彼らに帰属し、彼らの宮殿であり、ルイ一四世の宮殿ではない。コレクションは国民のものであり、ナポレオンのものではない。ルーヴルを国の宝として崇め、たとえフランス人であれフランス人建築家であれ、そこには指一本たりとも触れさせない社会がある。そこへ、よりによって評判の悪い東洋系アメリカ人の私が来た。アメリカ人であるよりも中国人であったほうがまだましだったかもしれない(笑)。まったく、中国人建築家だったらどんなに楽だったか。よりによって中国系アメリカ人……。

問題はいかに受け入れてもらうかでした。辛い立場でした。初めのうちはフランス中が私の敵だった。彼らは、私に適性がないとみたわけではありません。なかには、神聖なるルーヴルに指を触れるなどけしからん、とする向きもありました。でもルーヴルは変わらなければならなかった。私にとってはこれが救いでした。変化が求められていた。

そこへ第四の問題、つまり政治の問題が浮上します。ルーヴルは政争の的になりました。ミッテランもまた偉大な施主でした。彼は社会党員です。そのミッテランが四方八方から攻撃を浴びていたところ、ルーヴルはその政敵に格好の攻撃材料を与えることになりました。で、まず私が叩かれる。その私をミッテランが庇う。こんな政治のいざこざは初めての経験でした。

——これほどすさまじい政争に巻き込まれたプロジェクトもないでしょうね。

ペイ　まったく。さらに面倒なことに、反対勢力にもいろいろと派閥がありまして。反対勢力が何重にもとり巻いていた。フランス人はこと芸術や文学にかけては恐ろしく頑固です。自国の文化を守ることには必死なのです。

——でも、これだけの障害があっても、決して悲観なさらなかったのでしょう。

ペイ　図星です、何しろ呑気なもので。そうでなければ、つきあいきれませんよ。とはいえこの私も、初めのうちはこれは無理だと、完全に諦めていたんです。そのきっかけは、フランスの頭脳集団にあたる歴史的記念物上級委員会という一団を相手に案を発表したことです。彼らはまったく情け容赦をしない。辛辣きわまりない人間の集まりです。彼らの話すフランス語はぐさりぐさりとまるで剣のようにこちらの胸を突き刺してくる。幸い、私にはその内容の一部しか理解できませんでした。

——完全に聞きとれたとしたら、そうとう頭にきたでしょうね。

ペイ　すっかりやりこめられました。相手は模型に目もくれようとしない、一瞥たりとも。前日に見ていたからです。ずるい。先方はそれでも見ていないと言い張る。どう考えてもおかしい、あり得ない。私が楽観主義者でなければ、さっさと見切りをつけたことでしょう。この状況を救ってくれた人物が、エミール・ビアジーニです。ミッテランに起用されたプロジェクトの責任者です。ビアジーニには感謝しています。彼はミッテラン並みの粘り強さで私を擁護してくれた。一国の大統領ともあろうミッテランが、私の擁護にのこのこ出られるわけもないので。ビアジーニはミッテランの代弁者でした。

歴史的記念物上級委員会の一件があってからというもの、うちのチームはすっかり気落ちしていました。哀れなものでしたよ。あれだけ頑張ったのに、不当な理由でボツにされたのですから。敗軍もかくや。するとビアジーニは「闘いはこれからだ」と私たちの尻を叩く。そしてフランス南部にある海浜リゾート、アルカションに一同を招待してくれた。大西洋の凍てつくような海風に震えた冬のさなかでした。役者は揃いました。主役は七名のキュレーターです。

ところでルーヴルがどういうところかはご存じですか。あれは当時七つの独立した美術館であり、それぞれが専属のキュレーターによって運営されているのです。七名のキュレーターは個別にそれぞれの部門（彫刻、絵画、装飾芸術など）を率いている。彼らはたがいに国の予算をとり合い、同じ額をもらってくる。美術館内の展示スペースもとり合う。絶えず火花を散らしている。このキュレーター一行もアルカションに招ばれ、議論に加わりました。このときの会議が突破口となったのです。

——さぞや感慨深かったことでしょう。

ペイ　感慨深かったのは、成果ではなく、連日の争議です。あんな経験をしたのは後にも先にもルーヴルだけです。最大の成果はピラミッドではありません。ピラミッドだけならもっと巧くつくれるでしょう。

——（笑）

ペイ　ピラミッド本体ではなく、ピラミッドの足もとに七部門を連結させたその空間構成が成果なのです。地下では、来館者がやっと「モナ・リザ」の行列に邪魔されずに動き回れるようになった。一つの案によって陣取り合戦にも収拾がつきました。

——まさに美術館都市ですね。

ペイ　美術館を一つにまとめたのです。七人のキュレーターを団結させて、味方につけた。美術館側の七人が加勢してくれれば、市民の攻撃も徐々に鎮まってくるものです。

キュレーターは口々に、この案はよくできている、使いやすい、と賛同してくれた。このとき中庭を二面つぶしたのはご存じですよね。こうして新しいスペースをつくりました。二面つぶしたぶん、スペースが増えた。キュレーター同士でスペースのとり合いをしていたので、これを機に旧中庭部分を彫刻部門に与え、代わりに彫刻部門がもっていたスペースを装飾芸術部門に譲りました。

このプランなくしてルーヴルの統一は不可能だったでしょう。つまり最大の功績は、建築ではなく、美術館の再構成にありました。

——それも建築の一部ではありませんか。

ペイ　たしかに。でもこの場合は再構成がいちばんの眼目です。ピラミッドはイコンにすぎません。

3　アートと建築

スケールをめぐる発見

——ご自身はアーティストと組むことも多く、また建物のためにわざわざアートを特注なさるそうですね。アートに関しては大変な目利きでもいらっしゃいます。どのようにアートを建物にとり入れておられるのでしょう。

ペイ　建築家の作品や思考にとって、アートは欠かせないものだと思います。「ナショナル・ギャラリー」に話を戻しますと、美術委員会との会合の席で私の肩をもってくれたのがゴードン・バンシャフトです。彼のスタンダードはとても高く、しかもそれが守り抜かれた。ゴードンは私と同じくアートに関心をもっていたので、やがて彼とは同好の士としてつきあうようになりました。

たびたびヨーロッパで落ち合っては、ヘンリー・ムーア、ジャン・デュビュッフェ、ジョアン・ミロとも合流しました。彼がアートに目を向けたのは、かならずしも建物のためではなかった。かたや私は自作の建物のためでした。つまりゴードンは収集家の目でアートを見ていた。何しろ財力がありましたから。当時のＳＯＭは実入りがよかった、と本人からも聞いています。ゴードンとはヘンリー・ムーア邸やジャン・デュビュッフェ邸でよく顔を合わせました。

けれども私の関心はあくまで建物を補完するものとしてのアートにあった。三〇年前に近代的な美術館を手がけた頃は、スケールが大きな課題でした。いかにアートを近代建築に調和させるか、ということです。近代建築の正面にジャコメッティを置かないでしょう？　スケールがちぐはぐです。そんなことからアーティストに直接話を聞くようになったのです。

スケールについての最初の発見はパリ滞在がきっかけでした。サクレ・クール寺院の建つモンマルトルの丘の頂上で、昼食をとろうとレストランに入りました。店の名はラ・メール・カテリーヌ。妻と子供らを連れて夕食をとっていると、隣の席から二人連れの男性の会話が聞こえてきた。二人は写真をかざしながら、フランス語以外の言語で何やら喋っている。こちらは写真よりもその会話の内容が気になった。でも若いうちは誰しも社交が下手です。彼らに向かって思わず英語で「写真を拝見できますか」と話しかけた。まだフランス語には自信がなかったので。二人は振り向いて「もちろん」と英語で応じ、私に写真を差しだした。ピカソ、本物のピカソ！　意外に小さな作品で、錫《すず》か何かの金属でできていました。この作品をどうするのかと訊くと、「これをコンクリートでつくろうと思って」と言うのです。え、本当に？　「うん、もうオスロで始まっているよ」。二人はノルウェー人でした。

「どれくらいの規模になるんですか」と私。「一〇フィート（約三メートル）かな」と彼。「え、そんなに？」「コンクリートで？」。ぜひ、見学させてほしいと願いでました。家族を帰国させ、単身オスロへ飛びました。二人に迎えられ、ピカソがそのオスロで二作品手がけたことをこの目で確かめました。一つは例の写真にあった作品です。ちなみに後年プリンストンにもその複製がつくられています。もう一つは壁画です。その壁画の制作方法というのが振るっていた。おおいに啓発されました。

手順はこうです。コンクリートに黒いノルウェー産玄武岩を骨材として混ぜ、コンクリートが固まったら型枠を外す。続いてノルウェー人アーティストのカール・ネシャーがピカソの絵画を引き伸ばして、壁に写しとる。あとは石灰の表面にサンドブラスターを吹きつけ、玄武岩の黒い粒子を浮き上がらせると、その石灰の塊がまるでピカソの絵画そのものに見えるわけです。違いは大判になったというだけで。すごい！　石灰の表面をさらすと美しい壁画が現れる。ミケランジェロには真似のできないことです。フィレンツェにあるダヴィデ像はどれくらいの大きさか？　だいたい一四フィート（約四・二メートル）です。どこか変です。すくなくとも私の目にはぎこちなく映る。人物像だと高さが一〇フィートになると不自然です。彫刻には限界というものがある。ところが彫刻の種類が変わり、抽象化されると、適正なスケールも変わってきます。

――たしかにスケールは変わってきますね。

ペイ　これを境にこの問題に目を向けるようになりました。建物との関係というよりは、彫刻のスケールを消すことに興味をもった。スケールのない彫刻とはどういうものかと。それができるのはほんの一握りのアーティスト、せいぜい四人です。まずはピカソ。その作品の一つがニューヨーク大学にあります。高さは一四フィート。ご覧になりましたか。あれはノルウェー人と協同した最初の作品にあたります。

ピカソに続くのがヘンリー・ムーアです。ムーアの彫刻は抽象的なので、引き伸ばすことができる。あとはデュビュッフェ、最後がミロです。

――ミロも？

ペイ　ミロはテキサス州ヒューストンで試しました。巨大で、派手な色の彫刻です。人物像は拡大できません。ミケランジェロのダヴィデ像がその限界を示すよい例です。あれ以上大きくするとグロテスクになってしまう。ところが抽象化するとまったくスケール感が変わってくる。そうした興味から、これらのアーティストに惹かれていったのです。彼らと接する時間も増えました。たんに彼らのことを知りたかっただけで、下心はありません。

私が最初にとり入れた彫刻はヘンリー・ムーアのものです。一九六〇年、インディアナ州コロンバスでのことです。依頼主はコロンバスのメディチと称されたアーウィン・ミラー。ちなみにエーロ・サーリネンやハリー・ウィーズも彼の仕事を請けています。私が担当したのは小さな図書館です。図書館の向かいにはエリエル・サーリネン設計の教会があり、裏手にはミラー家のヴィクトリア朝様式の古い屋敷があった。しかしこの三つの組み合わせは、かえって散漫とした印象になりそうだった。どの建物も力強さに欠ける。サーリネンの教会ですら力不足でした。そこで、この三者三様の建物をまとめるにはアートが必要だと提案しました。「で、どうする？」とミラー氏が尋ねるので、「そこに置く彫刻を注文するのです」と答えた。それが最初の試みです。ヘンリー・ムーアを推すと、ミラー氏に五万ドルを手渡されました。

——その広さにヘンリー・ムーアの彫刻で間に合ったのですか。

ペイ　ええ、大彫刻でしたから。私は建築家ですが、建築にかかずらってばかりいたわけではなく、自分の興味のためにも動き回っていたんです。MoMAの中庭には、谷口吉生さんが増改築する前は、ヘンリー・ムーアの彫刻が置かれていました。高さ六フィート(約一・八メートル)ほどの「アーチ」という作品です。当時六、七歳だった娘がかがみ込んでこのアーチを出たり入ったりして遊んでいました。

　でも大人の私がくぐり抜けるには低すぎた。そんな記憶もあって、ミラー氏に「アーチ」を薦めてみた。「いいだろう、ヘンリー・ムーアに五万ドルでよろしく頼むと伝えてくれ」と彼は快諾してくれた。さっそくヘンリー・ムーアに会いにイギリスへ飛びました。彼は腰を下ろすと私に尋ねました、「いいとも、大きさはどれくらい?」、「実をいうと、この私でもくぐり抜けられるくらいの大きさがほしい」と私。「それだとそんなに大きくはなさそうだ。車が通り抜けるのはごめんだからね。大きいにもほどがあるから」とヘンリー・ムーアは返しました。やっぱり!　上限はあるのです。大人一人が通り抜けるだけの大きさは必要でも、車が通れるくらいでは大きすぎるということです。

　寸法は一四—一五フィート程度(約四・二—四・六メートル)に決まりました。次にどうしたか。ムーアは助手を呼んで、「アーチ」をしかじかの寸法で制作するよう指示を出しました。またまた冗談だろうと思っていたところ、昼食後に作業場《ヤード》——それが彼の呼び方でした——へ出ると、そこにはスタイロフォーム(発泡プラスチック系断熱材。ボリューム・スタディ用の模型材料としても使われる)製のアーチが置かれていました。

——スタイロフォームですか!

ペイ　そう！　スタイロフォームを積み上げ、貼り合わせ、「アーチ」にかたどってありました。実際にこのアーチをくぐってみました。「どうかな」というムーアに対し、そうです、これです、「五万ドルで」と頼みました。「オーケー」。取引終了。ミラーのもとへ戻り、話はついたと報告しました。現物はヘリコプターに積まれてやってきました。以上の経緯を私は無報酬、仲介料ゼロで引き受けました。そんなことはままありました。デュビュッフェのときも、ミロのときも。建築とは一種の献身です。息子たちには、建築家になりたければ金持ちになろうと考えてはいけない、むしろ何にでも興味をもつことだ、と言い聞かせています。

アレゴリーとしての敷地

――今回は「MIHO MUSEUM」(一九九七年)の開館一〇周年に際して訪日なさったとうかがっています。ペイさんの名は、世間ではデザイナーとしてはむろん、大型開発地用のオブジェ選びの名人としても知られています。これについてお聞かせくださいますか。

ペイ　私がつきあった施主のなかでも小山美秀子《みほこ》夫人は誰よりもありがたい存在でした。彼女は宗教団体、神慈秀明会の会主でした。日本ではこうした宗教団体はやや異端視されるようですが、私にはそうはみえませんでした。良識的な組織です。

「MIHO MUSEUM」で最初に手がけたのが、三味線のばちをかたどったカリヨン塔です。この仕事にかかる前に、小山夫人に同行してヨーロッパの鐘塔を見て回りました。当初はなぜ鐘塔をつくるためにわざわざ日本に招ばれたのか、腑に落ちなかった。今となってはやってよかったと思いますが。構内にはすでにミノル・ヤマサキによる本堂が建っており、小山夫人はその向かいに何かを建てるつもりでいた。私としては新旧二棟を対にする必要性を感じなかったので、新しい鐘塔を敷地の端に寄せました。ただしそれなら塔を本堂よりも高くしたい。塔が小ぶりであるのに対し、ヤマサキの本堂は大きすぎたのです。そのぶんこちらは高さで稼がなければならない。塔を高くしたいと申し出ました。清水建設の担当建築家によれば、航空規制法により高さ六〇メートルが上限でした。それならぎりぎりまで高くしようということで、小山夫人の諒承をとりつけました。

一瞬、彼女が躊躇したのに気づきました。それでも彼女はいいと言ってくれた。以来、この女性の包容力には感心させられました。

塔の完成から半年後、ふたたび日本に招ばれました。今度は美術館をつくってほしいというわけです。「どのコレクション用に?」と尋ねました。コレクション次第ですから。コレクションは茶道具が中心で、それは素晴らしいものでした。茶碗などの磁器です。ただ、その手のものは東京や大阪にもあります。であれば、なぜここまで遠出をする必要があるだろうか。

小山夫人は英語がだめで、私は日本語がだめでした。そこでお嬢さんの弘子さんが通訳に入ってくれました。二人に「ご提案は?」と尋ねられました。日本は西方に開かれた国だと考えたので、改めて西に目を向けたらどうかと提案しました。私も年をとっていたので、差し出がましいことを言いました。ちなみに今の槇さんくらいの年齢です。西には日本に仏教を伝えた中国があり、そのさらに西にはペルシャがあるというふうにご覧になったらどうか、と。西方文化こそが、この美術館がかかわるべき相手だと考えたのです。

その次に訪れたときには、一人の男性を紹介されました。彼は堀内紀良さんといって、本職の美術収集家だった。その彼がコレクションを担当することになります。

――美術館の設計とオブジェの収集は並行して進められたのですか。

ペイ　ええ、そうです。まずは東洋美術を重点的に、というので同意しました。それから茶道具。小山夫人は中国美術の素晴らしいコレクションを所有していました。ああ、こんなところに！　宋王朝の時代の絵画もある。そこへ瀬津さんが加わった。瀬津巌さんはご存じですか。

――ええ、もちろん。有名な古美術商です。

ペイ　瀬津巌さんが夫人の相談に乗りました。私も彼と意気投合し、二人で東洋美術向けに北翼棟を計画し、南翼棟を西洋美術にあてました。コレクションをまとめ上げるのに二年半かかりました。堀内さんはオークションに通い詰め、高値で競り落としてきた。なかには名宝もありました。今なら目が飛び出るような高値がつくでしょう。わけても銀製のホルス神像は、エジプトのツタンカーメンの墓から掘り出されたという代物です。国宝級のものがごろごろあった。かならずしも日本的でないオブジェも交じっていましたが、それらには十分価値がありました。この仕事に携わることができたのは喜びでした。

ほかにも小山夫人のプロジェクトへの入れあげようを物語る一件があります。この美術館の敷地として、彼女は谷底の土地に目をつけていました。二本の川に挟まれた中州です。とにかく土地が低く、駐車場よりも低いところにあった。駐車場からのアプローチもよくない。しかも高速道路まで通っていたので、私は断り、ニューヨークに引きあげた。この仕事はこれきりになるだろう、と諦めていました。敷地が気に入らなかったし、そのことを隠しもしませんでした。

数カ月が経ち、また日本へ来てほしいと連絡を受けました。いわく、別の敷地をみつけた、と。その敷地は山の上にありました。大阪の土木事務所に道路をつくらせるところまで話は進んでいました。それはいけません、風景を台なしにしてしまいますよ、と言ってやめさせました。

この土地はまさに聖域でした。道は悪い。けれどもこの道は通るしかありません。山の頂上にテントを張り、辺りを観察するも、手がかりは得られず。仕方がないので向かいの山に目をやりました。「あの山の持ち主は?」と訊くと、「うちの土地じゃないわ」と小山夫人が答えるので、「おや、そうですか」と言って、山の裏手に回りたいと伝えました。彼女は「いいけど、裏はバスの駐車場よ」と答えます。山を越えて裏に回りました。手だてはあります、トンネルを通せばいいんです、と告げました。もちろんそれは並大抵のことではありません。山は他人の所有物でしたから。

夫人を説得するために、四世紀の東晋末に詩人の陶淵明によって書かれた「桃花源記」をもちだしました。彼女は納得してくれました。年配の京都人なら中国の古典を学んでいますからね。陶淵明は中国史上もっとも偉大な古典学者、随筆家の一人であり、書家の王羲之とは同時代人でもあります。この時代は中国書道の全盛期でした。

ここからは敷地自体がアレゴリーになります。トンネルを抜けるとそこには楽園が広がる。夫人には通じました。ポイントはここです。どれだけの施主がこれを理解できるでしょうか。彼女ほどの教養なら――中国美術のコレクションをもっているくらいなので――「桃花源記」の話が通じると判断したのです。

ここから先は、彼女自身がプロジェクトを支えていきました。多額の財を費やし、二年あまりの時間を費やして土地を手に入れたのです。交渉相手は地元の信楽町だけでなく東京都内の官庁にも及びました。

――東京ですか。

ペイ ええ、橋の建設許可を得るために。

蘇州への帰郷

――そろそろ最新作に話を移しましょうか。蘇州博物館新館(二〇〇六年)は中国的ということになるのでしょうか。

ペイ これについては、ハーヴァードの卒業設計に話を引き戻すことになります。当時大学院生だった私は、工業化について云々するより先に、配慮すべき事柄があるはずだ、つまり人々や文化への配慮があってしかるべきだ、と伝えようとした。こと設計対象が美術館となると、文化によって展示物の種類も変わってくる。

日本の美術館には、たとえば「MIHO MUSEUM」のように、とても小さな展示物がおさめられることもある。大壁画でもなければ、ミケランジェロの彫刻でもない。その手のものは展示されない。芸術にはカトリック教会のような立派なパトロンもついていなかった。

でもアジアには庭園があります。これは友人をもてなすためにつくられたものです。どれくらいの人数を想定していたか。一度にせいぜい五、六人といったところでしょう。ですから演出のスケールも小さいし、人と人との距離も近い。このスケールがそのまま芸術にも大きく作用します。書を鑑賞するのに、遠くから引いて眺めますか。フレスコ画なら引いて眺めるでしょうが。大彫刻にしろ巨石にしろ、エジプトやギリシャから到来したものです。東洋美術の起源はこれとはまったく異なるところにあり、したがって建築家のつくるものもおのずと異なってきます。美術館はこうした文脈に沿ってつくられるべきであって、何でもかんでも円柱を建てたりペディメントをつければよいというものではないでしょう(笑)。

——蘇州は生まれ故郷だそうですね。プロジェクトを携えての里帰りはどんな心境でしょうか。

ペイ　蘇州はとても古くて保守的な街です。中国広しといえども蘇州のような都市はほかにありません。二〇〇年前のフィレンツェといったところです。まだ眠りから覚めていない。明と清の時代、ここは文化の中心でした。偉大な画家や書家、詩人、学者を輩出しています。

その蘇州がやっと腰を上げ、目を覚まそうとしているのですが、保守的な気質は相変わらずです。プライドが高く、変化を嫌う。変化が歓迎され奨励される今の日本とは対照的です。蘇州にはさまざまな制約があります。行政側の存在感を示し、自治権力を守るのが狙いです。建物は白かグレーに統一しなければならず、ほかの色は認められない。高さも二階建てが上限です。

非常に厄介ではありますが、それでもわが故郷です。うちの家系は代々この街に暮らしてきました。だから何とかしてあげたい。私は好きでこの仕事をしているのです。七〇年前に離れたきりですから。

久々の蘇州は、私が覚えている七〇年前の景色とほとんど変わっていませんでした。

——なんて素敵な帰郷でしょうか。

ペイ　まさに帰郷ですね。これまでとは苦労の種類も異なりますが、蘇州市民は、町の衆は気に入ってくれています(笑)。

——ペイ家のお墓も蘇州にあるのですか。

ペイ　一応ありますが、文化大革命のときにだいぶなくなってしまいました。

――壊された？

ペイ　散逸してしまったのです。私の渡米後のことですが。

――ところで博物館のプランを拝見すると、中国の伝統をかなり意識なさっているように思いますが。

ペイ　ええ、たしかに。前庭があり、庭園があり、周囲にも小庭園が点在しています。そう、中国の伝統的な配置を踏襲していますね。隣地には、市内随一の広さと知名度を誇る大庭園があります。

――その大庭園とは行き来できるのですか。

ペイ　いいえ、塀に隔てられています。唯一繋がっているのは水だけですが、この繋がりも象徴でしかありません。塀の向こうにあたかも水源があってそこから小川が流れているように見せることで、過去との繋がりを象徴しています。

それ以外にも中庭の一画に低木を植えています。大書家が植えたという藤の木があったので、その脇に若木を植え、そこへ藤の枝を接ぎ木した。これも過去との繋がりです。あらゆるものがメタファーになっています。

「もっと世界を知りたい」

――ドーハで進行中のプロジェクトについてはいかがですか（イスラム芸術美術館、二〇〇八年竣工）。

ペイ　こちらにはまた別の経緯があります。槇さんもトロントでアガ・カーン美術館（二〇一三年竣工）を手がけてらっしゃるなら、私の苦労をご理解いただけるでしょう。

蘇州博物館

一九九〇年に事務所を辞めてから、今年で一七年になります。あのときに――こんなに長生きするとは思わなかったので――自分のやりたい仕事だけをして余生を送ろうと心に決めたのです。わがままでしょう。

――でもそれだけの立場におられます。

ペイ　以来このかた、もっと世界を知りたいとの思いを抱き続けてきました。建築家として世界を知るには現地で仕事をすることです。それには公共性のあるプロジェクト、すなわち市民や文化や歴史にかかわるプロジェクトがいい。ただし時間はかかります。「MIHO MUSEUM」しかり、「蘇州博物館」しかり、ルクセンブルクの美術館（ジャン大公近代美術館、二〇〇六年）しかり。ちなみにルクセンブルクの美術館は、フランスきっての要塞建築家ヴォーバンの手になる要塞の上にあります。退職してここ一七年のあいだに手がけたプロジェクトはせいぜい八、九件です。在職中はその三倍の数をこなしていたのに。

さてイスラムについてはまったく不案内でした。無知もいいところです。開祖の名がムハンマドでイスラム暦の紀元が六二二年であるという程度の知識しかない。その私にイスラム圏の仕事が舞い込んだのですから、当人も驚きです。彼らは正気なのかって。ともあれ、引き受けましょう、ただし時間が欲しい、と答えました。予習する時間が欲しかったのです。

それ以前にもイスラム圏の諸都市についてはスペインのコルドバも含め、訪れた経験はありました。その当時はコルドバについてはそれが遺跡の街であるとの認識はあっても、イスラム文化の遺跡とは見ていなかった。そこで改めてこの街をイスラム文化の遺跡として見学してみると、また違って見えました。エジプトのカイロについても、もちろんずっとこの世界の一部だと思っていたけれど、実はイスラムの歴史を色濃く残す街であることに気がつきました。ピラミッドだけがカイロではない。ピラミッドよりずっと後世につくられた街だと。またチュニジアがイタリアを支配しかけたこともあったと知りました。彼らはチュニジアのスースからイタリア南部に遠征してローマをも襲撃した。現地に出かけ、それをこの目で確かめました。なぜイスラム教徒に当時これだけの力があったのか。なぜ文明化に後れをとったのか。ではいったいイスラム建築とは何か。何がイスラムらしさなのか。

それからサーマッラーで螺旋のミナレット（マルウィーヤ）を目にしたときの感激。これぞ大傑作！　現地イラクが戦争中だったこともあり、ずっと見そびれていたんです。数学的にも完璧な建物です。円錐形のこの建物には大基壇があり、ここから一段一段、円錐の周囲を上っていく。頂上に近づくにつれ一周あたりの段数が減っていく。この経路が見事に数学的なんです。たいしたものです。この世にこんなものがあることすら知らなかった。

私が到達したもう一つの結論とは、あくまで外から見た印象ではありますが、イスラム世界が雨の少ない地帯を征したということです。スペイン、中国、インドのムガール帝国はいずれもこの地帯に位置します。つまり建築にとっては太陽が何より重要であった。砂漠でも風でもなく。ひたすら太陽のみ。だから太陽が出ているときにいちばん美しく見える建築にしようと思い立ちました。

――トロントの美術館の依頼のとき、アガ・カーンの自筆の手紙が私のところに届いたんです。手紙は数頁にわたって、いかに光が重要か、そして光をこの建築のテーマにしてほしいということが綴られていました。

ペイ　光が鍵だと。

――陽のあたるところには光がある。

ペイ　壁に差す光、ボリュームに差す光。おかげでボリュームの戯れるデザインが得意になりました(笑)。

イスラム建築の特徴はほかにもあります。数学的に優れているというだけでなく、その装飾芸術の素晴らしさです。イスラム文化が生みだした模様の美しさといったらありません。思わず視線が吸い込まれ、釘づけになってしまう。彼らは数学に長け、哲学や天文学に長け、さらには装飾芸術にも長けている。この装飾芸術は砂漠地帯ではお目にかかれませんが、エジプト、モロッコ、ムガールなどにはいくらでもあります。

「限界を押し広げる」ということ

――今やペイさんは最も息の長い建築家の一人でいらっしゃいます。三〇代で若くして注目され、六〇代で「ナショナル・ギャラリー」を手がけ、七〇代には「ルーヴル・ピラミッド」や「中国銀行」、そして今なお現役で作品をつくり続けておられる。これだけのバイタリティを保ち続けるには、どんな秘訣というか人生観があるのでしょう?

ペイ　どう答えたらよいでしょう、自分では意識したこともないので。そもそもが長寿の運命だったのでしょうね。現に今こうして槇さんと会っているのですから。もしも眠りについていたとしたら……(笑)。

――要は今ここにいらっしゃる、しかもご自分の足でここまで出向いてくださった。三、四十年前もこんな調子だったのでしょうね。すくなくとも私にはずっとお変わりないようにお見受けします。

ペイ　いいえ、衰えていますよ。

――もちろん四〇年前ならもっと軽快に走れたことでしょう。そういう話ではなく、風貌というか物腰がお若い頃と一緒だということです。人によっては偉くなるにつれて人格が変わることもあります。でもペイさんはずっと変わらない、でしょう?

ペイ　言い方を変えましょう。この世には自然の流れというものがあります。優れたデザイナーになるには運も必要です。なかにはル・コルビュジエやフランク・ロイド・ライトのように、人一倍運に恵まれた人間もいる。生まれながらにして偉大な建築家はいません。ではなぜ彼らはそれほど偉大になったのか。それは限界を押し広げるか否かということだろうと思います。人によっては、力を出し惜しみして限界に達する前でやめてしまう。けれども私は自らの限界に挑む人間でありたい。

そういえば二週間前のスペイン滞在中に、闘牛場へ出かけました。

――闘牛を見物に?

ペイ　いいえ、闘牛場に飾ってあるマタドールの写真を見た。はっとさせられました。あの競技が素晴らしいのは、マタドールが極限に挑むからです。その極限がなければ、「オーレ、オーレ!」の歓声も上がらないでしょう。なぜか。闘牛の技が発揮されるのは、牛の角をすれすれのところでかわす瞬間です。少しでも牛に近づくと命を落とす。マタドールの腕の善し悪しは、自分を極限まで追いつめられるか否かにかかっているのです。

(於:代官山ヒルサイドウエスト、二〇〇七年四月二三日)

インタビューを終えて

二〇〇六年一〇月、セントルイス・ワシントン大学サム・フォックス視覚芸術学部の竣工式を終えて、ニューヨークに立ち寄った我々夫婦をペイ夫妻が一夕、歓待してくれた。彼らの住んでいるサットン・プレイスからダウンタウンに向かうタクシーは夕刻の時間帯ということもあって、なかなかつかまらなかった。一台のタクシーを一生懸命につかまえようとするペイの姿が、今も強い印象として残っている。

一つは道路の真ん中まで素早く出ていって手を挙げるその敏捷な挙措は、彼がすでに九〇歳に近い年齢に達しているとは到底思えない若々しさだったからである。もう一つは、一〇歳以上若い私たちに対して、自らそうした行動で客への配慮を示そうとする、東洋が長く培ってきた生活の美学をそこに発見したのである。周知のように、日本の茶道はすべて主客間の礼によってその作法が成立している。

夕食もたのしかった。旧いハーヴァード時代(ちなみにペイ夫人もハーヴァード大学GSDの造園学科に在籍していた)からはじまって、彼のニューヨークの最初の設計の一つであった、キップス・ベイの集合住宅の話に至るまで、彼の抜群の記憶力とユーモアに彩られた会話に満ちていた。

そのとき、私はふと、当時からさらに一〇年遡る一九九七年に、ルシオ・コスタを彼のリオ・デ・ジャネイロの自宅でインタビューしたことを思い出していた。[*5] 一九三〇年代初頭のブラジル建築界のモダニズムの状況、ル・コルビュジエとの出会い、ブラジリアの仕事等々、新鮮な思いで彼の話を聞くことができた。そうだ、同じようなことができないかというのが、このインタビューのきっかけとなったのである。

I・M・ペイの作品集、伝記などこれまで多くの出版物がある。しかし二一世紀の最初

*5 本書一二七頁以下参照。

のディケイドにあたって、もう一度彼自身から、彼の生涯における幾つかのクリティカルなできごとを回想してもらうことは、我々建築界にとって重要な意味をもっている。なぜならばこうした回想とは、たんに懐かしかった昔の話をしてもらうことではなく、むしろそれを通して彼が「建築の現在」をどう考えているか、その視線が明らかになるからである。それはまた、我々自身が建築の四〇年代、五〇年代と現在とをどのように繋げて考えるべきかの指標を提供してくれるのだ。たとえばこのインタビューで彼が語る施主とのさまざまな関係は、実は建築家と社会、あるいは建築家の社会的地位とは何であるかというダイナミクス――変わるものと変わらないもの――の一つの歴史的証言でもあるからだ。

三時間以上に及ぶインタビューを通じて次のことが私に鮮明な印象を与えた。

ペイは中国生まれ、事情あってアメリカに帰化した中国系アメリカ人である。この数世紀、アメリカは多くの偉大な人材を受け入れ、とくに文化、学問の分野において、それを彼らの活力としてきた。二〇世紀のアメリカ建築界も例外ではない。だがアメリカで名をなした、あるいはすでに名をなしてアメリカへやってきた建築家は圧倒的にヨーロッパ出身であり、あとは少数のラテン系アメリカ人である。ペイはこうしたなかで、中国、否アジア全体のなかで、アメリカに居を定め、なお第一線で活躍する唯一の建築家である。

私も含めてペイを知る者にとって、ふだん彼と接しているとき、彼は中国人でもなく、もちろんアメリカ人でもなければ中国系アメリカ人でもない。むしろ世界人(world citizen)というのがいちばん適当だと思うことがある。彼にはそう人々に思わせるチャームとウィズダムがつねに共存しているからだ。

しかし今回のインタビューの最初のほうで彼が語ってくれたMITの卒業設計とその背後にあった動機(これは私がこのインタビューで初めて知ったことである)、あるいはハーヴァード時代のグロピウスの言説への批判をこめた行動から、改めて当時の中国の若い一青年

I・M・ペイの姿が鮮明に浮かび上がってくる。そして七〇年後、ちょうどホセ・ルイ・セルトによるバルセロナのジョアン・ミロ財団ミロ美術館（一九七五年）、あるいはミース・ファン・デル・ローエによるベルリン新国立美術館（一九六八年）と同様に、彼も蘇州博物館により、生まれ故郷へのオマージュというかたちで帰郷をなし遂げたのである。

この帰郷はあたかも、大河小説のオーロラのように、一人の人間の生涯がつくりだした大きな円環運動にも似たものがある。それは彼がこのインタビューの最後に、マタドールの挑戦として引用しているように、自分の限界に挑み続けた者にのみ与えられた円環運動であったのかもしれない。彼が今後とも家族の長として、また建築家として、さらなる充実した人生を歩み続けることを望む者は私一人でないだろう。

インタビュー　ルシオ・コスタ

ブラジリア　時が育んだ都市の「根」

通訳・翻訳＝南條洋雄

——本日は、娘のマリアさんともども私たちのインタビューにお時間をいただいて本当にありがとうございます。

最初に、お若い頃のご体験についておうかがいしたいと思います。とくに、初めてモダニズムにかかわられた頃のお話をお聞きしたいのですが(以下、聞き手＝槇文彦)。

コスタ　みなさんがおっしゃるモダニズムというのは一九二〇年代にはじまったものと思いますが、私自身は一九三〇年代以降にブラジルで現実的な問題に直面して、モダニズムに興味を惹かれるようになりました。

その頃、建築家としてそれなりに活動をしていましたが、当時の伝統的な建築にみられる形式主義に疑問をもちはじめていたのです。そうしたなかで、新しい建築、新しいテクノロジーに関心を抱き、それらに基づく新しいエステティックを追求していくことに目覚めました。

コスタ氏(右)にインタビューする著者

モダニズムの夜明け

――日本の場合はモダニズムの前に、たとえばアールデコ、セセッションといったいろいろな運動が入ってきて、バウハウスやコルビュジエのモダニズムが入ってきたのはだいたい一九二六―二七年なのですが、ブラジルにも同様の経緯を経て伝わってきたんでしょうか？

コスタ　ブラジルもまったく同様に、アールデコのような形式主義が通り過ぎていきました。私もそうしたものに傾倒したのですが、すぐに形式的で現実から遊離したものであることに気がつきました。より現実的でかつ誠実な方法に取って代わられるべきだったのです。

マリア　実は一九三〇年、二八歳のときに父はリオ・デ・ジャネイロの美術大学の学部長に招かれるのですが、そこで美術教育の改革に取り組みました。そのことがブラジルの近代建築の夜明けであったといえるのです。

――若くして学部長になられたわけですね。

マリア　ええ、大変若く、また高い評価も受けていました。それで父が招かれたのですが、正直、父にそこまでの改革ができるとは思われていなかったと思いますよ。

――どのような経緯で学部長になられたのですか。

マリア　当時、父は大変成功した建築家でした。政府は当時の保守的な状況を変えようとしており、政府に近い多くの人々によって、若くして成功者であり、学生にも人気のあった父が招かれたのです。

――ちょうどグロピウスがバウハウスをつくったのと同じように、ブラジルで非常に革命的なことをされたわけですね。

コスタ　そのとおりです。

ルシオ・コスタ／Lúcio Costa　一九〇二年、フランス・トゥーロン生まれ

——その時すでにアーバニズム（URBANISM）の問題もいろいろと考えられていたんでしょうか？

コスタ　建築はあくまでもアーバニズムの結果であって、表裏一体です。インテグレイティッドなものでしょう。

——その結果アテネでのCIAMに招かれていらっしゃるわけですか？

コスタ　いいえ、CIAMには行っておりません。

マリア　当時、父は多くのクライアントにも恵まれた建築家でしたが、しだいに彼らの要求する伝統的な建築を拒むようになり、その結果、仕事がなくなってしまったのです。一九三〇—三四年頃です。

その頃、あるご婦人の住宅を設計したのですが、父の設計はモダンすぎて「立派な馬車を依頼したのに、自動車を設計された」とそのご婦人に言われたというエピソードがあるくらいです。その時期に、父はコルビュジエやミースについて相当勉強したようで、そうして新しい考え方に心酔していったのだと思います。

——とても勇気のある行動ですね。初めてお聞きしました。我々のようにはじめからモダニストでなかったわけですね。

マリア　ええ、父はいつも時代に先行していました。ですから、研究のかたわら実際的な住宅やプロジェクトの設計を続けていました。

——そうしますと一九四三年に完成した教育厚生省のプロジェクトはどのようにしてはじまり、どうしてコルビュジエが招かれたのかお聞かせ願えますか。

コスタ　これは教育厚生大臣から個人的に、すべてを私に任されたことがそもそものスタートです。

しかし私は、それまでの勉強でコルビュジエに強く惹かれ、尊敬していました。それで設計を受ける条件として、「ヨーロッパにいる、コルビュジエという偉大な建築家を政府がコンサルタントとして招くのであれば、ＯＫしよう」という条件を申し入れたのです。

――それでコルビュジエには手紙を？

コスタ　いいえ、私に直接のコンタクトはありませんでしたから、たまたまフランスにいた私の友人で、コルビュジエをよく知っている人を通じて、ブラジルに来ることを頼んだのです。

――そうですか。私の知識では、コルビュジエはリオ・デ・ジャネイロに来るとき、船で来たんですよね？　一九三二年でしたか？

コスタ　いや、一九二九年に初めてブラジルに来たときは船でしたが、三六年は飛行船ツェッペリン号に乗って来ました。早朝、私はリオ・デ・ジャネイロのサンタクルーズという飛行場に迎えに行きましたが、本当にやってくるかどうか最初は不安でした。コルビュジエは、てっきりブラジル政府の招請と思ってきたようですが、実は私の個人的な招請だったわけです。後になって、彼は理解したようですね。

――面白いですね。飛行船から降りたときに、コルビュジエは帽子を被っていたかどうか覚えておられますか？

コスタ　ええ、あの頃、彼はかならずシャポーで歩いていました。流行だったんです。私もそうでした（笑）。

マリア　当時のブラジルのああいう街中の写真なんか、みんな帽子を被ってたじゃないですか。

——日本もそうですよ。紳士はみな帽子を被っていました。それでコルビュジエはどれくらいブラジルに滞在したのですか?

コスタ 一カ月、四週間くらいです。

——滞在中には講演会などもあったようですが、ブラジルの若い建築家などたくさん集まったのでしょうね。

コスタ リオ・デ・ジャネイロの音楽学校の大ホールで五回ほど講演会を行ない、どれも多くの聴衆が集まりました。どちらかといえば興味本位というか、もの珍しさで大勢の聴衆が集まったのだと思いますよ。

——でも、その時がブラジルの新しいモダニズムの夜明けというか、非常にシンボリックな訪問だったといっていいのでしょうか? ちょっと疑問もあるのですが。

コスタ 実質的には、そうです。

マリア むしろコルビュジエを呼び寄せたことこそモダニズムの夜明けだったのよ。父は、たくさんのことをコルビュジエから学びました。でも、父にはモダニズムの運動よりプロジェクトの活動のほうが重要でした。

教育厚生省のプロジェクトで、大臣の依頼があって父はプロジェクトグループをつくりました。政府は、このプロジェクトを早く実現したいと考えていたのです。父も、「コルビュジエが見る前に、プランをつくりたい」と思っていました。

——コルビュジエとはどのように仕事をされたのですか。

コスタ 彼は最初に、予定されていた敷地はよくないといい、今の近代美術館のほうを勧めました。そして、とても美しい水平的なプランをつくりました。でも、そのときには位置を変えることはできませんでした。それでコルビュジエが帰国した後で、私たちはゼロからプロジェクトを再開しなければなりませんでした。彼のスケッチの方向性をもとに、第二次大戦中に独自の新しいプランを設計しました。

——第二次大戦中だったんですか。

コスタ　ええ。政府が新しい設計案を知ったのは、プランが完成した後でした。

——その新しい設計案をコルビュジエは支持したのですか。

コスタ　いいえ。それで、コルビュジエはほかの案をつくりましたが、それもだめでした。それでも私たちは、コルビュジエの原則を精一杯検討し採り入れ、しかし自分たちの新しいプランをつくったのです。

——実際のビルについて、コルビュジエの評価を受けることなくですか。

コスタ　いいえ、彼の評価は受けました。彼はとてもいい印象をもったと、手紙で知らせてきました。コルビュジエが実際にビルを見たのは、一九六二年にブラジリアのフランス大使館を視察に来たときですが、彼はとてもよろこんでいました。

今では大した意味はないかもしれませんが、彼の支持が得られたことは、とても大切なことでした。だって、すべてが完成した後でコルビュジエに「オーノー！　こんなのではダメだ」と言われる姿を想像してご覧なさい。

パルケ・ギンレの挑戦

——これまでのお話は、歴史的にいろんなことがわかっておもしろいですね。では、コルビュジエの話は少しさておいて、新しいクライアントが、いつ頃からまたコスタ先生に仕事を頼むようになったのでしょうか？

コスタ　当時のブラジルでは、依然として新しい建築や新しい技術が受け入れられていませんでした。そのようななかで、ほんの五、六人の建築家が私の考えに興味をもって集まってきたといった程度でした。

ブラジルの社会も政府も、まだまだこうした新しい動きを認めていなかった。ですから三〇年代当時、私は大学都市(一九三六―三七年)のプロジェクトをはじめとした幾つかのビッグプロジェクトを発表しましたが、すべて受け入れられることなく終わってしまったのです。こうして私はただの一度も建築家として大きな事務所を構えたことはなかったし、またクライアントも現れませんでした。

――信じられませんね。今朝、我々はパルケ・ギンレを見てきまして、大変素晴らしい作品だと感銘を受けました。そこにはすでに建築と自然といった、後にブラジリアのプロジェクトでイメージされていたものが、非常によくあらわれているように思います。つまり自然と建築の融合というテーマがもうそこにあったのではないか。そこで、少しパルケ・ギンレとブラジリアの発想のもとにある関係をおうかがいしたいのですが。

コスタ　パルケ・ギンレは、オウロ・プレットの学校時代の知り合いから、ギンレ家の新しいフランスコロニアル様式の館の設計を依頼されて行なわれたプロジェクト(一九四八―五四年)なんです。最初あの土地のオーナーであるギンレ家では、古い館(パレス)と同じスタイルの設計を考えていました。そこでの闘い、いうなればモダニズムの世の中で保守的なギンレ家と闘って勝ち取ったのがあのパルケ・ギンレなのです。

新しい館は、あの土地の豊かな自然環境をできるかぎり残し、私が関心をもっていた当時の最新テクノロジーを用い、古い館は歴史の証として全面的に保存することを提案しました。それがあの計画の基本的な考え方です。新しい館は、当時のリオ・デ・ジャネイロで初めての中高所得層向け集合住宅でしたが、当時はエレベータが普及しはじめて誰もが高層建築を望んでいた時代でした。しかし私はあの環境のなかで決してヴァイオレント（暴力的）な高層を望まず、エレベータのなかった時代の限界であったそれまでの六階建て（日本式にはピロティを含め七階建て）を守ったのです。この考え方は一五年後にブラジリアでも踏襲されます。そういう意味ではあのパルケ・ギンレが、後のブラジリアに繋がっているといえます。

ところでパルケ・ギンレについてですが、古い伝統的な環境のなかに新しいものをつくろうとするとき、古いスタイルを踏襲することが手法として正しいとはいえないと思います。ですからギンレ家の要請に対しては、いちばん大切なことは古い館をしっかりと保存することであって、新たな建物は新しいスタイルであるべきと主張し説得したのです。

もっとも高さについては伝統的な六階建てにこだわったのですがね。

――今の話を聞いて大変感銘を受けました。今朝ギンレの建物を見たときの感じと、昨日ブラジリアで、モラエス・デ・カストロ教授にサウスウィングの集合住宅を案内してもらって大変感激したときの、なんというか、インプレッションというのが、非常に重なってきました。

コスタ　ペルフェイト（完璧）！　よくわかっていただけましたね。

コンペで大切なこと

――ということで、そろそろブラジリアの話をしたいんですが、コンペに参加されたときは、ちょうどアメリカの大学で教えておられたと聞いておりますが。

コスタ　いえ。そうではなく、あのときたまたまハーヴァード大学のデザイン大学院五〇周年に招かれて、ニューヨークに行っていたのです。

――ニューヨークに行かれたときに、ハーヴァードで教えていたホセ・ルイ・セルトはすでにご存じでしたか？

コスタ　彼のことは、もっと以前から知っていました。私もセルトもコルビュジエの熱烈な信奉者でしたからね。

当時の私たちの建築に対する傾向やシンパシーは、グロピウスよりもコルビュジエに大きく傾いていました。やはり私もセルトも、グロピウスの中央ヨーロッパ的なものより、ラテン的なコルビュジエのほうにより共感できたのです。

――私もハーヴァード大学でセルトに学び、後にはアーバンデザインのコースでともに教えた経験から、そういう話はよくわかりますね。

コスタ　セルトはケンブリッジに素晴らしいハウスをもっていましたね。

――そうですね。ミロの大きな壁画が居間にあって、よく訪問しました。セルトは八〇歳で亡くなりましたが、野菜嫌いでした。それが彼がコスタ先生より若くして亡くなった理由かもしれませんね。

ところでコンペのときの三人の外国人審査員は誰だったのですか。

コスタ　ウィリアム・ホルフォード、スタモ・パパダキ、アンドレ・サイヴです。そのなかでもホルフォードが決定的でした。ご承知のように、私の提案は設計図ではなくポルトガル語で書かれた計画説明書だけを駆け込みで提出したものでしたから、審査は大変だったようです。まずブラジル人審査員には理解を超えるものだったでしょうね。

――ご提案は、ブラジリアのアーカイヴで拝見させていただきました。

コスタ　ウィリアム・ホルフォードにまつわるおもしろい話が残っています。「最初に見たときにはポルトガル語が理解できなかった。二度目に読んだときにようやく理解できた。そして三度目ではおおいにエンジョイした」と。彼がスペイン語、フランス語といったラテン語系を理解できたことが幸いしたのです。

――入選したというニュースを聞いたとき、シャンペンでお祝いしたのですか。

コスタ　いや、もともと私はお祭り騒ぎが好きでないですから。

マリア　父はよろこんだというより「当然だ」と思ったのでしょう(笑)。

コスタ　いや、審査員に同意したんです。私はまず審査員に対して、どうジャッジすべきかを説くことからはじめました。コンペではまず審査員を教育する必要がある。

――それは非常にいい方法だと思いますので、私たちもこれからそうしたいと思います(笑)。

時が都市の「根」をフィックスする

――日本では、大きな公共建築はコンペに通らないといけないし、そういうことも含めてとても印象的なお話ですね。

それでは最初のコンセプトに戻りたいのですが、ブラジリアの場合、やはり特別な首都であったと思います。その特別なということは、どこにいちばんシンボリックなオブジェを置くかといった点だけではなくて、もっとフィロソフィカルなアイディアをそこに出すことで新しい都市の提案がなされたことを意味するのではないでしょうか。その非常にフィロソフィカルなコンセプトとは、新しい自然をそこに創造することでもあったと思うのです。新しい自然と人工世界の融合、私たちがブラジリアを見たときやはりこの点に強い印象を受けるのです。四〇年たって、緑が大変豊かになり、今ようやくそれが誰にもはっきりわかるようになってきたと思います。

コスタ　ブラジリアは建築のランゲージと、それから環境に関する私のランゲージとが融合する状況をつくることがテーマであったといえます。この二つのランゲージは同時に生じるものであって、それらを融合させる「仕掛け」をつくったことが、四〇年たってあの結果をもたらしていると思います。

ブラジリアではランドスケープが各建築物の固有のものとして、うまく機能していると思います。すなわち、オスカー・ニーマイヤーの建築のランゲージと、私のランドスケープとがまったく融合しているということ、これが大切なことだと思います。

――そういうことですね。このようにお話をうかがうと非常によくわかります。

マリア ブラジリアの都市デザインのコンセプトについていうと、まず、そこは広漠とした高原。何もなく、計画すらない土地で、新しい計画に影響すら与えない土地であったということです。逆に、新しい都市の存在が周囲を決定するものでした。

大切なのは、スーペル・クァドラ(スーパー・ブロック)の提案です。パルケ・ギンレにもありましたが、スーペル・クァドラでの暮らし方は、ふつうの暮らしと大きく異なります。当然ヨーロッパの街路型ともまったく違います。たとえば、リオ・デ・ジャネイロでは、「クァドラ」のなかの「通り」の「アパート」の「自宅」に住むということですが、ブラジリアでは、「クァドラ」のなかの「アパート」の「自宅」に住むということなのです。人々はクァドラに強い帰属意識をもっていて、クァドラのサッカーチームさえあります。

そうした暮らし方はブラジリアだけのもので、新しいライフスタイルの提案でした。ブラジリアの人は、誰もサンパウロやリオ・デ・ジャネイロの人のようには住みたくありません。新しい暮らし方が三〇年以上を経てブラジリアに根付いたのです。このことはあの三権広場のモニュメンタル性などよりはるかにブラジリアで重要なことです。

また居住区を完全に分離したことも重要な点でしょう。なぜなら新都市の建設フェイ

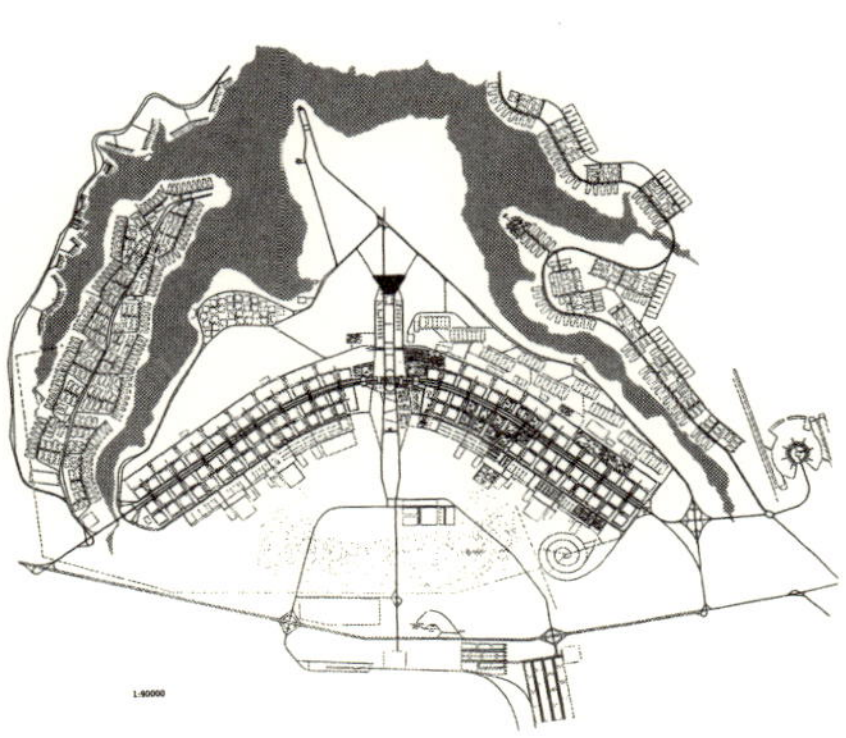

ブラジリアのプラン(一九五八年)

ズとして、わずか三年でこの街は建設されたわけですから。もちろんそれだけが目的ではありませんが、父のプランがそれを可能にしたといえます。提案には、このように都市の成長のプロセスへの配慮が盛り込まれていたということです。

——そういうかたちでしだいにブラジリアができていったわけですね。ブラジリアに、いちばん最近お出かけになったのはいつですか？

コスタ　一九九二年、九〇歳のときです。

——そうですか。いまでも写真とか映像とかでご覧になっていますか。

コスタ　いいえ、もう過ぎ去った過去のことですよ。

——つまり子供が大きくなって成人したと考えてよろしいでしょうか。

コスタ　コヘット（その通り）！　一人歩きできる大人になりました。

——一九六九年、私が最初にブラジリアに行ったその後でエッセイを一つ書きました。そこで、どんな大きな計画であろうともそれは白い紙の上に一本の線を描くことから始まる、描くというのはいかに素晴らしいことであるかと同時に、大変責任の重いものであることを非常に感じたと述べています。というのも、その後何十万、何百万の人がその線のまわりで暮らしを営み、しだいに新しいドラマをつくっていくわけです。そのエッセイのタイトルは「ブラジリアという〈一枚の絵〉」*というのですが、コスタ先生も同様にそういう感慨をおもちでしょうか？

コスタ　まさしくその通りです。

——どんなプロジェクトでも「時」の経過というものが大事であるし、やはり我々は「時」の経過に対して信頼をもてるような、そうした計画をつくらなければならないということをブラジリアが示していると思うのです。

コスタ　そうですね。その「時」が「根」をフィックスした。ようするに「根」をつ

* 槇文彦前掲書（本書四二頁注参照）所収。

くるということがあって、きちんと「根」が出ているかどうか、それで時間の経過によって花が咲くわけですからね。花だけ並べた建築ではだめなのです。「時」と「根」がしっかりしていないとね。

――さきほどマリアさんからもお話がありましたが、パウリスタ(サンパウロの人)とカリオカ(リオ・デ・ジャネイロの人)の違いがあるように、ブラジリアの人たちは違ったライフスタイルとか、違った人たちになると思いますか。

それはやはりコスタ先生のプランによる、あの環境がつくっていくのでしょうか?

コスタ そう理解することもできるでしょうが、建築家としての私の力はそこまでのものではありません。

ブラジリアの文化は、わが国の原点、わが国へのエンテンディメンド(理解)であったわけで、それに私はちょっと手を貸しただけですよ。

――ということは逆にいうと、何かブラジル人に対して見えていなかったポテンシャルを先生が感じられて、それを新しいかたちで引き出そうとしたということなんですね。

最後に、日本の若い建築家に対して、建築論、都市論でも先生のお考えでも何でも結構ですから、コスタ先生からメッセージをいただけませんか。

コスタ 若い建築家のみなさんは、奇跡を起こそうとしたり、前衛であろうとか、そういうことに気をとらわれることなく、淡々と建築をおやりなさい。使い手の身になって、責任感に基づいて、淡々と建築をおやりなさい。新しいことを追求し、発明などしようとするのではなく、建築は自然であり、そして自然発生的でなくてはならないのです。プログラムを解決しなさい。その結果建築されたものが、使い手を幸せにすることができるような方法で。

――ご自身が、ずーっとそれをやってこられたわけですね？

コスタ　まったくその通りです。

（於：リオ・デ・ジャネイロ、レブロンのコスタ氏自邸、一九九七年四月二七日）

コルビュジエの『輝ける都市』

『輝ける都市』* は、ル・コルビュジエがそれまで抱いていた都市計画、すなわちアーバニズムの世界観を、思想だけでなく、その具体的な三次元の空間論を含めて展開した、一つの壮大な結晶体として受け取るべきであろう。

二〇世紀初頭に、それまでの萌芽がようやくさまざまなかたちで鮮明になりつつあった建築・意匠のモダニズムは、その領域においてのみ語られることが多かったが、巨視的にみれば、それは産業革命に端を発する、より広大な生活革命とみなすべきであろう。

いまそれを詳述することは避けたいが、ル・コルビュジエは、当時の建築家、都市計画家が誰一人として試みることがなかった都市における万人の生活革命のありかたについて、この『輝ける都市』で初めて彼のアイディアを余すところなく明らかにしたのである。

機械文明を通して——高層、高密度の住宅群と、高速道路(アウトストラーダ)によって地表面を歩行者のために開放された公園緑地にしようという彼の提案は、この本の中心的思想が展開されているパリのヴォワザン計画に鮮明にみられる。それはパリの改革を示唆しているだけでない。『輝ける都市』第六部の南米、あるいはアルジェの計画にも

* ル・コルビュジエ、白石哲雄監訳『輝ける都市』河出書房新社、二〇一六年(原著一九三五年)。

みられるように、それまでの凝塊《ぎょうかい》化した多くの中世都市からより自由な、緑と新鮮な空気に包まれた空間をもった都市への「解放」をめざしたといってよい。

ル・コルビュジエはまた、若き日の「東方への旅」、モスクワのプロジェクトを通しての共産圏国家との接触、さらにマンハッタンでの摩天楼群との出会いなどを経験し、遠地への旅行が今日ほど容易でなかった時代に、より具体的に、複数の世界像を基に世界観を抱くことのできた稀有の作家であったといえよう。だからこそ彼は、多くの提案において、たとえばパリジャンではなく、「人間」と躊躇なく言い切る自信をもっていたといえるのではないだろうか。

しかし、同時にこの著作が完成した一九三五年頃という時代を私は重くみたい。ナチス政権によるポーランド侵攻に端を発する第二次世界大戦の予兆が、誰にでも感じられる時代でもあったからだ。彼が結論で言及しているように、戦争という「悪」に費やされる資金、組織、目的達成意識などが、なぜ「平和」という善を目的とする都市計画にとって代えられないのか。その切実な訴えに、その時代の歴史的重みが集約されているのではないかと私は考える。

＊

いま、ここで私がさらにこの本の内容を紹介する必要はないだろう。重要なことは監訳者白石哲雄氏の不断の努力と情熱によって、我々日本人が『輝ける都市』に初めて接し得ることになった意義であり、その点について少し述べてみたい。

ひとことでいうならばこの本は読むだけでなく、見て、そして多くを考えさせる本である。各部に無数に散りばめられた引用、比較の写真（それらに対する白石氏の懇切な訳注）あるいはスケッチに、彼の批判、皮肉あるいは機知などをかぎりなく見出せるのだ。その圧巻は、第六部のヴォワザン計画の、有名な全体イメージ図のあとに続く二ページである。この計画が実現した結果として移設されなければならないであろうパリの数々の名跡が、ここでコミカルに紹介されている。いま世界を席巻しつつある日本のマンガチックな手法がすでに一〇〇年近く前にこの本で試みられているのだ。

私にとってとくに興味深かったのは第一に、丹下健三の「東京計画１９６０」との比較である。ここで丹下の提案する、高速道路網に直接接続する住居を中心にした巨大なメガストラクチャーは、『輝ける都市』の緑地群を東京湾の海原に置き換えたものである。戦前、戦後という時代の差はあるが、どちらの計画も、既存の都市に対して新しい生活空間を提示する、というスピリットがみられる。この海上都市の一端は、菊竹清訓の沖縄国際海洋博覧会アクアポリス（一九七五年）で実現している。また、黒川紀章の中銀カプセルタワー（一九七二年）の取替えの理論を考えると、この二点の作品において、ル・コルビュジエが提唱してきた機械文明の考え方が、一つの結晶として実現しているといってよい。もはや、これらについてさらに議論すべき当事者はみな鬼籍に入ってしまったのだが……。

私個人の経験でいえば、最近ある計画で、自分でもちょっと気に入ったオフィスの集合体案を提案した。ところが、『輝ける都市』第四部で、それとそっくり似た提案がル・コルビュジエの手によってなされていたことを発見した。もちろん一緒に仕事をした事務所の仲間もそんなことはまったく知らなかったのだが。

ル・コルビュジエには、一九五九年、酷暑のチャンディーガルを訪れたときに会ったのが、私にとって最初で最後であった。その後、一度も彼の夢をみたことはなかったが、今回『輝ける都市』に親しく接したためか、この二週間のあいだに二度も彼が登場する夢をみたのだ！

いうなれば、この本を含めてル・コルビュジエの著作、作品集は、私のジェネレーションの建築家たちにとって自分を映し出す鏡のようなものであったのではなかろうか。前川國男、坂倉準三、丹下健三、あるいは先に触れた日本の建築家たち、また私が親しくコルビュジエについて語り合えたホセ・ルイ・セルト、ジークフリート・ギーディオン、そしてチームX《テン》のメンバーもほとんどこの世にはいない。寂しいかぎりである。

しかし一人まだ健在だ。それはアーメダバード出身のB・V・ドーシ（一九二七年生まれ）である。彼は吉阪隆正と同じ頃、コルビュジエのパリのアトリエに学び、帰国後、アーメダバードのプロジェクトを手伝っている。

私も次の数年のあいだにインドを訪れる機会があるので、ドーシに会ったとき、彼の『輝ける都市』についての回想等も訊いてみたい。そうしたたのしみが一つ増えたのも、この本に日本語で初めて接することができたおかげであると感謝している。

ハーヴァード大学「都市デザイン会議」でのジェイン・ジェイコブズ

一九五六年春、ハーヴァード大学において、アメリカ初の都市デザイン会議が開かれた。一九五三年、ヴァルター・グロピウスの後任としてハーヴァードのデザイン学部長に就任したホセ・ルイ・セルトはスペイン人であったが、戦前、戦後にかけて、ヨーロッパの建築家を中心とした国際的集団ＣＩＡＭの議長を務めた都市デザインの先駆者でもあった。彼は着任以来、それまで都市デザインについてあまり関心のなかったアメリカにおいて、ハーヴァードを拠点として新風を巻き起こしたいという野心をもっていて、その一環としての会議であった。

そのため関心のあるアメリカの建築家、都市デザイナーが一堂に会し、会場は熱気にあふれていた。私はまだハーヴァード大学の博士課程に在籍していたので、この会議に参加する機会を得た。会議にはテキサスからヴィクター・グルーエン、フィラデルフィアからエドモンド・ベーコン、カルフォルニアからはリチャード・ノイトラなども招ばれていた。

当時、アメリカの代表的建築誌 *Architectural Forum* のエディターであった建築評論家のダグラス・ハスケルがスピーカーの一人として招かれていたが、その直前、体調を崩したために、彼が代わりとして同じ編集部で、都市問題の論評ですでに注目を浴びていたジェイン・ジェイコブズを推薦したのである。

ジェイコブズは一九一六年生まれであるから、当時まだ四〇歳になったばかりだったか。しかし落ち着いた低音調で喋る黒縁眼鏡の壇上の彼女は、その論旨を通じてしだいに聴衆を引きつけていった。当時アメリカの大都市で進行中であったさまざまな施設の無差別な破壊と新設に対し、彼女はニューヨークのダウンタウンを例にとりながら批判していた。そして、普通の人々にとっての目線と、五感によるコミュニケーションを重要視して街の本質をさぐっていく考え方を、ある種の啓示にもたとえ得る迫力をもって伝えていったのだ。

彼女のスピーチが終わると、それは熱烈な拍手をもって迎えられた。私が目撃することはなかったが、後で聞くところによれば、この会議に来ていたルイス・マンフォードはスピーチの後、彼女に握手を求めたそうだ。ルイス・マンフォードといえば当時アメリカの建築評論界における王であり、たとえばカトリックであれば直接ローマ教皇から祝福を受けたのと同等の意味をもつできごとであったと思う。

私にとっては、これが彼女に出会った最初であり、最後であった。しかし他の多くの建築家と同様に、『アメリカ大都市の死と生』*は後に熟読したし、彼女とロバート・モーゼスとの壮絶な闘いも興味深く見守ってきた。

私は建築も都市も、その善し悪しの最後の審判は「時」であるとつねに考えている。ジェイコブズが愛したダウンタウンの多くは、前世紀から今世紀にかけてのジェントリフィケーションを通して階層化が進んでしまっている。また一時悪者扱いされていたロ

* ジェイン・ジェイコブズ、黒川紀章訳『アメリカ大都市の死と生』鹿島出版会、一九六九年(鹿島出版会より山形浩生訳新版、二〇一〇年、原書一九六一年)。

バート・モーゼスによる都市貢献を再評価する意見も出てきているという。

たまたま数年前、ニューヨークのダウンタウンから少し北になるが、クーパーユニオンカレッジの隣地、アスター・プレイスに中層の教育・研究施設をつくる機会を得た。サード・アヴェニューとフォース・アヴェニューが交差するこの地点から、ユニオンスクエアを経て、グランド・ターミナルの近くの私の宿まで二五ブロックくらいだったか、歩いて帰ったことがある。その間、私は決して街の表情にあきることはなかった。考えてみると、そこここに小さくはあるが彼女の愛したであろう街の風景が展開しているのだ。おそらくグリニッジ・ヴィレッジは変わってしまったが、彼女の提言した原則とスピリットは多くの人々によって記憶され、実現されているのではないだろうか。

Ⅲ

出会い・記憶・旅——蒼生のころへ

オマージュとしての建築

「中二階」のある空間

昭和初期の東京で育ったことを考えれば、私にとって、モダニズム建築との出会いは皆無ではなかった。しかしだからといって数多くあったわけではない。

私が子供心にも強い印象を受けた最初のモダニズム建築との出会いの一つに、一九三五年、ちょうど七歳のとき、親に連れられて目黒の土浦亀城邸（一九三五年）を訪れたことがあった。

玄関から見上げる半階上部の空間、また半階下に広がる高い天井をもった空間、今でいう「中二階」のある家だった。もう一つ心に残ったのは、上下を結ぶ階段のメタルの手摺りである。おそらくある種の親しみをそれらから感じたのは、横浜港に大きな外国船が来ると親がよく連れて行ってくれたのだが、その船の内部空間に似ていたからに違いない。

そして二年後、当時「東洋一モダン」といわれた慶應義塾幼稚舎（一九三七年）の新校舎で、四年半を過ごすことになる。白亜のモダニズムの校舎の工作室でふたたび中二階の空間に遭遇する。クローバー形の机がある理科教室、また二階と三階に張り出されたテラスの床にはガラスブロックがはめ込まれていた。東京工業大学の若い助教授・谷口吉郎、三三歳の作品である。彼によれば当時慶應義塾の担当理事・槇智雄は「塾の建築に魂を入れてほしい」と言ったそうである。なぜ若い谷口にこのプロジェクトが与えられたのか。私の想像では、槇は谷口がそれまでつくってきた自邸(一九三五年)、あるいは槇の親戚の家にあたる佐々木邸(一九三三年)をすでに見ていたからかもしれない。そしてそこには「彼ならば」という確信があったのであろう。その後、谷口は慶應義塾に数々の作品を残していく。よきパトロネージュの時代であった。

私も谷口ほど劇的ではないが、一つの経験がある。

一九五八年、当時セントルイスのワシントン大学に勤めていた私は、スタジオでのワークショップを受けもつ以外に、大学のキャンパス・プランニングオフィスにもパートタイムで勤務していた。ある日、オフィスのディレクターから、実はある資産家の未亡人が図書館、ホール、ギャラリー等の複合施設を大学に寄付してもよいといっているので、彼女に見せる案を一つつくってくれないかという依頼があった。

私はよろこんで、学生たちとともに一案をつくり彼女に見せたところ、大変気に入って、即座に「もしもこの通りのデザインが実現するならば資金を寄付しよう」という申し出があった。彼女の名前をとったスタインバーグ・ホールは私のアメリカでの処女作となった。当時まったく無名で、図書館もホールの設計経験もない私に仕事をくれたのである。ちょうど学校設計の経験のない谷口吉郎が依頼を受けたのとよく似た話である。そこには人間同士のある信頼関係が無意識のうちに築かれていたからであろう。社会がまだどこかのんびりしていた時代でもあった。

考えてみると、第二次世界大戦前のヨーロッパで世紀の傑作といわれたル・コルビュ

スタインバーグ・ホールのプロジェクト図面の前で

ジエのサヴォア邸(一九三一年)、ミース・ファン・デル・ローエのトゥーゲントハット邸(一九三〇年)、あるいはリートフェルトのシュレーダー邸(一九二四年)も、すべてある進取的な思想をもった新興のブルジョアと才能に恵まれた若い建築家の出会いがつくり出した作品である。第二次世界大戦後、そうした話はアメリカ以外ではほとんど聞かれなくなった。

パトロネージュの所産としてもっとも有名なエピソードは、ミースが設計したニューヨーク・パークアヴェニューのシーグラムビル(一九五八年)であろう。施主ブロンフマンの長女で建築を学んだフィリス・ランバートは大のミースファンであり、父を説得して彼に設計を依頼した。彼女はカナダのモントリオールに Canadian Centre for Architecture(CCA)を設立し、建築の文化活動に携わっている。

もちろん現在も依頼(コミッション)により世界中のいたるところで建築の設計が行なわれている。だが公共の施設ともなると、依頼者、すなわち自治体の代表である知事や市長は、もはや自分の一存で建築家を選定することなどできなくなってきている。多くはプロポーザルとして資格、経験のある建築家たちが案を提出し、審査員によって、一人が選定される仕組みがとられている。しかし、丹下健三の名作、香川県庁舎は、時の県知事・金子正則の丹下に対する絶大な信頼の結果生まれたものである。

出会いのあとで

私もこの半世紀、依頼、コンペ等、さまざまなかたちで設計を行なってきた。確かにコンペに勝つのはうれしいことであるが、かならずしも、依頼者と建築家のあいだで信頼関係を結べるとはかぎらない。依頼者にとって、コンペという仕組みでは、彼らにおしつけられた建築家、という気持ちが存在することもしばしばあるのだ。

人と人との信頼が、よい建築をつくりだすためにいかに重要かということは私も経験してきた。しかしそうした信頼は、出会いのあと時間をかけて築かれていくことも多い。

近代までであれば、建築の依頼者とは権力や富力をもった王侯で、依頼された建築家は、彼らの欲望を満足させる立派なものをつくればよかった。現在はそうではない。当然、依頼者の希望を満足させる必要があるが、そこに至るまで法規、コストなど多くのハードルを克服していかねばならないし、同時に、建築家自身が望むかたちにそれらを収斂させていかなければならない。

建築家には依頼者を教育していく巧みな技も要求されるのである。その技も、人によって千変万化であろう。建築家は依頼者に対して高圧的であってはならないし、といって、相手の無理な要求を全部聞いていては、設計はまとまらない。したがって教育といっても、あるいは信頼関係といっても、その結果は完成した建物がすべてを語ることになる。

二〇〇六年に次のような経験をもった。

ニューヨークのグラウンド・ゼロの高層建築(フリーダム・タワーを除く)を担当した三人の建築家、ノーマン・フォスター、リチャード・ロジャース、私のプランが初めて公開される機会に、ニューヨークで、この三人の建築家と直接の施主であったディヴェロッパーのラリー・シルバースティンが、ともにテレビカメラの前で議論することになったのだ。三人の建築家のうち、最後に「今後施主とうまくやっていけるか」と司会者に質問された私は、「私は施主のシルバースティン氏をまだよく知らないが、今後、彼の人柄をよく研究し、気持ちをよく汲みながら、しかし最後は自分のつくりたいものをつくりたい」と答え、聴衆の笑いを誘った。その直後、シルバースティン夫人が私のところにやって来て、半分冗談めかして、「私もいいことを教えてもらった」と語っていた。4WTCは二〇一三年一一月に完成し、彼と彼の会社SPIの人たちも、大変結果に満足している。

完成した建物は、建築家の手を離れる。建築家はある意味においては、生まれた子供にそこで初めて会いながら、その生まれたばかりの子供を直ちに利用者、そしてより広い社会に委ねることになる。次の項では、建築家社会にはたしてグループ活動――換言すればマフィアは存在してきたのかということについて、私の体験から語ってみたい。

「世界デザイン会議」からチームXのミーティングへ

今ふり返ってみると、一九五八年からの数年間は私の人生にとって、最も濃密な時期であったかもしれない。三〇代に入ったばかりで、実に多くの人々との出会いがあったからである。今でもそうであるが、日本と比較して、アメリカ、ヨーロッパの人々は、年齢差あるいは学年の差などをまったく気にしない文化に育ってきた。日本語でいう先輩、後輩にあたる言葉が存在しないのだ。

この時期、私が教鞭をとったハーヴァード大学、ワシントン大学の教員、生徒たちの多くは多国籍者で、出会った人たちも、私と同年配の生徒もいれば、年上の教員、友人も少なくなかった。

後述するチームX《テン》のアルド・ファン・アイクというオランダの建築家とは、ワシントン大学、またハーヴァード大学でも同じ頃教えたことで親しくなった間柄であった。一九六四年、ワシントン大学の出版会から *Investigations in Collective Form*[*1]（「集合体の研

＊1　Fumihiko Maki 前掲書（本書四二頁注参照）。

究」)を刊行した際、当初は、タイプライターに打ったものをそのままゲラ刷りにしていた。この一種のアンダーグラウンド的な出版物を、この頃知遇を得たチームXのメンバー、アメリカの建築家、アーバン・デザイナーたちに送ると、意外にもその反応は少なくなかった。ヴァルター・グロピウス、ケヴィン・リンチ、ヤコブ・バケマたちは、わざわざ手紙でコメントを寄せてくれた。「漂うモダニズム」[*2]でも指摘したように、我々建築家は誰もがモダニズムという一隻の船に乗り、しかし行先のわからない航海を続けていた時代であった。

当然、一隻の船のなかで気の合った者も、あるいは意見の異なる者もいる。そして気の合った者のあいだでは、マニフェストを中心に幾つかの同志的結合が生まれた。それが一九五〇年代から六〇年代の特色であったともいえるであろう。

私自身が経験したメタボリズムの運動もその一つである。一九五八年の秋、グラハム財団基金のフェローに選ばれた私は帰国し、次の二年間にわたる「西方への旅」の準備中であった。そのとき、丹下研の先輩であった浅田孝から、彼が建築評論家の川添登らと企画していたメタボリズムの運動に参加しないかという誘いを受けた。そろそろアメリカから日本に拠点を移そうと考えていた私にとって、きわめて魅力的なオファーであった。

一九六〇年、日本の建築界・デザイン界は戦後初めて、世界中から著名な建築家、デザイナーたちを招き、東京で「世界デザイン会議」を開催した。この会議は、私たち建築家――菊竹清訓、黒川紀章、大高正人ら――に『METABOLISM/1960』[*3]を発刊し、その存在を世界に示すための格好の機会を与えてくれた。会議中、まるで行商人のように海外からの建築家たちに配付したその日本語・英語併記の白い小冊子は限定五〇〇部、

＊2 槇文彦前掲書(本書二頁注参照)所収。

＊3 川添登編『METABOLISM/1960』美術出版社、一九六〇年。

定価は五〇〇円だった。我々がおたがいにサインし合った貴重な一冊を今も大事に保存している。

会議で出会った、イギリスから招《よ》ばれていた建築家ピーター&アリソン・スミッソンにその夏計画していた二度目のヨーロッパへの旅の話をしたら、その頃、南フランスのバニョール・シュル・セーズという街で行なうチームXの会議にぜひ参加しないかと勧められた。

当時、ヨーロッパの若手の建築家たちが、あまりに教条的なモダニズムを推進してきたCIAM(近代建築国際会議)に対し反旗を翻すようになっていた。チームXとはまさにその新しい世代の建築家から成り、それぞれの地域の特性とか、モビリティを重視した考えを推し進めようとしていた。

イギリスからは先のスミッソン夫妻、オランダからはアルド・ファン・アイクとヤコブ・バケマ、イタリアからジャンカルロ・デ・カルロ、フランスからシャドラック・ウッズとギリシャ人のジョージ・キャンディリス、ポーランドからオスカー・ハンセン、そしてスウェーデンのラルフ・アースキンなどが参加していた。

先に述べたように、アルド・ファン・アイクとはハーヴァード大学で再会する。映画『アラビアのロレンス』(一九六二年)を夜一緒に観に行くと、陽炎のように空と砂漠が一体となるシーンのことを、彼がサハラ砂漠横断旅行で経験した幻想的な視覚世界とまったく同じであったと語ってくれた。また、シカゴのイリノイ工科大学にちょうど完成したミース・ファン・デル・ローエのクラウンホール(一九五六年)へともに見学に出かけたこともあった。偶然、カメラをもったジークフリート・ギーディオンに遭遇し、彼は「また新しい傑作が生まれた」と呟いていたが、アルドは前面の階段と本体のあいだに

一九六〇年のバニョール・シュル・セーズでの討議風景

できた三角の空間が気に入らなかった。彼は犬の格好をしてそこに入り込み、ここで写真を撮れと私に言ってきた。激しい気性の持ち主でもあった。

ピーター・スミッソンとも折に触れて出会いがあった。最後となったのは二〇〇〇年にロンドンのヴィクトリア・アンド・アルバート美術館で、私の個展が開催されていたときで、そのオープニングに来てくれた。彼の没後、カタール近代美術館の指名コンペの審査員に招かれることがあったが、コンペに参加していたリチャード・ロジャース事務所の担当がスミッソンの息子であった。彼はバニョール・シュル・セーズの会議のときはまだ子供で、その頃のことはもちろん覚えていないと話していたが、その時から四〇年後の出会いであった。

ロンドンのアーキグラムは、メタボリズムとほぼ同時代に注目され、またやはり今日、再評価が進む組織である。国際会議などで見かけることのあるピーター・クックは、アーキグラムで現在も活躍している唯一のメンバーではないか。一昨年(二〇一三年)だっただろうか。月曜に事務所に来たら、事務所のメンバーの一人が、昨日――つまり日曜に、前触れもなくクックさんがふらっと訪ねてきて、雑談していったという。その後彼から何の音沙汰もない。建築家には変わった人が多い。

このようにさまざまなところで出会い、印象の深い一刻を過ごすことのできた人たちも今はほとんどいない。改めて寂寥の感が否めない。

ふり返ると、最も同志的な結合がメンバーのあいだで強かったのがチームXであった。イギリスの建築家で構成されたアーキグラムは、葉巻とコニャックで議論を重ねるジェントルマンクラブに似ていると言ったことがある。メタボリズムは、同志としてどうたとえたらいいのだろうか。世界デザイン会議での我々の高揚した気分を思い出すと、や

土浦亀城邸の吹抜け空間

はり、甲子園前日の高校野球チームという感じがする。

　これまで述べてきたことだが、菊竹清訓を偲ぶ会の席上で、私は次のように語った。ピッチャーは菊竹、捕手は大高正人、派手な挙措に事欠かない黒川紀章はショートストップ、私は少し皆から離れたセンター、そして丹下健三と磯崎新は仲良くダッグアウトから我々を観戦していたのではないか、と。後に私がこの比喩を磯崎に紹介したら、彼はこう言った、いや僕はスコアラーだったと。

オマージュとしての作品たち

　建築家であれば、先に紹介したように当然、多くの建築との出会いも経験する。建築との出会いが呼び起こす回想、また昔出会った建築あるいは言葉からの残像が、その後自分のつくる建築の手がかりとなってきた。ここからはいわゆるオマージュとしての建築作品について少し語ってみたい。

■土浦亀城邸　幼少の頃、自宅の筋向いに若い建築家で両親とも親しかった村田政眞《まさちか》氏が住んでいらっしゃった。村田さんは当時土浦事務所で働いていて、ある日、ボスの自宅が近くの目黒の長者丸（現在の品川区上大崎）に完成したので一緒に見に行かないか、と両親と私を一緒に連れて行ってくれた。私の家も白かったが、冒頭でも触れたように土浦邸訪問は、その数年前に訪れた佐々木邸に続くモダニズムの住居との忘れがたい出会いであった。子供心にも最も印象が強かったのは、やはり吹抜けのある中二階の空間構成である。谷口吉郎の設計による天現寺の慶應義塾幼稚舎では、モダニズムの建築が与える豊かな空間を存分に享受することができた。工作室の中二階空間は、上部に工作

慶應義塾幼稚舎、工作室の吹抜け空間

ヒルサイドテラスA棟ロビーの吹抜け空間

室の先生のアトリエがあり、下はさまざまな作業のできる場所となっていた。

三〇年後、私は日本で設計事務所を立ち上げた。その初期の作品に、ヒルサイドテラスの第一期計画(一九六九年)があった。この敷地は道路沿いに緩やかな上り勾配をもっていた。私は躊躇なく、その上り勾配を利用して、コーナーのエントランスロビーの背後に中二階の空間をつくりあげた(前頁図版参照)。建築家は誰でもその初期の作品において、それまで彼が抱いていたさまざまなアイディアあるいは欲望の一端を実現しようとする傾向があるという。私もその例外ではなかった。今もしばしばこの場所を訪れるたびに、まだ建築家になろうという想像すらもたなかった幼少の頃の土浦邸や幼稚舎のメザニン空間のことを懐かしく想い出すのだ。

■東京電機大学東京千住キャンパス　ジャンカルロ・デ・カルロの作品を見るためにイタリア中部のウルビーノの街を訪れたときのことである。宿泊していたホテルのエントランス外部は屋根のある軒先空間になっていた。朝出がけに若い三人の学生風の若者がそこで立ち話をしていた。そのまま午前中街に出て、昼頃ホテルに帰ってきたら同じ三人の若者が同じところに立ったまま熱心に何か話しあっている。日本では絶対に見受けられない光景である。

イタリアの街ではこうした都市の部屋と称してもよい、ロジェ(Logia)といわれるアーケード的空間にたびたび遭遇する。ボローニャでもそこで市民たちが何となく立ったまま、あるいは椅子に坐って話しあっているのを見かけた。

我々が二〇一一年、東京の北千住駅の近くに東京電機大学を設計したとき、広場に面したところに私はやはり躊躇なくロジェ風の軒先空間をつくった。その奥はイタリア

東京電機大学東京千住キャンパスのカフェ前面

ン・カフェで、その隣にギャラリーを設けている。ここのキャンパスは門も塀もないオープン・キャンパスであり、このロジェでよく近隣の女性たちが寛いでいるのを見かける。あるいは学生たちがクラブ活動の音楽を奏でている光景にぶつかることもある。

■イザール・ビューロ・パーク(IBP)　中学生の頃、地理の時間に、先生からドイツの南部には「黒林」(シュヴァルツヴァルト)といわれる森林があると教えられた。我々は林は緑だと思っていたのでその林が緑でなく黒であるということが妙に記憶に残っていた。その黒林との最初の出会いは、一九九〇年頃、ドイツでのオフィスパークの設計の国際コンペに当選して、ミュンヘンの郊外を訪れる機会があったときである。もちろん近くに寄れば緑林であるが、遠方から見れば、たしかに黒林なのだ。

たまたま我々のプロジェクトの敷地は黒林に向けて開いていたので、それをどのように取り入れるか、スケッチを描く際にも私の脳裡から離れることはなかった。

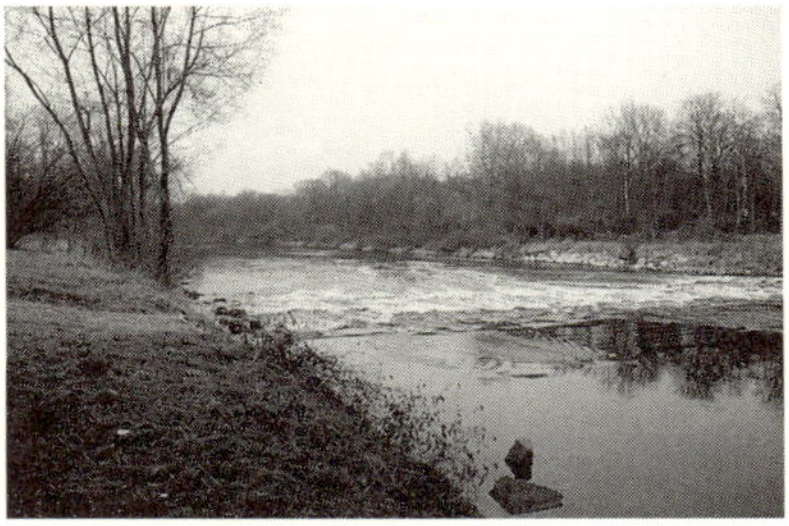
ミュンヘン郊外の黒林

■バーゼルのノバルティスプロジェクト　私がまだ建築学科の学生だったとき、ル・コルビュジエの作品集とともに、バイブルのように飽くことなく見ていた外国の書籍があった。英独仏の三カ国語でスイスの出版社から刊行された、当時第一線で活躍していた建築家たちの作品集であった。そのなかには、一九三七年にパリ万博の日本館を設計した坂倉準三の作品も掲載されていた。アルフレッド・ロートのチューリヒの集合住宅(一九三六年)も。

私が長くこの建物を記憶している一つの理由は、後年チームXの会議がきっかけで親しくなったオランダの建築家アルド・ファン・アイクから、ここは建築史家のジークフリート・ギーディオン夫妻の住まいでもあったと教えてもらったからである。いかにも初期モダニズムが重視した「生活の自由」が、おおらかなコーナーバルコニーを通して簡潔に表現されていた。

私のスイスでの最初の作品は、二〇〇九年に完成した、バーゼルに本拠をおく製薬会社ノバルティスの新社屋(ノバルティス・キャンパス　スクエア3)であった。完成後その端部の外観写真を見ていたとき、ふとロートの集合住宅を想い出したのだ。もちろんノバルティスの仕事をしているあいだは、ロートの作品を想い起こすことはなかった。だがスイスの人たちの卓越した施行技術、そしてこのプロジェクトに参加してくれた建築家、コンサルタントの仕事ぶりは期間中私に強い印象を与えてくれた。おそらくこの二つの作品は、たとえその間に半世紀に近い時の流れがあったとしても、スイスらしいモダニズム建築のスピリットが存在し続けてきた証しでもあるといってよいのではないか。

■ワールドトレードセンター　ワールドトレードセンターが完成した一九七〇年代前半のある日、私はアムトラックの鉄道でフィラデルフィアからニューヨークに向かって旅をしていた。夕陽に映えるWTCの写真は、ニュージャージー側の車中から撮った一枚である。当時まだWTCの西側にフィナンシャルセンターの一群が建っていなかったので、二本の塔は直接その赤いシルエットをハドソン河に映し出していた。これらの塔は、やがて三〇年に満たない短い生涯を終えるのである。

四〇年後、跡地に建つ4WTCの設計を依頼された私は、可能なかぎりオリジナルのWTCと同じように、単純にして明快な姿をもった、しかしメタルでなく硝子による、彫刻的な建築をめざした。結果として、4WTCは天候、距離、時間帯によってさまざ

バーゼルのノバルティス・キャンパス

アルフレッド・ロート設計によるチューリヒの集合住宅

まな表情を見せてくれる建築となった。このタワー4の近くにたまたま居あわせたという私の友人の一人が、あの建物は視界から消え失せることもある、と教えてくれた。

私は決してそのことを意図してこの建物を設計したわけではない。しかし我々の眼前から忽然と消え失せたかつてのWTCに対して、この4WTCは偶然によってもつくられた、一つのオマージュではないかと最近考えるようになった。

旧ワールドトレードセンター

旅とはなにか

本当にいい旅とはなんだろうかとふと考えることがある。仕事、講演等の慌ただしい旅行は、たとえ目的地が遠い海外であっても旅ではない。それはただの出張なのだ。旅とははっきりした目的はないが、訪れる人間、また現象との出会いへの漠然とした期待感に彩られた日々を指すのかもしれない。

ふり返ってみると、自分にとっての本当の旅は、今から半世紀以上前、二年にわたるゆっくりとした東南アジア、中近東、ヨーロッパへの旅であったと思う。三〇歳になったばかりの私は、今のように人生のしがらみのなかで格闘を続けることもなく、毎日眼前に立ち現れるさまざまな事象に驚き、たのしめばよかった。そのうち強烈な出会いとその余韻が今でも残っているものを幾つか取り上げたいと思う。

一九五八年、シカゴに本拠をおくグラハム財団基金のフェローに選ばれた建築家、アーティストたちは、一週間のあいだシカゴに滞在し、一緒に時間を過ごす義務を課されただけで、後は何に基金を使用してもよかった。その年、選ばれた約一〇人のなかには「エンドレスハウス」で有名な建築家のフレデリック・キースラーを最年長者として、

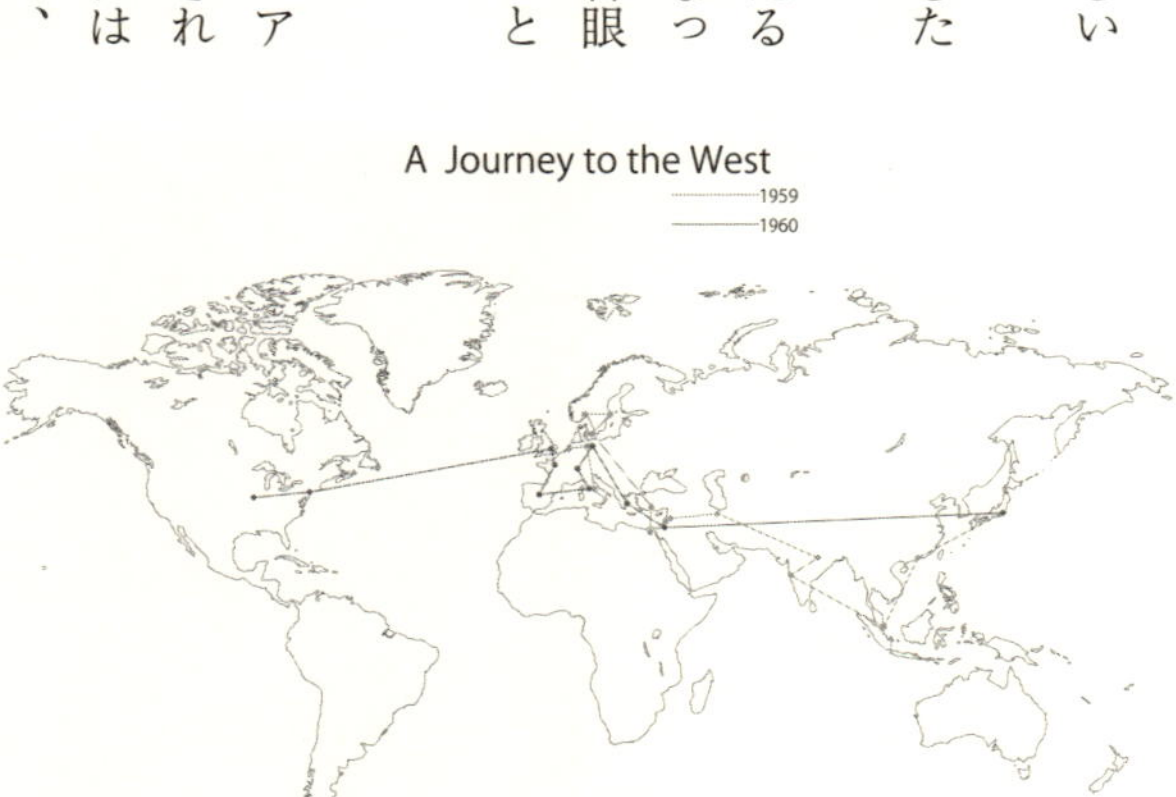

「西方への旅」ルートマップ

私と同じジェネレーションの建築家でインドのアーメダバードに拠点をおくB・V・ドーシ、そしてスペインの彫刻家エドゥアルド・チリダらが含まれていた。

基金は一万ドル、当時の日本円では三六〇万円である。日本での初任給が一万円か二万円の時代であった。私の当時のワシントン大学での給料が年五〇〇〇ドルだったので、直ちに二年間休職にしてもらい、それまで行ったことのない地域を旅しようと企てた。しかしそれは放浪の貧乏旅行ではなかった。二年目の最後の旅行では、余ったお金でベンツを買い、新婚旅行をかねてヨーロッパ中を駆け巡った。

エーゲ海に散りばめられたサロニカ諸島の一つ、イドラ(Hydra)は、波止場に面するところに街の中心施設が立ち並び、その背後に密集した住宅が高い丘をかけあがってゆく美しい街であった。驟馬と人間のみ、自動車はない。白い漆喰壁と赤茶の瓦屋根の連続。まだ日本でも集落のデザイン・サーヴェイがはじまる前の時代であったので、個の集合が強い全体をつくりあげている姿に私は感動した。

個があって初めて全体があり、その逆ではない。その想いが一九六〇年、メタボリズムのマニフェストの一環として、大髙正人と発表した「群造形」のベースになっている。個のエレメントがより多様な状況となっても、それなりに個を繋げる要素の探求に我々建築家、都市デザイナーの展望が開けているという確信を私は今でももっている。

中近東の旅のなかでとくに思い出深いのは、ダマスカスからベイルートへ向かった一日であったと思う。

なぜダマスカスか。それは若いときに読んだストリンドベリの「ダマスカスへ」に惹

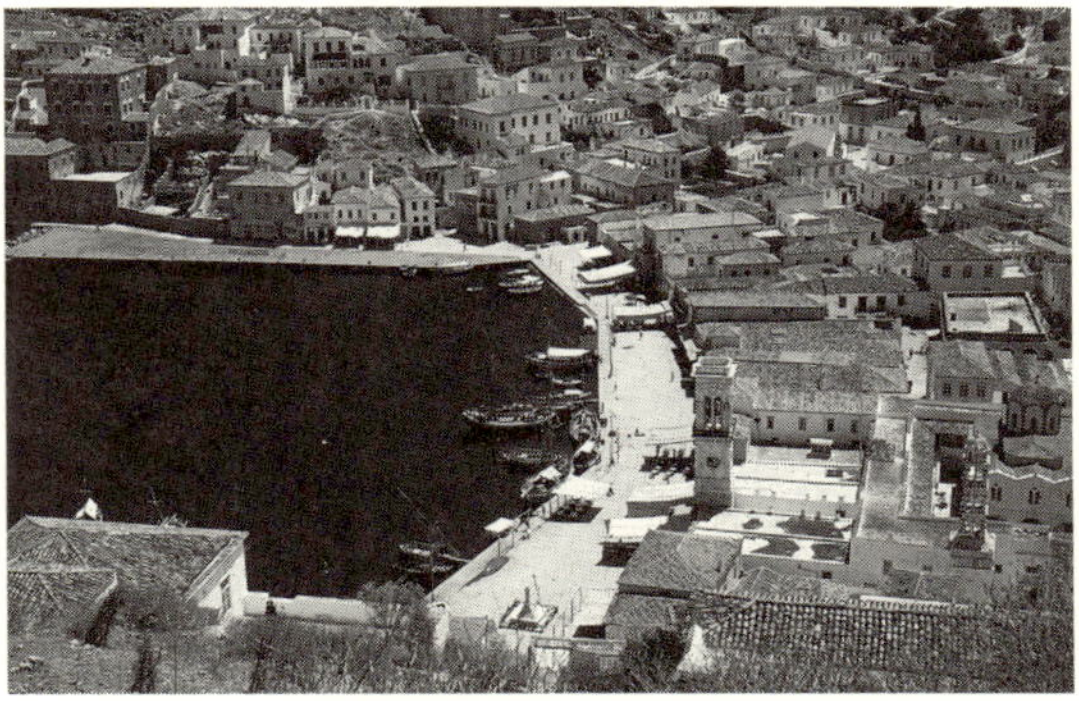

イドラの街

かれていたからである。ダマスカスはイランやイラクの街と同様、砂漠の街であったが、モスクやバザーをたのしんだ翌日、友人と私は車でベイルートに向かった。

ゴラン高原を突っ切る途中、バールベックなどの遺跡をたのしみ、ベイルートに到着したのはその日の夕方であった。和辻哲郎は『風土』[*1]において、アジアのモンスーン地帯、中近東の砂漠、そしてヨーロッパのヴィーゼ（牧草地）を取り上げているが、ベイルートはちょうど砂漠とヴィーゼの境界にあたる美しい街であった。到着した丘の上から眼下に広がる青い地中海を生まれて初めて見た感動は今でも忘れられない。夕刻同じ丘のイタリアンレストランでこれも生まれて初めてグリーン・パスタを食した。平和な時代の洒落た街であった。

それからちょうど五〇年後、レバノンの半官半民の最大ディヴェロッパーであるソルデールが主催するベイルートのフラッグシップオフィスの国際招待コンペに参加した私は、当時の思い出の白い街を象徴した白く輝くオフィスビルを提案した。すると審査員の一人の女性が、後からこのプレゼンテーションに涙したと言ってくれた。おそらく彼女の幼い頃の平和な時代のベイルートを思い出したのではなかろうか。

審査員の涙を誘ったからかどうかは知らないが、この案はその後実施に向けて順調に進められていた。しかし周知のとおり、シリアの内戦によってベイルートの大きなプロジェクトは今やことごとくストップしている。我々のプロジェクトも例外ではなかった。五年前ブームタウンで湧きかえっていたベイルートは建設に関するかぎり、今やゴーストタウンと化しつつあるのだ。先のブームも長い内戦の結果、やっと手に入れた平和の所産であったのだが。ふと、彼女たちは今どうしているのかと思うことがある。戦後七〇年、平和ぼけした我々日本の建築家たちには考えられない苛酷な運命との闘いを、彼

＊1　和辻哲郎『風土——人間学的考察』岩波文庫、一九三五年。

一九五〇年代のベイルート

ベイルート・ブロック20-02

女たちは今も強いられている。

こうして約半世紀の時を経て、今もその思い出が続いていると感じるのは、最初に訪れたインドではなかったかと思う。すべてがマッシブだった。強い自然のなかに育つ巨大な樹木、明け方到着したボンベイ空港からこの街の中心まで沿道に沿って延々と続く眠りの人々、巨大な石像ともみまがう石柱。それは人、現象、自然のあいだの永遠の闘いでもある。これも半世紀後の現在、我々はビハール州の首都パトナにビハール州立博物館を建設中である。

作家の堀田善衞は『インドで考えたこと』[*2]で「インドは貧しい人々の国であるがインドは貧しい国ではない」と述べている。私もそう思う。ビハール州はかつてそのインドのなかでもっとも貧しい州であったといわれている。しかし大きな樹木に囲まれた長さ五〇〇メートルにも及ぶ博物館の敷地は、日本では考えられない豊かさをもっている。巨大な樹木を残しながら、というよりも樹木を抱きながら、我々はさまざまな空間をつくりだそうとしている。完成にはまだほど遠いが、円形の建物の、子供博物館だけは最近オープンした。聞くところによると、そこには多いときには一日三〇〇〇人の子供が訪れるという。日本と一桁数が違うのだ。人、人、人……。

このように私の知っている古いインドと新しいインドは頭のなかで縦横に交錯する。旅はまだ続いている。

足早にイドラ、ベイルート、そしてインドと語り続けてきた。それはひとことでいうならば何の旅であったのだろうか。今思うのは、それは自分にとってつねに新しい人間

ドーシの拠点、アーメダバード

ビハール州立博物館

*2　堀田善衞『インドで考えたこと』岩波新書、一九五七年。

の発見であったということだ。人間は一見、どこも同じである。しかしコモナリティをもちながら、同時にそれぞれ無限の差異性をもっている動物でもある。私はそうした「人間」のために建築をつくっているのだということが最近ようやくわかってきたような気がする。建築とは人間を知る旅でもある。

私の蒼生のころの歴史

一九二八年生まれの私は慶應義塾大学工学部予科一年で終戦を迎える。同じ年に生を享けた建築家には菊竹清訓、林昌二、岡田新一らがいる。当然、そのころはまだ建築家になろうなどとは思っていなかった。建築を志したのは工学部電気科に進学した年であった。このままでは学徒動員で経験した製造工場の世界で一生を終えるかも、という拒否反応から生まれた一つのオプションでもあった。

翌年、新緑に包まれた東大の本郷キャンパスが我々を迎えてくれた。当時印象に残った教授陣ではベルが鳴っても講義を続ける藤島亥治郎、黒縁眼鏡の眼光鋭い岸田日出刀らがいた。講義での氏の第一声は、「君たちは世界最古の大学はどこか知っているか」であった。誰も答えられない我々にそれはボローニャ大学だと教えてくれた。後年ボローニャ大学を訪れたとき、岸田日出刀の言葉を思い出し、かのガリレオが実験をくり返した塔を見る機会を得た。

丹下健三は当時、「広島ピースセンター」計画のコンペに当選し、脚光を浴びはじめた新進の建築家であった。卒業後、同じ彼のアトリエの門をたたいた神谷宏治とは、二〇一四年、彼が亡くなる一週間前に病床を訪ねるまで、一生の友であった。

一九五二年の秋、留学のため長崎から貨物船で二週間、濃霧の太平洋を渡る。着港したシアトルの街のガソリンと金属の臭いが印象に残った。船客のひとりであった若い研究者、宮城成二とは約四〇年後、福岡大学の六〇周年記念館ヘリオスプラザ(一九九六年)という建物の依頼者/設計者として再会することになる。

念願かなってハーヴァード大学のデザイン大学院修士課程に入学。グロピウスの後任、スペイン生まれのホセ・ルイ・セルトの薫陶を受ける。そこでは教授陣も学生もさまざまな国出身で多様なバックグラウンドをもっていて、インターナショナルとは何かということを、初めて身をもって経験した。

修士課程修了後、憧れのニューヨークでSOMに職を得、マンハッタンに住む。半年後、当時ニューヨークに事務所のあったセルトのアトリエに転職。セルトの事務所の移転とともにふたたびケンブリッジのハーヴァードスクエアを中心とする生活に戻る。

そしてつねに同じスクエアのカフェテリアで朝食をとっていたポール・ルドルフの知遇を得る。ある日、彼から突然セントルイスのワシントン大学が若いインストラクターを探しているので推薦したいと言われた。もしも自分で朝食をつくっていたら? 教職に就いて二年後、シカゴのグラハム財団基金のフェローに推薦され、次の二年間それまで訪れたことのなかった東南アジア、インド、中近東、ヨーロッパへの旅をすることに決める。

その準備のための一時帰国中、丹下研の雄、浅田孝に誘われてメタボリズム運動に参加した。地中海周辺の美しい集落での体験は、述べてきたように一九六〇年に東京で開催された世界デザイン会議で、大高正人と共に発表した「群造形」のベースとなる。酷暑のなかで圧倒的な自然と群衆と建築が共存するインド。チャンディーガルでのル・コルビュジエとの会話。ダマスカスから早朝車を駆って、ゴラン高原を越え、夕方到着したベイルートから初めて臨んだ地中海との対面の感動——平和な時代であった。

私の子供のころの原風景は、家の周辺、いたるところにあった原っぱである。そこへ友達が来ると、ボールをもって遊びに行くのがその当時の「おもてなし」であった。一年住んだニューヨークでの原風景は、スカイスクレイパーではなく、セントラルパーク、MoMA(ニューヨーク近代美術館)の彫刻ガーデン、ワシントンスクエアなどのオープンスペースであった。建築に基づくユートピア建設に失敗した我々にとって、オープンスペース群を核とする都市こそ未来のユートピアではないだろうか。

現在、ル・コルビュジエがチャンディーガルで設計したのと同じ、インドでのキャピトル・コンプレックスの国際招待コンペに参加している。半世紀に及ぶインドとの濃密な関係——記憶と想念が蘇る。

私の蒼生のころの歴史は、今も私の現在をつくる歴史と繫がっているのだ。

パナティナイコとの出会い

それは衝撃的な出会いであった。一九五九年の夏、中東・東欧から北欧も含む「西方への旅」の途次に立ち寄ったアテネの街のなかを進む私の車の眼前に現れたのが、パナティナイコの広場だった。人気のない広場の後方には来る人を抱きこむように、小高い丘にくり抜かれた白亜の競技場があった。

そのときは、ただ一人で佇んでいても広場と競技場が一体となって伝わってくる美しさに感嘆しているだけであった。今でも世界で最も美しい都市造形の一つであるという確信は変わらない。

しかしやがてこの広場と競技場の背後に集積された長い歴史を知るにつれて、単なる視覚的な美意識の享受から、そこに維持されてきた社会性が与える歓びに気づかされるようになった。

古代ギリシャの都市国家において、男性は当然国家を守る戦士であった。戦士は強靱な肉体の持ち主でなければならない。日常的な身体の強化のため、どの地域よりも早く運動競技場の創生が促された。

パナティナイコの競技場は、紀元前からの長い歴史の発祥の地である。その後、紀元

パナティナイコ競技場と広場

一世紀に観客席は五万人の規模を誇っていたという。おそらく何度となくその姿には手が加えられ、変化し続けてきたのであろう。そしてこの現存する競技場は、一八九六年に最初の近代オリンピックが開催された際、アテネにおける主会場として使用されることとなったのだ。

二〇〇四年、二回目のオリンピックでも、主会場ではないがこの会場がふたたび用いられた。開催中、私が見ていたテレビのスクリーン上にパナティナイコの広場が、うれしいことに私が五〇年近く前に撮った写真と寸分違わない姿で現れた。もちろん広場では多くの人々がせわしく動き回っているが、歴史的な姿はまったく変わらない。

パナティナイコ競技場の最も優れている点は、それがつねに――日常的に、市民をはじめここを訪れる者に開かれている施設ということである。競技場に人がいなくても、また彩り鮮やかな衣服をまとった観衆で客席が埋まっていても、さまになっている。

ローマのコロッセウムは、人間と獣の殺し合いを観戦する群衆を隔離するために、厚い壁で囲まれている。今日ある多くの競技場もそうである。現在問題となっている二〇二〇年東京オリンピックのための新国立競技場も例外ではない。年間約五〇日の稼働日数しかないこの施設は、使用されない三〇〇日あまりのあいだ、都民の日常生活とまったく無縁の存在である。厚いコンクリートの壁がそそり立つ、沈黙の巨大な土木架構物にすぎない。また使用されるときですら、近傍とは無縁の群衆が往来する場となり、日常の静けさを破るだろう。

昨年(二〇一四年)六月、サッカーのワールドカップでギリシャと日本が対戦することとなり、接戦の予想が伝えられていた。同じころ、新国立競技場に関するシンポジウムの席上で、私はパナティナイコの競技場と新国立競技場を取り上げ、その日常的な社会性を建築的に比較したとするならば、対戦スコアは四五対〇で日本の負けであると断じた。そしてその四五点は、すべて日本のオウンゴールであると付言した。

歴史を感じさせる建築とは何か。それは、「時」に担保された社会性が発信するメッセージによって決定されるものであろう。

第三走者・阪田誠造

坂倉準三と西澤文隆——二人の走者

阪田誠造と私は同じ昭和三(一九二八)年生まれである。阪田の建築家としての生涯を考えるとき、そのことは重要な視点を与えるのではないかと思う。建築家は、おそらく誰もが時代の精神と、そこから生まれたさまざまな建築の様相を、実体験として記憶の室《むろ》に集積する。同世代であるとは、その室から生まれた思考をときとして共有していることを意味する。

私は阪田の早稲田時代の師が誰であったかは知らない。しかし、卒業後直ちに坂倉準三のアトリエの門を叩いた彼の足跡から、坂倉自身が師であったことは想像に難くない。当時、若手の私にとって坂倉は眩しい建築界の巨匠の一人であった。たまたま義父・松本重治を通じて、国際文化会館(一九五五年)を設計した三人の建築家のうちの一人であった坂倉の知遇を個人的に得ることになる。

三人のうちのもう一人の建築家・前川國男と前後して、昭和の初期、コルビュジエのアトリエで坂倉はその蒼生の時期を過ごす。私のハーヴァード時代の師、ホセ・ルイ・セルトとも同じ時期にコルビュジエのところで知り合ったという。

前川がヨーロッパの建築、その背後にある歴史的文化を語ることが多かったのに対し、坂倉はそうした時期に知り合った、さまざまな人々との出会いをときに惜情も含めて語ることが多かった。後年、七〇年の初めだったであろうか、セルト夫妻による初めての、そしてそれが最後でもあった日本訪問の際、すべての旅程を組んだのは坂倉であった。その旅程の後半で、セルトが不慮の病を得た際の、坂倉夫妻の献身的な世話を身近にみる機会があり、人間坂倉の一面を知ることもできた。

坂倉は一九三七年のパリ万博の「日本館」で、おそらく日本人として初めて世界にその名が知られるようになった近代日本建築家の第一号であった。にもかかわらず前川と同様、建築家としてのこれからという時期に第二次世界大戦に遭遇し、後に続く丹下健三のように華々しい足跡を国際的に残す機会を逸したことは、フランス文化をこよなく愛した彼であっただけに惜しまれてならない。もちろん坂倉は、これから述べるように阪田らとともに鎌倉の神奈川県立近代美術館(一九五一年)をはじめとして、戦後日本の建築界に数々の名作を残し、不朽の地位を築きあげてきており、本人にとって不満のある建築人生ではなかった。ただ、ときに運命のいたずらが我々に訪れることもあるのだと思う。

阪田の生涯をふり返る前にもう一人触れておかなければならないのは、西澤文隆であろう。西澤は阪田の先輩であり、大阪事務所の責任者であったとともに、ときに東京の重要な仕事も担当してきた。坂倉の急逝後、名も新たに「坂倉建築研究所」が設立された。西澤がその代表責任者となるが、たまたま私は、個人的にも西澤文隆を知る機会があった。

そのとき非常に面白く思ったのは、坂倉と同様に、きわめて優れた建築家でありながら、その風格はまったく違っていた点である。おそらく西澤は当時でいえば趣味、教養の深い「文人的建築家」といってもよかった。私が偶然訪れる機会のあった一連の関西の個人住宅等は、かならずしも坂倉事務所の名を冠さなくてもよい、澤文隆個人の作品そのものであった。

彼が生前東京に残した作品のなかでも、長い期間にわたり私がもっとも親しんできたのは、一九七一年にオープンした品川駅前のホテルパシフィック東京であった。たまたま私の家が近くにあり、レストラン、バー、ロビーなどをゆっくり鑑賞することも多かった。つねに驚嘆させられたのは、そのインテリアのデザインが一貫した落着きをもちながら、部分の素材、ディテールを通して、それぞれの空間に絢爛たる変化を与えていたことである。

敷地は起伏に富み、いちばん高いところに設けられた正面玄関から入るメイン・ロビーはホテルオークラ東京(一九六二年)と同様に落ち着いた空間であった。その奥に庭園が展開し、日暮とともにその一刻をカクテル・ラウンジで過ごした。このホテルパシフィックは改装され、ホテルオークラも近く全面的に改修されるときく。昨今、高さだけがデザインのセールス・ポイントであるホテルが多いなか、静かな空間をもった戦後を代表するホテルが次々と消え去っている。世代をともにする阪田と、おそらく惜別の感をわかちあえることだろう。

坂倉事務所のＤＮＡ

ここまでかなりの前置きを坂倉、西澤の二人について費やしてきたが、それは、これから述べる坂倉事務所における阪田誠造を、そして阪田が率いた坂倉事務所を理解していくうえで重要な視点を与えると考えたためである。

阪田が初期に担当した作品に、坂倉の生家のある岐阜の羽島市庁舎(一九五九年)、東京に住む我々にも馴染みの深い横浜のシルクセンター国際貿易観光会館(同年)がある。

これらのプロジェクトから、すでに坂倉が、阪田の並々ならぬ才能を評価していたことが察せられる。なかでも私がとくに注目したいのは、一九六〇年代に始まる坂倉事務所による新宿駅の一連のプロジェクトである。

坂倉が学んだル・コルビュジエは建築設計だけでなく、新しい都市のありかたを考え、数々の野心的な提案を行なったことでもつとに知られている。しかし、坂倉の帰国後に始まる太平洋戦争を経た日本の都市の現実は厳しいものであった。

そのなかで、大阪の難波に始まり東京の渋谷、新宿という鉄道網の二大拠点を中心にひろげられてきた坂倉事務所の一連のプロジェクトは、日本のアーバンデザイン史において特筆されるべき業績であった。

阪田は入所後すぐに始まった渋谷の東急文化会館(一九五七年)から、新宿駅西口広場のプロジェクト(一九六六年)を経て、一九九八年の小田急大通り構想の実現まで、坂倉事務所に在所中、挑戦的な課題がつねに与えられる巨大ターミナルの仕事にかかわり続けてきた。この事実に、一見温厚な風貌の背後に、建築家としての強靱な意思をもっていたことがよく表現されている。

二〇一一年にＵＩＡ(国際建築家連合)東京大会が行なわれたとき、私は多くの海外からの参加者に対しての基調講演で、日本文化の三つの特質——言語・自然・集い——のあり様を取り上げた。集いの場として、とくに近代日本に独特な例といえるのが、駅であり、言語・自然と同様に、「やさしさ」の文化をもっていることを指摘した。

渋谷、新宿のラッシュアワーのすさまじい人の動き、集散を見事にさばく空間は、根本に人間のふるまい、あるいは行動の力学に対する深い知識・経験があって初めて可能になる。それはアーバンデザインの基本原則でもある。ユーザーの、そしてその背後にある社会の欲求にいかに建築家として応えていくかは、坂倉準三に始まる坂倉事務所のＤＮＡであったといってよい。

阪田の都市への愛情はさまざまなかたちで彼の作品にあらわれている。多くの作品のなかから私はとくに次の二つの作品を取り上げたい。

一つはビラ・セレーナ（一九七一年）である。この建物には私の親しい友人の一家族が住み、度々訪れる機会があった。確かに道路面から直接、垂直にくり抜かれたダイナミックなアトリウムから、それぞれのユニットへと到達するアクセスの形式は、通常の集合住宅にないユニークさを誇っている。

しかし私が最も注目するのは、その垂直のアトリウムのコアの四方にぐるりと住居が取り付けられている「かた」である。南面を重視する日本の多くの集合住宅の北側アプローチに見られる表‐裏の形式を排除した、四方が表だという大胆な「かた」の表出である。これは、本来都市の表層とは、裏のないもっと豊かなものでありたいという宣言でもある。

また、階段状の構成は各所にテラスが設けられ、そこにそれぞれ緑も介在する。ある夜、友人宅のテラスから神宮の花火を鑑賞したことが懐しく思い出される。このプロジェクトが発表された七〇年代には、内井昭蔵の桜台コートビレジ（一九七〇年）が建築界で話題となった。建築界にも、新しい集合住宅の「かた」を発見しようという情熱が今より強くあったと思う。

もう一つ私が注目するのは、「S－2計画」の新宿ワシントンホテル(一九八三年)である。多くのオフィスビル、ホテルなどが群居する新宿において、このプロジェクトは文句なしに際立った美しさをもっている。その美しさは何に由来するのだろうか。ワシントンホテルはいわゆるビジネスホテルである。個室の大きさに比例した小さな正方形の窓群が、たんに縦・横だけでなく、斜方向にも直線配列をもつことによって、あたかも空からかけられた白い絨毯(実際は白のラスター・タイル)のように我々の眼前にあらわれる。それは前述のビラ・セレーナとはまったく異なるが、都市の建築がもつべき視覚的豊かさを示している。

東京サレジオ学園——建築哲学の結晶

駆け足で阪田の仕事を追ってきたが、もう一度彼の建築の哲学に戻り、彼にとって建築とは何であったかについて述べてみたい。

彼は、建築にとって重要なのは、空間がそこにいる人間にとって心地よいものであることだ、とする。その心地よさは、空間内を人々が動きまわるとき、あるいは静止しているときにその空間を構成するスケール、素材、光の明暗、ディテールなどが人間の五感に与える総合的なメッセージとして決定されるという。私もまったく同感である。我々建築家は、心地よさを求める普遍的人間像と、それぞれに与えられた時代の条件——文化、場所、また個々の建築のプログラムが規定する特定の人間像の要求、さらにその背後にある広義の社会的要求に、向き合わなければならないのだ。

その見事な結晶が坂倉・西澤亡きあとの坂倉事務所を率いた阪田の東京サレジオ学園(一九八八年)に示されている。同学園は戦火に焼け出された子供たちを保護し、その教育を行なってゆくため戦後すぐに創設されたという。そこを訪れ、また生活する誰にもこの建築はやすらぎと感動を与える。人間が普遍的に求める価値と、カトリックの集団が求める生活の価値がそこに共存しているからである。

たとえば子供たちの住む囲い型の「譲葉舎」を例にとってみよう。切妻屋根と中央の中庭を囲む空間が強く「家」を強調している。それは単なる寄宿舎ではない。そこに暮らす子供たちにとって、中庭に面する居間、それに接続するさまざまな小さい空間は、豊かな家を表徴している。たとえば個室群を繋ぐ廊下は、そこへ入るときに、いったん狭くした結界をつくることによって、個室の集合にアイデンティティが与えられている。こうした心憎いまでの、細かい場所性を強調した配慮がみられる。

このキャンパスの中核をなすドンボスコ記念聖堂は第三期につくられた。外観と内観は、聖堂の筒部分を構成する一二角形の空間の基部の正方形、その周縁に配置された塔、またマリア像をおさめる突出部によって力強く構成され、内外打放しコンクリートによって完結した一つの像がそこにたちあらわれている。

それは豊穣にして、しかし禁欲的な空間であり、一人ひとりの人間が神と対話するのにふさわしい時間と場所を提供している。すべてが直線によって支配された造型のなかに唯一つ、神と人々の座をわける基壇の端部だけに緩やかな曲線が用いられている。その内部空間に私はラ・トゥーレットの修道院(一九六〇年)と同じ凜然とした美しさを見出す。子供の家である譲葉舎の随所にみられる温かさ、聖堂の気高さのアンサンブルがこの学園のスピリットそのものを明快に表示している。そして彼がここで得たカトリック聖堂の知識と経験は、続いて建てられた四谷の聖イグナチオ教会(一九九九年)において、新たな聖堂建築の開花をみせている。

複数の「個」が存在する協同体

阪田は、建築家としてその蒼生の時期から坂倉の薫陶を受け、その坂倉は早くから彼の秀でた才能を認め、担当として数々の重要なプロジェクトを課してきた。阪田は、その坂倉のあとを継いだ西澤とも、幾つかの仕事を通してその建築に親しく触れる機会を得、二人から「柔軟な頭脳と強い意志をもて」と教えられてきたと後に述懐している。

坂倉はパリ万博日本館の設計において輝かしい建築家人生を踏みだすが、決してそのスタイルに生涯固執しようとはしなかったし、阪田自身も坂倉デザインを踏襲する気はなかったといっている。おそらく西澤も同じ思いをもっていたに違いない。この点に、三人のあいだの、稀有なアーキテクトとしての関係を見出せる。

しかし、三者のあいだに共有されたＤＮＡとはどのようなものだったのだろうか。私は次のように推論する。モダニズム建築の根底には、幾何学図案に対する信頼があるが、この三人の幾何学に対する信頼には、それぞれ微妙なズレがある。

その違いを端的にあらわす一つの表現方法として、私は「真(楷)・行・草」ということを思い出す。坂倉のモダニズムは「真」である。鎌倉の神奈川県立近代美術館はまさに真のモダニズムである。それに対し西澤の一連の住居の名作は「草」に相当する。そして阪田のモダニズムは「真」と「草」の中間にある「行」のそれである。たとえば、ワシントンホテルの端部の曲面、サレジオ学園の子供の家は明らかに「真」でも「草」でもない彼独特の「行」のスピリットが表現されている。彼が坂倉事務所の代表であった一九八五年から一五年間の多くの作品も、明快な幾何学の形態が基本にありながら、随所に「行」のスピリットが満ちている。

楷・行・草の書体

いま、リレー競走を想像してみてほしい。坂倉事務所でこの三人の長い助走の時代があった。やがて坂倉が去り、西澤と阪田二人の助走時代が一五年続く。そしてバトンタッチされた阪田独りのマラソンがその後一五年続く。

ここで普通の建築事務所では、あり得ないことも起きている。たとえば西澤や阪田がこの複数の助走時代で、それぞれの名前において数々の建築賞を受けていることである。もちろんそこには厳然とした坂倉事務所の代表という地位が背後にあるけれども、たとえば日本芸術院賞や村野藤吾賞のように個人に与えられる賞には、それぞれ二人が個人の名前において受賞している。西澤が所長を務めた時代には、日本建築学会賞が阪田の個人名で与えられている。それは、坂倉準三が蒔いたおおらかな種がこうしたかたちで開花していることを示している。複数の個人がそのまま存在する協同体。

かつて個人の名前で出発したものの、大きな組織事務所へと変貌し、もはや創始者のアイデンティティのかけらももたない多くの事務所と比較したとき、坂倉事務所のユニークさが改めて浮彫りにされるのだ。

阪田や私の生涯とほぼ同じ年月を経てきた坂倉事務所。西澤以外にも、駒田知彦、長大作など、親しい名前がさまざまな場面とともに私の記憶に刻まれている。

二〇一二年、豊川斎赫による『群像としての丹下研究室』*が出版され、注目を浴びた。誰かが同様に「群像としての坂倉事務所」という本を書いたとき、ここで述べてきた阪田誠造の業績がより明確になり、また何より、二〇世紀を駆け抜けた坂倉事務所という稀有のアトリエ事務所の歴史が明らかにされるであろう。そうした本の出現を期待するのは私だけではないと思う。

* 豊川斎赫『群像としての丹下研究室——戦後日本建築・都市史のメインストリーム』オーム社、二〇一二年。

空間と人間——追悼・宇佐美圭司

初めて宇佐美圭司に会ったのはいつ頃だったろうか。私が長いアメリカ生活に終止符を打って帰国し、建築設計を本格的に日本ではじめたのは一九六五年であった。たまたま日本橋の事務所の前の道を挟んで南画廊があり、やがてオーナーの志水楠男とも親しくなった。そして画家、彫刻家、評論家たちとも。堂本尚郎《ひさお》、飯田善國、東野芳明……私と同年配の者が多かった。といっても、みな四〇代だった。そのなかでも一回り若い画家に宇佐美圭司がいた。彼はまだ二〇代だったかもしれない。しかし初めて彼に会ってから、彼が亡くなるまで、私が最初にもった青年宇佐美圭司の印象は一度も変わることがなかった。

南画廊での折に触れての、夕方からのオープニングパーティーでは、狭い画廊から人々が、まだその頃車も人もあまり多くなかった道にあふれ出ていた。グラス片手に高揚した気分を分かち合った。確かに当時の南画廊は日本の美術界を引っ張っていくエネルギーに満ちていた。それだけに一九七九年の志水楠男の突然の死は彼を知る者にとって衝撃的な出来事であった。その直後、「志水楠男と作家たち」展の折だったか、ぴんと胸を張って彼への訣別の辞を述べる宇佐美の姿は今でも忘れられない。その彼を見て、私は誠実な人だと思った。

宇佐美が重い病を得て、そのなかで実現した大岡信ことば館における二〇一二年の個展は、私にとって彼とのお別れの展覧会になってしまった。その会場の壁面いっぱいに躍るように展開する「大洪水」のキャンバス画にはじまり、画家としての半世紀という時の軌跡を思わせる初期の作品。そして作品のなかに掲げられた彼と妻・爽子の屈託のない笑顔の写真……。

私はここで改めて彼の絵画について語る資格はまったくもたないが、たまたま私が建築家であったゆえに、画家宇佐美圭司との接点でもある「空間と人間」について少し思いを馳せてみたい。

建築とは、与えられた場所の眼前に広がる自然も含めた空間のなかで、いかに人間のふるまいが営まれるかを思考し、その結果としての一つの空間の実現化をはかる仕事である。それだけに宇佐美の初期の作品、建築／反建築がしだいに溶解し、建築の痕跡をまったく残さない描写に至るシリーズは、私のような建築家にとってきわめて興味ある作品群であった。

半世紀後、彼の「大洪水」に始まる一連の作品において、キャンバスに広がる空間は、時空を超えて彼が到達した宇宙空間であり、思考空間といえる。そこでは永劫と死、歓喜と慟哭、そして調和と破壊――が我々人間の周辺には紙一重の差でつねに存在していることを暗示している。

私はやっと最近になって、建築とは「人間とは何か」を探し求める長い旅であることに気がついた。それだけに彼の「空間と人間」を主題とした作品群に私なりに特別の親

ヒルサイドフォーラムの中庭に展示されている「垂直の夢」

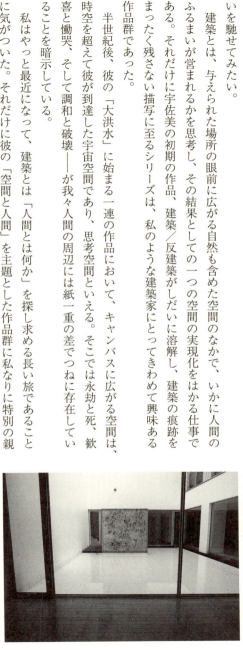

近感を覚えるのである。その彼も、もはやここにはいない。しかしヒルサイドテラス内のフォーラムの一隅にある水の中庭に、ちょうどこの建物が完成した一九九二年に彼に委嘱したモザイク画「垂直の夢」がいつも佇んでいる。

自分のアトリエからさほど遠くないこの場所に、昼に出かけることが少なくない。そのたびに彼と出会えるのだ。「空間と人間」についての彼との対話をこれからも続けていきたいと思う。

朝倉徳道さんを偲んで

私がヒルサイドテラスの第一期計画のことで朝倉さんご一家に初めてお目にかかったのは、一九六七年の春のことであった。当時は朝倉誠一郎さんもまだお元気で、長男の徳道さん、健吾さんも一緒だった。

なぜ私が第一期の建築家候補者として朝倉さんに招ばれることになったかといえば、次のような出会いがあったからだ。

私の妻・操の父である松本重治は、かつて同じ鎌倉の住人で、慶應義塾の経済学部教授の西村輝夫氏と親しかった。その西村教授は徳道さんのゼミの教授でもあった。そして西村教授から朝倉家に、ちょうどハーヴァードで教えていた若い建築家が東京に戻ってきていますよというご紹介があったらしい。

私は六〇年代ワシントン大学、またハーヴァード大学で教鞭をとっていたが、そろそろ日本で設計事務所を開こうと帰国したのが一九六五年であった。

こうした縁でこのヒルサイドテラスの計画にかかわりあうようになったのだが、もう一つの偶然は、朝倉家も槇家もともに、オール慶應族であったということである。したがって徳道さんが幼稚舎では私の三年後輩であることもすぐわかったし、次男の健吾さんも含めて我々が同時代の慶應ボーイであったということが、この後、私と朝倉家のあいだの半世紀を超える深い関係を維持していくうえで重要な絆であったと今でも思っている。

第一期から約二五年が経った頃、ヒルサイドテラスはハーヴァード大学から最も優れた都市デザインの一つとして、Prince of Wales Prize in Urban Design 賞を受けることになった。そのとき、ちょうど徳道さんの長男・陽保氏がハーヴァード大学のビジネススクールに在学中で、授賞式にも出ていただいたが、そのとき私は、もしも一九六五年にハーヴァード大学を退職していなかったら、あるいは私が現在の妻と結婚していなかったら、今日この授賞式に出席することはなかったのではないかという謝辞をのべたことを今でも覚えている。

ここで話を徳道さんに戻そう。

誠一郎さん没後、朝倉不動産の運営は長男の徳道さん、次男の健吾さんに委ねられることになる。私がみるところでは、徳道さんの静、健吾さんの動というかたちで徳道さんが亡くなられる二〇一六年まで、実に見事にこの二人のコンビが朝倉家を中心とするさまざまな事業を運営されてきたと思う。

行動派の健吾さんがまとめるかたちでもってきたさまざまな案件を、徳道さんとお二人で決められていったのではなかろうか。

徳道さんは経済学部出身であったが、事業家というより、むしろ文化人であった。それを象徴する事柄として、一九八三年頃に、ヒルサイドテラスの第一期と第二期のあいだの駐車場の地下に多目的ホールをつくるという計画がもちあがったとき、いち早くここで音楽会も、と希望を出されたのは徳道さんであった。そのために、ホールの音響、控室のありかた、グランドピアノが持込み可能な大型リフト等を当初からホールの設計に盛り込むことができたのだ。

完成後、徳道さんの大学時代から交友のあったフルート演奏者・峰岸壮一さんの紹介によって、当時アメリカのボストンで活躍していたヴァイオリニスト・原田幸一郎さんの長年の希望でもあった日本での拠点づくりがスタートする。それも、朝倉家とこのホールとの出会いがきっかけであったのである。私も数えきれないほどその演奏会に招ばれてきたが、演奏会のたび、美子夫人とともに会場で知人と談笑される徳道さんの晴々とした姿が今でも忘れられない。

かつて第三期が完成した一九七〇年代、私と健吾さんとが語り合い、その後のヒルサイドテラスを、ささやかではあるが文化発信の拠点にしていきたいという考えを話したときも、徳道さんからは強い賛同をいただいた。このことが、その後、第六期に完成したヒルサイドフォーラムを中心としたアートギャラリー活動の展開、また、A棟のアートフロントギャラリーを主宰する北川フラムさんの後押しもあって、一九九八年にメセナ大賞を受賞する出発点となったのである。ここで重要なことは、フォーラムもプラザも、そして第四期の元倉眞琴さんの設計になる施設等も、すべて別の主体に運営を委託することなく、ときに事業に波風があっても、数十年にわたって朝倉不動産が直接運営に携わってきたということである。

最後にもう一つ、つけ加えておかなければならないことがある。数年前、小冊子『代官山ヒルサイドテラス通信』が発刊されることになった。そこでの徳道さんによる「代

ヒルサイドギャラリーの展示空間と融合したカフェ

官山界隈道しるべ」という連載は、主として代官山の地誌として始まり、しだいにそのトピックの幅をひろげていったユニークなエッセイであった。簡潔な文章のなかに太字で抜き出された固有名詞群の背後には、注意深くその調査・考証がなされた跡が感じられる。先日健吾さんにお会いしたとき、「兄は歴史学者になりたかったんです」とおっしゃっていた。

対象地域こそ限定されているが、健吾さんの言葉を裏づけるような、そこに一つの歴史が浮かび上がってくる文章であった。このような滋味あふれる文章に二度と触れることのできない一抹の淋しさを感じるのだ。

Ⅳ　東京　ヒューマンな都市づくり

都市のＤＮＡ

都市にはそれぞれ固有のＤＮＡが存在するのだろうか。

都市とは、それがおかれた自然、地勢、歴史そしてそこに居住し、働く人間集団のふるまいの総体であるかと問われたなら、答えは当然イエスである。しかしそれが何であるかをひとことで指摘することは大変に難しい。

東京は私が生まれ、育ち、現在も住んでいるまちであるので、東京のＤＮＡとは何かということについて少し考えてみたい。

この一年のあいだにヨーロッパ、北米、またアジアの幾つかの大都市を訪れる機会があった。東京は、一三〇〇万人の居住人口をもった世界有数のメガロポリスでありながら、あくまで相対的にではあるが「穏やかさ」を維持している数少ない都市の一つでないかという思いが強い。

もちろん私が子供時代を過ごした東京は、もっと緑が深く、静かなまちであったことはいうまでもない。分散され、矮小化された穏やかさではあるが、そのスピリットは近代化された現在でもなお、そこここに息づいていると思う。

ジャカルタ、ダッカ、あるいはデリーの国際空港から夕刻都心のホテルに向かう。赤信号が少ない都市の周縁地区では、自動車、バイク、リキシャ、また横断歩行者の交錯に伴って、けたたましいホーンが間断なく鳴り響く。到着時刻はまったく予測できない。後部座席にいる私はそれだけでも疲れてしまうのだ。

東京に長く住み、しかし海外渡航の多い外国人にこの話をしたら、彼も成田空港に到着するとホッとするといっていた。

穏やかさはまちの細やかさとも密接に関連している。明治維新の際にも、多くの武家屋敷、寺町、あるいは町人町ですら、道路拡張、地域の統合を合理的に進めることをせず、人口のプレッシャーにはむしろ内部への細分化によって対応してきたことがよく知られている。

さらに世界に類をみない高速鉄道網、地下鉄のネットワークが細粒都市化に呼応して実現していった。細粒都市というのは細部の空間のしつらえ、表現への心遣いにもあらわれる。巨視的にみれば混沌に近いこのまちも、歩いているとあまり疲れない。シャンゼリゼよりも、丸の内仲通りを歩くほうがずっとたのしい。

東京といわず、日本人の細部へのこだわりは、日本語独特の漢字と仮名の併用による多様な表現形態と繋がっている。

そしてその穏やかさは、これも相対的にではあるが、まちの安全性によって保障されていることが多い。今日、テロに脅かされている都市、たとえばインドのムンバイの五つ星ホテルでは、車の進入口でまずトランクがチェックされ、そこを訪れる者の所持品は玄関で映像チェックがある。国際空港のセキュリティ並みである。

私が最近設計した北千住駅に近接する東京電機大学のキャンパスは、大学と足立区との話し合いにより二四時間、ゲートも門もないオープンなキャンパスとなった。ときに近くの保育園の先生が園児を連れてやってくる。大学のキャンパスで嬉々として遊ぶ子供たちがつくりだす光景は、東京というまちの穏やかさ、安全性を映しだしている。

もちろん、東京という大都市もつねに変貌を強いられている。そこに暮らす一人ひとりの人間は、自らの、また周辺でのさまざまなふるまいによってつくりだされる「優しさ」をつねに感じていることだろう。だが、そのふるまいの総体が「穏やかさ」というDNAを維持していることに気づいている人はあんがい少ない。高齢化の進む東京では、穏やかさの維持ということがこれからの都市経営における重要な視点を与えているのではないだろうか。

東京電機大学東京千住キャンパスで

細粒都市東京とその将来像

ニューヨーク、ロンドン、パリ、メキシコシティ、あるいはデリーなど、これらの都市はそれぞれ他にはない特徴をもっている。東京も例外ではない。

上述の各都市の中心部や水際の領域だけをみるならば、すでにスペインの地理学者フランセスク・ムニョス・ラミレスが著書『俗都市化』[*1]で指摘しているように、資本のグローバリゼーションによって、きわめて相似化した超高層建築群を発見できる。

しかしそれぞれの都市は特有のDNAをもち、それが今日の姿にもあらわれている。新都市でないかぎり、遺産としてのDNAが完全に消失した都市はない。なぜなら都市の姿は、その上に形成された地域文化の総体であるからである。

それでは東京のDNAとは一体何であったのだろうか。

当然、今日の東京は、その中心部と一部郊外に、江戸のDNAを強く引き継いできている。江戸城を中心に武家屋敷、寺町が周辺の地形に沿ってつくられた。下町の商業地は、平坦な土地を利用したグリッド・システムを形成し、それらを連結する主要道路は中心から四方にのびた街道筋群であった。

江戸は、一八世紀には世界でいち早く人口一〇〇万に達した大都市であり、同時に多

＊1　フランセスク・ムニョス前掲書（本書一一三頁注参照）。

くの緑に覆われた他に類をみないガーデンシティでもあった。

その後、明治維新、日本の近代化、京都から東京への首都移転等は東京の急速な人口膨張と、生活のあらゆる面における変革をもたらした。都市構造の核の一つ、道路網の整備をとっても、そこに江戸から東京への変革の特徴をみることができる。**図1**のように、大名屋敷の敷地、町人町の街区はすべて内へ向かって細分化され、日本人は、ヨーロッパ型の都市形成を畏敬したものの、さまざまな理由でそれを遂行することはなかった。ヘルマン・エンデやヴィルヘルム・ベックマンの壮大なバロック形式による中心部改造計画は、まったく日の目をみなかった。人の移動や物資の輸送に不可欠な幹線道路の整備も、地震、戦争等の外的圧力があったときのみ大規模に行なわれ、やっと今日の状態に達している。

一方、鉄道の普及、進歩には目覚ましいものがあった。私は今日の東京の骨格は、山手線、中央線の完成によるとみている。その後、各駅を起点とする鉄道網、郊外電鉄、さらに環状線内の地下鉄網の拡充により、濃密な輸送機関ネットワークが築かれたのである。正確、安全、清潔さといった点での高度なサービスも同時に洗練されていった。

一九世紀の、ナポレオン三世統治下のパリでオスマンが完成させた都市像は、焦点と視線のネットワーク、そして数々のモニュメンタルな場所によって築かれた。江戸では高地に場所としての格が与えられ、低地の格は低かった。上述の山手線、中央線は土地価格の低い低地、谷間を最大限利用して敷設された。美意識を中心に形成された都市・パリと、利便性を課題としてつくられた都市・東京の興味深い対比がある。

しかし都市のDNAは、人間の身体と同じように、かならず正負両方の遺産を次の世代へと受け渡してゆく。むろん時代によってその評価も変わる。利便性を目的につくら

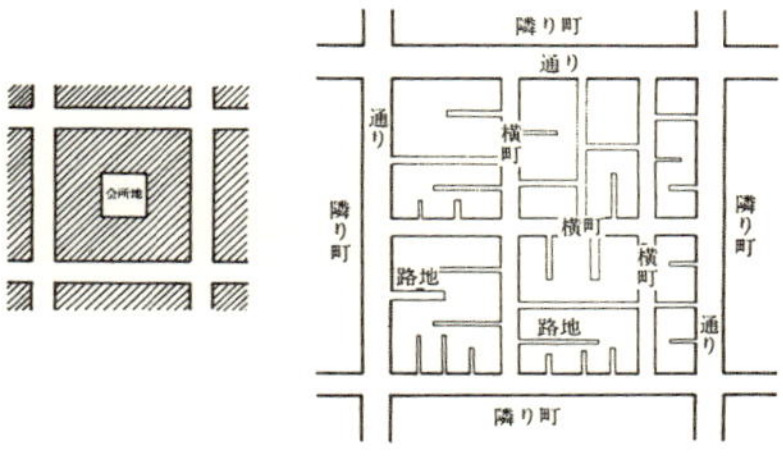

図1　町人町(右)、大名屋敷(左)

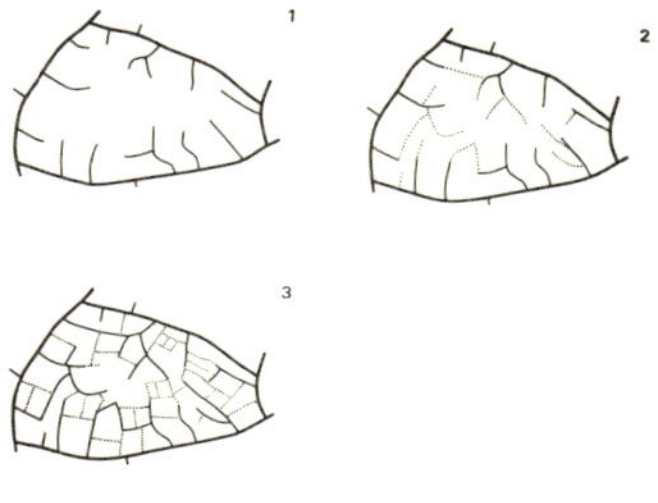

れた鉄道網とその拠点の駅を中心とする地域に、今日、高い不動産価値があるとされる。

また、広い道路幅に沿った領域の容積率は高く、狭いところは低容積率とする都市計画法によって、特異な三次元の都市景観がつくりだされてきた。当然、住居やさまざまな都市活動の機能も、それにしたがってダイナミックに変化してきた。しかし特別な歴史・文化的拠点群は「定点」として持続されていくものが多かったことにも注目しなければならない。東京のように明治初期から細分化された都市の生活、活動網は、大規模開発された地域を除けば、そのまま細粒都市網として存続し、それがいわば生活の呼吸源として現在も機能している。

同時に見逃してならないのは、東京では大中小さまざまなスケールの建築群の間断なき普請——新築・改修も含めて——が街中で行なわれていることである。都市景観とは、好ましき形態上の秩序をもった建築群が一定区域において存在する状態を指している。だが都市は細粒化すればするほど、その建築群もまたヘテロなものの集合にならざるを得なくなる。そして、景観上それを厳格に規制することも困難となる。視覚的秩序が、視る者の感性に対する満足度として測られるとするならば、ここでは巨視的あるいは長視的な秩序感は後退し、むしろ短視的秩序感が拡充されなければならないといえる。換言するなら、一つひとつの建物の、まちに対する配慮、工夫が面白ければよいということになる。

たとえば毎日同じところを散歩する者にとっては、ヘテロな要素の集合は、単調な景観秩序によって統合された街並みを歩くよりもたのしい。食物と同じで、その土地独特のまちの親しみ方が存在する。

幸い人間は本来きわめて柔軟な動物であり、郷に入れば郷に従えという格言は都市の住み方についてもいえる。細粒都市における緑化の取り組みは東京のいたるところで行なわれ、それを発見していくことでも散歩者の目を飽きさせない。東京は四季に応じたさまざまな緑化が可能な地域でもある。

穏やかさと静かさ

広井良典は『コミュニティを問いなおす』[*2]で、日本の稲作を中心とした農村社会の小集団のなかで形成される人々の関係性のありかたとして、和辻哲郎の『風土』[*3]に言及しながら、「思いやり」「控え目」「いたわり」といったふるまい、心遣いが発達したと述べている。長期にわたって農村から人口が流入したり、あるいは参勤交代制を通じて農村のDNAが大都会でも培われたりして、それらのメンタリティが長期にわたって江戸で維持されていったことは想像に難くない。

特有の穏やかさは先に述べた細粒都市の空間特性に由来するとも考えられる。シドニー大学名誉教授で都市史・都市デザインを専門とするバリー・シェルトンは『日本の都市から学ぶこと』[*4]のなかで、名古屋市の典型的な大街区の都市形態を分析している（図2）。これは東京にもまったく当てはまるケースである。すなわち、先に述べたように広い道路に面した容積率の高いところに、帯状に高層建築が並んでいるが、その内側の狭い道路に面する街区は低層の建物の地域が広がっている。

さまざまなかたちで住み分けのシステムが発達している他国のメトロポリスと異なって、東京の多くの旧市街地で、都市の「動」を象徴する帯状の高密度地域のすぐ裏側で、「静」を代表する地域が存在している。したがってまち全体の穏やかさはこうした〝一歩入れば〟という静の空間への近接感にも帰するところが多い。

＊2　広井良典『コミュニティを問いなおす――つながり・都市・日本社会の未来』ちくま新書、二〇〇九年。
＊3　和辻哲郎前掲書（本書一六六頁注参照）。
＊4　バリー・シェルトン、片木篤訳『日本の都市から学ぶこと――西洋から見た日本の都市デザイン』鹿島出版会、二〇一四年。

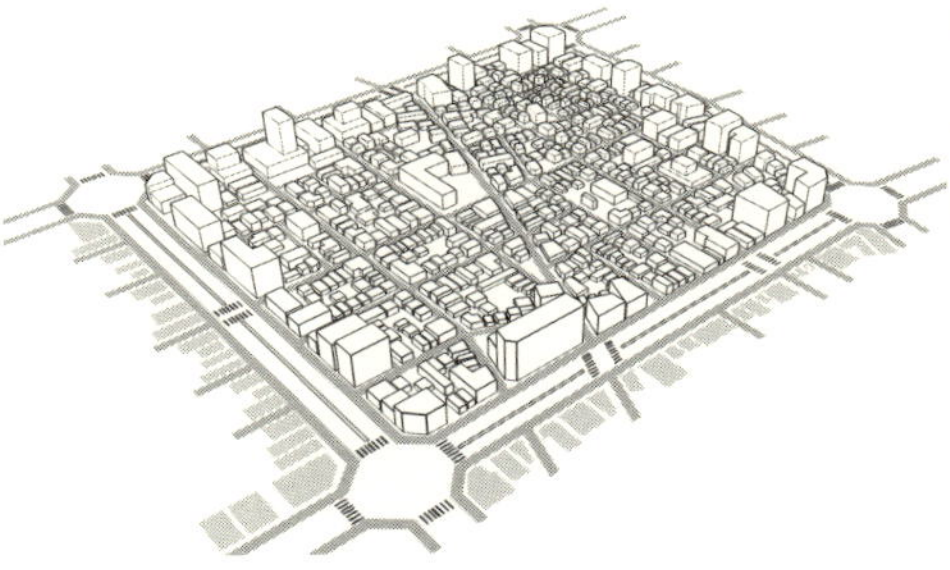

図2　大街区のモデル化

それだけに東京湾に沿い埋め立てられた新市街地の多くはその容積率が高く、均質であるために、歩いていても、東京であることを感じさせない地域が多い。広い道路と高密度＝高層の住居、あるいはオフィス群がつくり出す景色がひろがっている。それは国内外のどこにでもある都市風景だが、我々の知っている東京ではないかもしれない。江戸→東京のDNAはもはやそこには存在していないということだ。無機的な都市景観。

次に、東京あるいは日本の大都市に関して特記しておきたいのは、その都市としての安全性である。

最も身近な例を挙げよう。私の事務所のあるヒルサイドウエストでは、朝倉不動産の昔から所有していた住宅地が、**図3**にあるように、旧山手通り沿いの一つ裏側の低地の道路にのみ接していた。ところが一九九〇年頃、旧山手通りに面していて、もとの住宅地と数メートルの幅で接する敷地を彼らが購入することになった。こうして二つの土地の接続が可能になり、旧山手通りと坂下の既存道路にまたがる開発が行なわれた。我々は二つの道路を結ぶ、一部内部化されたパサージュをデザインした。そこは早朝から夜一〇時まではフリーな——つまり誰もが通行可能なパサージュである。建物の上下を繋ぐエレベーターも、このパサージュに面している。こうしたつくりは、常時警備員がいなければならないニューヨークのオフィスビルやマンションなどでは考えられない。だが築後二〇年を経て何の問題も起きていないのだ。

都市が安全であるということは、多くの人に開放されていることも意味する。我々が手がけ、二〇一二年にオープンした東京電機大学東京千住キャンパスには、ゲートも塀もなく、一、二階までは一般の人々がキャンパス内を一日中横断できる。その結果、キャンパス広場に、付近の幼稚園の先生が園児を連れてきて、そこで遊ばせるという風景

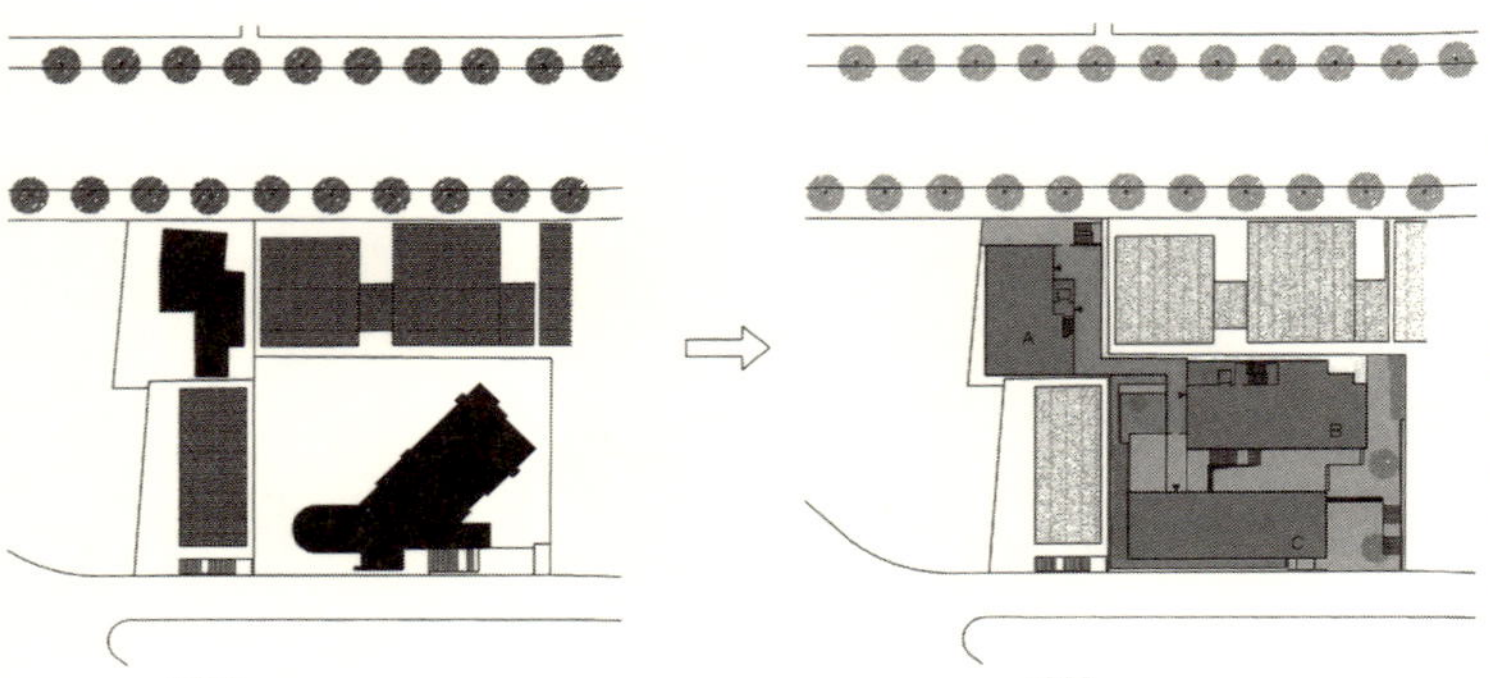

図3 ヒルサイドウエストのプラン

に遭遇することもある。もちろんこの状況がこれからも続く保証はないが、安全な都市として誇れるべきものを日本の都市はたくさん有している。安全はまた静けさを保証するものでもある。

日常生活圏で得られる歓び

当然、日本の都市はさまざまな負の遺産、そして課題を多く抱えている。なかでも最大の問題は、少子高齢化、人口減少に伴う税収の減少による、適正な社会政策施行の困難性にあるといえるだろう。これらを論じることは本論の目的ではないし、他の識者の論考にまかせるとして、私の象徴的な経験を紹介しておきたい。

私は二〇年近く前、横浜市にコミュニティセンター（横浜市篠原地区センター・地域ケアプラザ、一九九七年）を設計したが、最近、近くまで行く機会があり、どのように利用されているかを知りたく、夕方にセンターを訪れた。

体育室では何人かの人々がバドミントンに興じ、少数ながら図書室で静かに本を読む人もいた。ここまでは予想内であったが、最後に案内された四、五十人用のケアプラザはほぼ満室であった。案内してくれた介護士の説明では、この日の利用者の平均年齢は九三歳、そのうち七〇パーセントの人は認知症であるとのことであった。彼らは自宅からセンターのマイクロバスで door to door service を受ける。一〇時から四時まで、センターでの昼食つき、希望があれば大浴場での入浴や、ときにカラオケに興ずることもあるという。これがすでに二〇一五年の現実なのである。

かつてヴィトルヴィウスは、建築の三大原則として〈用・強・美〉を謳った。そのうち、venustas とは実は美ではなく歓びではないかという見方がでてきていることはすでに述べたが、私見ではそれは美であり、また歓びでもある。美はとくに建築の姿に対して与えられ、歓びは空間が与える場合が多いのではないかと思う。

ヴィトルヴィウスのいう建築における三大価値は、そのまま都市にも当てはまるのだろうか。都市の〈強〉とは地震も含む自然災害に対する強さであるといえ、〈用〉とは利便性、たとえば日常生活圏において歩行距離内で必要な行為を済ませられる充足度、あるいは東京のように約束した時間に人に会うことができる交通網の整備度、また安全性もこのなかに含んでよいだろう。

そして都市の本質の一つとして venustas があるとすれば、それは、多くの人にとって空間、とくに日常生活圏のなかで都市空間が、どのくらい歓びを与えるものであるかという問いに対する答えでもある。

東京に住む人々がもつ東京のイメージはさまざまだ。一〇〇万人の人にとって、一〇〇万の都市のイメージが存在する。彼らの都市のイメージはそれではどのように構成されているのだろうか。まず、彼らの日常的生活圏がつくりだすイメージ。その次に、ときに訪れる非日常的生活圏のイメージ、さらに新聞、テレビ、あるいはソーシャルメディアからつくられるイメージ、その総体であるといってよい。

日常的生活圏はそのイメージのなかでも固有で、重要である。都市が与える歓びとは、彼らの日常生活圏のなかで得る歓びがその中核をなす。なぜなら都市に住もうと、あるいは田園に住もうと、ルーティンすなわち繰り返しのふるまいが、人々にとって歓びの源泉だからである。今日もつつがなく、予想していたルーティンの行動を終えられたか否かが重要なのだ。それは旅行者が期待する非日常的体験の集積から得る快楽とは対照的である。都市空間やその姿は、そこに近接して行動する人々にとって、優しく、心地よいものでなければならない。幸い細粒都市東京はさまざまなかたちで、人々のかかわりあいを――たとえば緑化一つにしても与えてくれるであろうし、また積極的にそうしたかかわりを刺激するものであってほしい。

そうした「参加への欲望」は多くの人々が潜在的にもっていることが多い。したがってこれからの都市では、たとえば、公共のオープンスペースであれば住民参加型の広場が必要となるだろう。将来の東京では、すでに指摘しているように、多くのパブリック施設（学校も含めて）で利用者減少、あるいは維持管理困難となるものが増大するとみられる。そのとき、その一部を住民参加型の広場にしていくことも一つの可能性として考えられるのではないか。

我々は現在、建築からでなく、広場群を核とする都市を形成し得ないかと考えている。歓びということを都市空間のテーマとして掲げれば、そのありかたには無限の可能性が、マクロ・ミクロ両方のレベルで広がっている。

新しい都市の象徴

もしもあなたの都市の象徴とは何ですか、そしてなぜそれなのですか、という質問を各国の人々に尋ねたら、おそらくさまざまな答えが返ってくるであろう。たとえばバルセロナであればサグラダ・ファミリア、パリであればルーヴル宮とコンコルド広場。それでは東京では何かといえば、皇居と皇居前広場ではないか。ロンドンでも、ハイドパークとバッキンガム宮殿はまったく別ものなのである。

このような都市の象徴とは全市民にとっての「誇り」であり、その誇りが歓びでもあるのだ。歴史的な大聖堂、モスク、宮殿あるいは近代図書館、美術館、競技施設、鉄道駅などその誇りの象徴といえるものは枚挙にいとまがない。それらは市民の日常的空間、あるいは非日常的空間の核を形成している。しかし、都市の象徴は歴史的な景観を維持するだけではない。

それでは新しい都市の象徴とは何であろうか。

ここに二つの興味深い事例がある。一つはニューヨークのダウンタウン、ハドソン河の流域近くに出現したハイラインである。ハイラインは廃線となった貨物鉄道の跡地、高架線をそのまま長さ二、三キロの歩道空間とし、現在、ニューヨークで最も愛されている憩いの道でもある。たった数メートル上っただけで、そこから展開する周辺の眺望が、地面からのそれとはまったく異なった新鮮なものに映るということは、我々もよく経験する。そしてこのハイラインに触発され、周辺ではさまざまな新しい開発が進められている。

もう一つの例は、ボストンの中心部を貫く高架道路が廃止され、二・四兆円規模の地下道――いわゆる「Big Dig」プロジェクトが二〇〇七年に実現し、地下道の上部にオープンスペースが獲得されたことである。そこでは公園に、あるいは道路に対する荷重が許すかぎり、パビリオン的な建物の設置が許され、ハイラインと同様の、歩行者専用空間へと変貌した。

私はかつて *Investigations in Collective Form*[＊5]（「集合体の研究」）において、ル・コルビユジエのアルジェリア計画と丹下健三の「東京計画1960」をメガストラクチャーの例として挙げた。そこでは人工的な骨格が長期にわたり存在し、その骨格に、よりマイナーな都市施設の要素が加わってゆくという当時における未来像の一つが示されている。しかし道路や鉄道のようなインフラの一部はこの半世紀のあいだに姿を消し、逆に、私

＊5　Fumihiko Maki 前掲書（本書四二頁注参照）。

が「Another Utopia」[*6]において提唱している都市のオープンスペースに変貌しつつある。しかも都市の新しいイメージ・メーカーとして。これは時代あるいは時が示す歴史のアイロニーともいえる。

*6　本書五四頁以下参照。

ミニコミュニティ・プランニング――明日の東京と建築家

具体的な「予測」の重要性

現在、東京都の人口は一三〇〇万人を超える。そして二三区のうち人口五〇万人を超える区は八区ある。最大の人口を抱える世田谷区では、住民数がすでに九〇万人に近く、この後さらに一〇万人増えれば政令指定都市にも匹敵する巨大な区となる。このことを多くの都民は知っているのだろうか。

最近メディアを通じて日本の人口減少、高齢化について毎日のように伝えられている。だが、これらの数字はきわめて包括的なもので、いったい三〇年後、東京のそれぞれの地域はどうなるのだろうか。どのような問題が起き、どうすれば調整し得るのか。これらに関する具体的な情報はほとんどない状態であるといってよい。

新聞やテレビで我々が共有するニュースとは、あの地域の高速道路が一部地下化されたとか、どこが経済特区に指定されたとか、あそこに大きな建物ができたといった、我々の日常生活には直接関係のないものばかりである。

次の一五年、二〇年、三〇年のあいだに、東京に住む多くの人々の生活環境がどのように具体的に変化していくのか、こうした予測に関する情報を充実させてゆくことは、行政でも民間でも、急務であると私は考える。そのためには、「細粒都市」東京の文字どおり相当細分化された地域をみていかなければならない。人口二、三万人規模の、まとまりのある地域を対象に、そこに住む人々に関する細かいデータ、とくに将来的な定住、移動(希望と必然性)を含む予測情報が必要になる。もちろん、地域内でのテリトリアンの動態も含めてである。

昨今、統計の力はたんに現在をあらわすだけでなく、過去の歴史を、また未来を予測するうえでますます重要視されている。とはいえ、その統計データを読み、考える力が存在しなければならない。その好例が藻谷浩介による『デフレの正体』[*1]である。著者は人口の波をパラメータとして経済――とくにその付加価値性、内需と外需、地域格差などの問題に対して、我々のもつ誤った常識を縦横無尽に斬ってみせている。

しかし、私がここで提案している地域計画とは、そうした統計の動態から予測される地域の住まい、公共施設の動向に加えて、統計処理の対象外である、地勢も含めた特有の場所性を踏まえたものである。つまり、より地域の人々の生活に密着した動向のプランニングをさしている。

*1 藻谷浩介『デフレの正体――経済は「人口の波」で動く』角川新書、二〇一〇年。

新しいコミュニティ・プランの創造

ここで提案するコミュニティ・プランの第一の特色は、従来のさまざまな都市計画上の法規制と異なって、あくまでその地域の現状、そして予測される将来に対するレファレンスとして、現在の問題点や、今後の可能性を空間的に示唆するものであるということだ。また将来、保存すべきもの、あるいは法制化してゆきたいルールの方向を示そうとするものでもある。したがって、その活用は状況に応じてきわめて柔軟性のあるものとなるだろう。

第二の特色は、その地域の住民参加から生まれるコミュニティ・プランづくりであることにある。従来の行政機関、有識者、また専門家による法規制や規制緩和のためのプランと異なって、このプランはあくまで行政、そして住民が、地域全体の理解を深めてゆくためのものである。統計に関して行政機関と統計処理の専門家のサポートは必要であるが、総合的なさまざまな要素の空間化、関係づけについては都市・建築の専門家、市民の協同作業で行なわれる。

急速に高齢化の進む東京では、リタイアした教育者、行政職、その他の多くの専門職域にあった人々のボランティアサービスも十分期待できる。建築系の大学も数多く存在し、実地調査人員には事欠かないであろう。したがって、行政機関は、このコミュニティ・プランづくりや組織の運営に一切責任を負う必要はない。

持続可能な地域、コミュニティといっても、どこからはじめていいかわからないという地域や人は少なくないだろう。そのために、東京の幾つか相異なる(たとえば下町、山手、都心地区など)二、三の代表地域をとりあげ、一、二年かけて建築家、都市計画家、統計専門家、有志の住民たちによってモデルプランをつくってはどうか。そして、そのプランを一般公開して、パブリックな議論の対象にする。こうしたことがコミュニティ・プランを拡大再生産していくうえで最も効果的だと思われる。さまざまな点について当然生ずるであろう反対、あるいは異なった意見の併記、オプションの提示も許される計画案である。

さらに統計資料は最終的には区単位、また都全体の動態把握の一助になることも期待される。こうした「ミニコミュニティ・プラン」の集合が東京の将来をより明確に示唆し、都民の希望も反映したものとなることは間違いない。

代官山のまちづくりをめぐって

私がヒルサイドテラスとウエスト(一九六九―一九九八年)の仕事を終えてから約二〇年が経過している。この仕事は幾つかのフェイズを重ねてゆっくりと実現していったために、そのあいだにここに住む人、働く人、また、このプロジェクトのオーナーを中心とした集まりが自然に形成されていった。それが今日の「代官山ステキなまちづくり協議会」に繋がっている。会員数は一〇〇名を超え、ヒルサイドテラスのある代官山の猿楽町周辺にかぎらず、まったく離れたところに住む人も参加している。

会の目的は、ヒルサイドテラスが面した旧山手通り、八幡通りを軸に、この辺り一帯のまちとしての姿をよりよくすることである。活動内容には、周辺に起こりつつある新しい建設事業に対する異議申し立ても含まれる。

図は、この会がここ十数年間関与してきた物件を示している。

この会の提案が、この地域にとってよりよい方向に実現していったと思われるものの具体的な例として、①旧朝倉邸とその庭園が重要文化財の指定を受け、その後パブリックに開放された施設となったこと、②旧山手通りと八幡通りの交差点の陸橋廃止の決定、③代官山T-SITE(蔦屋書店)の開発にあたっての旧山手通りに接する部分の樹木群の保持、④乗泉寺地区に当初予定されていた超高層集合住宅の低層化などが挙げられる。

もちろん、すべてが会の希望どおりに進んだわけではなく、むしろ、会の目的を果たし得なかったケースのほうがはるかに多い。それでもこの地区の開発を目的とする人々にとって、会の存在が心理的抑止力として働いていることは事実であろう。

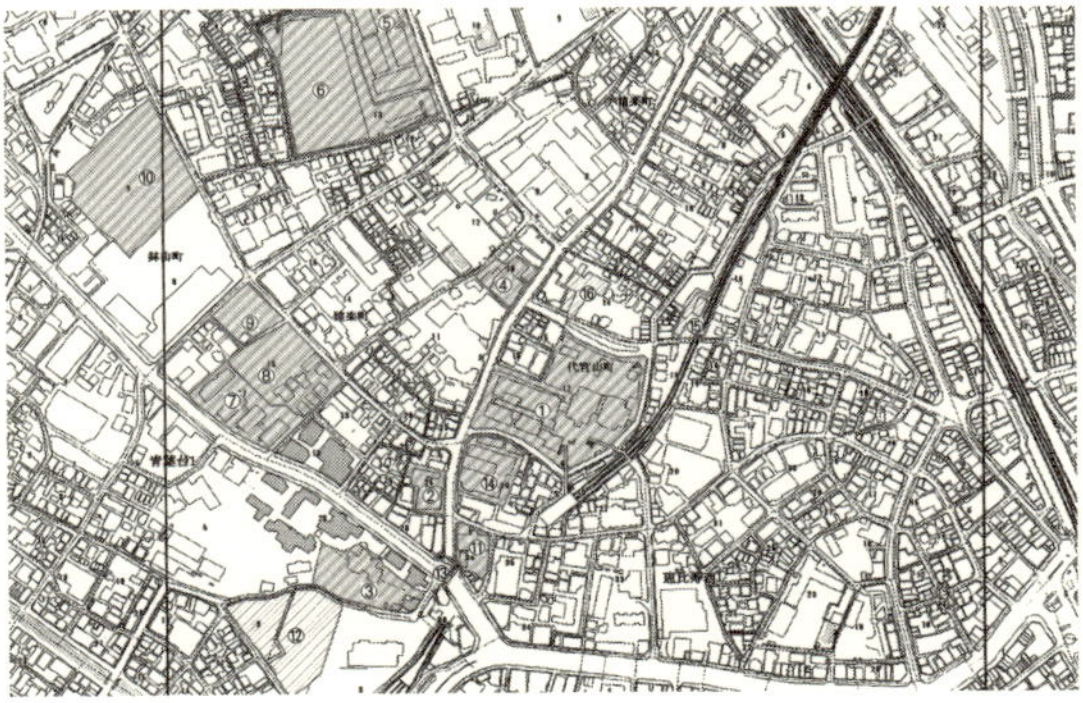

代官山ステキなまちづくり協議会がかかわってきた地域の物件

さらに渋谷区に仕事場を設けている設計事務所の有志によって、ＪＩＡ（日本建築家協会）渋谷地域会が形成されている。会員数は約六〇名、主な活動は定期的な会合以外に、渋谷区の地形研究、防災研究、探索トレッキングなどである。そのうち複数の建築家が代官山ステキなまちづくり協議会にも参加している。

こうした組織が、東京全体でみたときにどのくらい存在しているかはわからない。しかし、東京のような大都市でも、地域の住民、とりわけ定住住民層が、さまざまなかたちでまちにいっそうの関心と理解をもち、その運動をひろげていくことは、都市の将来をよりよくするための必要条件であると考えている。

建築家に求められるもの

日本の建築文化の特徴の一つとしての「穏やかさ」は、どのように形成されているのだろうか。私は二〇一一年のＵＩＡ（国際建築家連合）東京大会の基調講演で、平仮名と漢字の両方が用いられる言語において、理性と感性のキャッチボールが間断なく行なわれていることが空間処理のありかたに影響をもたらす一つの要因ではないかと推察した。シドニー大学名誉教授のバリー・シェルトン氏も、『日本の都市から学ぶこと』[*2]において、やはり仮名と漢字の併用言語文化から、日本特有の都市建築のありかたを解読しようと試みている。かつて西洋人によって日本の建築がもう一度見直されたように、「カオス」というかたちでしか表現されてこなかった日本の都市を、もっとポジティブに理解しようとする気運が高まっているのではないか。

景観法も結構だが、それぞれの都市の特徴をよりよく理解したうえでのまちづくり、そして一つひとつの建築デザインへの応用が求められている。そうした点でも建築家た

＊2　バリー・シェルトン前掲書（本書一九九頁注参照）。

ちが前述した地域のコミュニティ・プラン作成へ参加することは重要な意味をもつ。

大都市、中小都市、農村を問わず、若者の流出をいかにふせぐかが現在の日本の緊急課題であることは、多くの識者に指摘されている。ちょうど廃墟と化した太平洋戦争後の日本の都市の緊急課題が住宅と教育施設の再建であったように、いま、日本の都市が直面している問題は、そこに住む人々の人生におけるさまざまなフェイズにきちんと対応した住居環境を整備することにあるのはいうまでもない。

私のみるかぎり、日本の現代建築のレベルは、どの国に比しても高いと思う。『JIA建築年鑑2013』[*3]に収録された多くの作品に接すると、これだけの水準のものがこの一年間に生まれたのかと感じる。こうした建築家たちの才能が、日本が直面する上記の問題の解決に役立ってゆくことを希望してやまない。都市（あるいは集落）から建築を、建築から都市をつねに考えていく作法を我々は身につけなければならないと思う。

＊3　日本建築家協会『現代日本の建築家　JIA建築年鑑2013』建築画報社、二〇一四年。

都市に潜在する情景

ヒルサイドテラスの第一期が完成した一九六〇年代の終わりから一〇年ほど経ったころ、施主である朝倉さんたちと私のあいだで、ヒルサイドテラスをたんに店舗と住居の集合空間とするだけでなく、今後ここから建築、アート、音楽など、より広い文化活動の発信拠点として構築していこうという話し合いがもたれた。結果として、その後つくられたヒルサイドプラザ、フォーラムを中心に多くの文化活動が行なわれている。

何よりも心強かったのは、第一期の敷地の一角に北川フラムさんのアートフロントギャラリーが移ってこられたことであった。そしてヒルサイドテラスの誕生三〇周年を記念して、北川フラムさんにも参加していただき、ヒルサイドテラスだけでなく、周辺の代官山地域を対象にしたアートインスタレーションの公募を隔年で行なってはどうかと話し合った。

その最初の試みが、二〇世紀の終わり、一九九九年の秋に実現した。幸いにも多くの参加者を得て、その結果はメディアによって広く知られるところとなった。

私自身はこのヒルサイドテラスとその周辺が、住む人、あるいは訪れる人にとってたんにたのしいところであるだけでなく、そこここの場所に潜んでいるパワーをアートというかたちで顕在化できないかという期待をもっていた。第一回講評でも触れたが、ときにそのパワーがユーモアをもって発散されれば、我々の日常生活をいっそう豊かにしてくれるのではないかとも考えていた。

一九九九年に始まり二〇一四年まで八回にわたって行なわれたこの催しで、一〇〇以上の作品が「代官山インスタレーション」に選ばれた。そのなかでもとくに優れた作品は、いま述べた私の期待を裏切らなかった。むしろ、期待した以上の広がりをみせてくれた。

改めて印象に残るプロジェクトについて述べてみたい。

第一に挙げたいのは、第一回の最優秀賞に選ばれた「地下鉄ヒルサイドテラス駅」である。道路に面して二期の建物の外階段がちょうど人の高さくらい突き出しているところを巧みに利用し、地下鉄の駅の入り口に見立てたアイディアである。ここは通りすがりの人が頭を打たないようにするため、建築家が苦労する場所でもあった。駅のサインをみて、本当に駅ができたかと思った人がいたというからそれなりの迫力のある作品である。またそれがインスタレーションだとわかったときに、今度は多くの人々の笑いを誘う。そういうユーモアがここにあったのだ。

次に取り上げたいのは二〇〇七年の作品で、これも最優秀賞に選ばれた西郷山公園の「みんなのぶらんこ」である。ここには幾つかのベンチが、そのコーナーに屹立する白い八メートルの長さの棒によって、よくある公園のブランコに見立てられている。そしてふだんの公園の風景を一変させる華やかさをつくりだしていた。解説によればその姿は朝陽とともに浮かび上がり、曇り空にとけこんで、夕方には夕陽が映りこむ、そして

「地下鉄ヒルサイドテラス駅」平山俊、渋谷真弘（一九九九年、撮影：ANZAÏ）

また夜になると幻想的な姿となるという。アイディアというものがいかにその場所にパワーを与えるか、その好例であろう。

最後に取り上げたいのは二〇〇五年のグランプリに輝いた「代官山リビング」である。古い同潤会代官山アパートの跡地が再開発により高層アパートに衣替えされることになり、その一連の工事において、代官山駅と八幡通りを結ぶ新しい道路がつくられ、その中央に、長さ一〇〇メートルの中央分離帯が設けられた。そこに仕掛けたインスタレーションである。

作者はこの作品を「まちのなかのリビング」と言っているが、長いありふれたテーブルを置くことによって、そこに日常的な生活シーンが想像されるであろうと説明している。確かにそうだろう。しかし私は、その長いテーブルから宴会のシーンを連想する。たとえばヴェネチアの仮面のカーニヴァルである。みなが白いマスクをしてあの場所で夕方から大宴会をする。それは、私の好きなフェデリコ・フェリーニのローマの映画に出てきてもよいようなシーンである。日常生活のなかの非日常性。そうした情景をも人々に連想させるパワーを、このインスタレーションはもっている。

この三つのプロジェクトに共通しているのは、新しい場所の創造をめざしていることである。そしていずれも建築系の学生が手がけた作品であったことも面白い。建築を志すものは、つねに「場所との会話」をめざす。だからこれは不思議なことではないのかもしれない。

私は3・11直後の夏、ある衝撃的な情景にテレビを通して出会った。

岩手県陸前高田市では毎年、旧暦の七夕にあたる八月七日に、一二台の山車が出る七

「みんなのぶらんこ」ハレときどきケ(二〇〇七年、撮影：野口浩史)

「代官山リビング」セカンドリビング研究会(村井一＋大家雅広＋小野田祐一、二〇〇五年、撮影：野口浩史)

夕まつりを行なっていたという。私が見たのは、震災後も何とか残り、修理された山車と、新しくつくられたものの二台が、荒涼たる暗黒の市内を進む光景であった。

このシーンは誰がつくったものだろうか。おそらく神の手であったろう。それが神の手によるものであれ、あるいは人間の手によるものであれ、都市には人々の記憶に永久に留まる情景がつねに潜在しているのだと思う。

陸前高田市「うごく七夕まつり」(二〇一一年)

V 新国立競技場問題が残した問い

新国立競技場案を神宮外苑の歴史的文脈の中で考える

誰もが人生のなかでさまざまな出会いをもつ。ある出会いは強く印象に残り、他は忘却の彼方に消え去っていく。私も、建築にかかわったなかだけでも、さまざまな出会いに遭遇してきた。場所、建物、人、そして建築にまつわる事件……それらの多くはきわめて離れた空間と時間のなかでのできごとであり、それぞれが私の記憶の室《むろ》に収められている。

しかし、何か一つのできごとが起きたとき、それまで一見関係がなかったような記憶が室から引き出され、おたがいに関連した一つの思考の世界をかたちづくっていく。最近、新国立競技場案がメディアに発表され、そのイメージを見たときに、過去の遠い場所での出会いも含めて、さまざまな記憶が鮮明に浮かび上がってきた。

東京体育館の設計

今から約三〇年前の一九八四年、我々はプロポーザルによって東京体育館の設計者に選ばれ、その作業を開始していた。この体育館は風致地区に指定された地域のなかにあった。ここは東京でも風致地区の第一号であったが、その理由についてはのちの外苑の歴史に関する項で少し詳しく述べることにする。

この風致地区でもある代々木公園では、原則として建物の総建蔽率は二パーセントを超えてはならない。付近の四・五ヘクタールの場所には一九五八年、第三回アジア競技大会の会場として、室内体育館と水泳場が建設されていた。スタジアム通りの諸スポーツ施設も含めて、二パーセントの建蔽率はすでに超法規的に緩和されていたのである。

しかし、新東京体育館の設計に与えられた条件は、既存の施設の建蔽率、そしてその最大高さ三〇メートルを超えるものであってはならないというものであった。新体育館は、旧体育館の観客席四〇〇〇に対し二倍の八〇〇〇席が要求され、さまざまな諸施設の総床面積も既存施設の二倍であった。こうした厳しい条件のなかで、道路面からわずかに上がった人工地盤の下に、この施設の半分に近いボリュームが収められた。敷地の南側と東側の既存街並みに圧迫感を与えないよう、建物のボリュームは極力抑えている。また最もボリュームの大きいメインアリーナは周辺道路に接する敷地の西北部に寄せて配置している。だが北側に隣接する新宿御苑のこの部分に最も接したところから見たとき、御苑の樹間から体育館の一部は見えても、樹木を越えてアリーナの屋根が見えてくることはない（**図1**）。

また体育館はここを訪れる人々だけでなく、敷地の東に展開する現国立競技場も含めて隣接する地区への近道を提供している。この近くを訪れた際、人の流れを見ていると、アリーナの曲面の壁に沿って歩いている人たちの動きも自然であり、その向かいにある小さなカフェもけっこう賑わっている。完成後、二三年を経た今日、そのデザインのすべてを自慢したり褒めたりできるものではないが、メインアリーナが使用されていないときでも、広場では親子がキャッチボールをしていたり、そこには穏やかな風景が展開

図1　東京体育館（撮影：北嶋俊治）

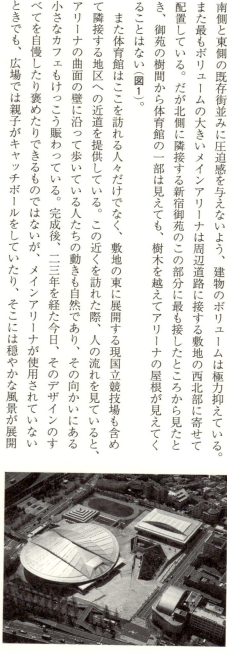

している。

都市景観の作法をめぐって

発表された新国立競技場案のパース（完成予想図）が一葉、日本のメディアに公表されたとき、私の第一印象はその美醜、好悪を超えてスケールの巨大さであった。私自身がすぐ隣接するところで体育館を設計したその経験から直感的に抱いた印象であったが、このパースは二つの体育施設のスケールの差をはっきり示している。

次に私がこの案に対してもった関心は、その接地性、いうなれば与えられた場所のなかで、目線のレベルでその対象建築がさまざまな距離、角度からどう見えてくるかであった。もしもこの案の正確な立面、平面を与えられれば、コンピュータグラフィックスによって即座に数十箇所からその見え方を検証することができたのだが、残念ながら私はそのインフォメーションをもっていないので、当分こうしたイメージをもとに検証を進めていかなければならない。そして、おそらく新国立競技場案の場合、我々のときと異なって、現存の施設の規模を遥かに超える「超超法規」が適用されたのではないかと思われる。

私がハーヴァード大学に学んだとき、当時のデザイン学部長は都市デザインの権威ホセ・ルイ・セルトであった。次の彼の言葉は一生忘れられない。彼は、「都市で道を歩く人間にとって最も大事なのは、建物群の高さ一五メートルくらいまでの部分と人間とのアソシエーションである」と述べた。つまり人間と建物の視覚的関係にはさまざまな距離が介在する。しかし建物に近づくにしたがって、触覚も含めた人間の五感的体験はこの原則に支配されていく。それが建築に対して好意をもつか否かの人々の判断のベースにもなる。道行く人々にもさまざまな生態がある。そこを訪れる者、散歩する者、ジョギングをする者……。今回の競技場案では、東京体育館と現国立競技場のあいだの外苑西通りに沿った南北に延びる都市公園はほとんど消失し、二つの体育施設を結ぶ道路の上部には広場のスケールに近いプラットフォームが提案されている。

計画の段階で建築の接地性、周辺環境との関係をたんに俯瞰するだけでなく、先に述べた人間の目線からもチェックして理解するうえで最も有効な手段は、対象プロジェクトの縮尺模型である。我々はふつうそれをスタディモデルという。

一九九〇年、私は東京国際フォーラムの国際コンペに、丹下健三氏、I・M・ペイ氏らとともに審査員の一員として参加した。ペイ氏以外の二人の海外からの審査員に対しても、周囲の状況をよりよく理解してもらうために、有楽町、東京駅、皇居のお堀端、JR線を越えた銀座方面までを含めた敷地模型を用意し、参加者の提出したモデルを一つずつ落とし込み、さまざまな角度から数百の応募案を検討していった。もちろん目線からのチェックも当然なされた。そのとき、モデルが図面よりも何よりも一つひとつの案を絞り込んでいくのに効果的であったことを今でも鮮明に覚えている。主催者東京都の当時の知事は鈴木俊一氏であった。

新国立競技場のコンペに参加する設計者には、模型提出は求められず、四枚のパースのうち外観パースは鳥瞰図一葉だけが求められた。一方、このコンペでも二人の外国人建築家が審査員に含まれていた。

また、今回の新国立競技場のような巨大な施設には十分ゆとりのある敷地が与えられていることが望ましい。なぜか。それはイベント終了時に多数の人間をいかにさばくかという機能上の要請だけでなく、こうした施設が一般市民にかならずしも愛されるものでない、あるいは好ましくないというときに、つねに生じる問題があるからである。たとえば北京の「鳥の巣」には、十分な前広場がとられている。しかしエルサレムの「嘆きの壁」のように、誰もが近づきたいと思うだろうか。「鳥の巣」の前に立ってみても、離れたところから遠望すればそれで十分であると感じた。現在多くの市民も、一瞥して立ち去る者が多いのではないか。それは都市の記念碑的な建築についてもいえることなのだ。日本のように何世紀も島国であったところと異なり、絶えず他民族の侵攻のあった大陸では、複雑な政治的、宗教的理由によって記念碑はかならずしも万人に愛されるものではない。そのとき、十分なゆとりを建物の周縁にもつことは、さまざまな感情のバッファーゾーンの役目も果たしているのだ。

現東京体育館、国立代々木競技場と新国立競技場の比較が**図2**である。ゆとりとは物理的な機能だけでなく、人間の五感と建築との関係のありかたを示す重要な指標である。そして繰り返しになるが、巨大構築物はかならずしもそこに住む者、通過する者にとって親しまれ、愛されるものであるとはいえないのだ。

神宮外苑の歴史

青山通りの外苑前と青山一丁目のあいだを移動するとき、通りの北側に展開する二列の並木とその焦点に位置する聖徳記念絵画館(一九二六年)がつくりだすその姿に強い印象を受けない者はないであろう。とくに周辺が闇に包まれ、絵画館の灯だけが夜空に浮かび上がるその光景は、東京の数少ない都市景観の一つに挙げてよい。外苑は市民にひろく開放されたスポーツ施設をもった地域であるが、たとえば一九三一(昭和六)年頃のこの地域の地図を見ても、主役は絵画館とイチョウ並木であり、スポーツ施設は脇役に

図2

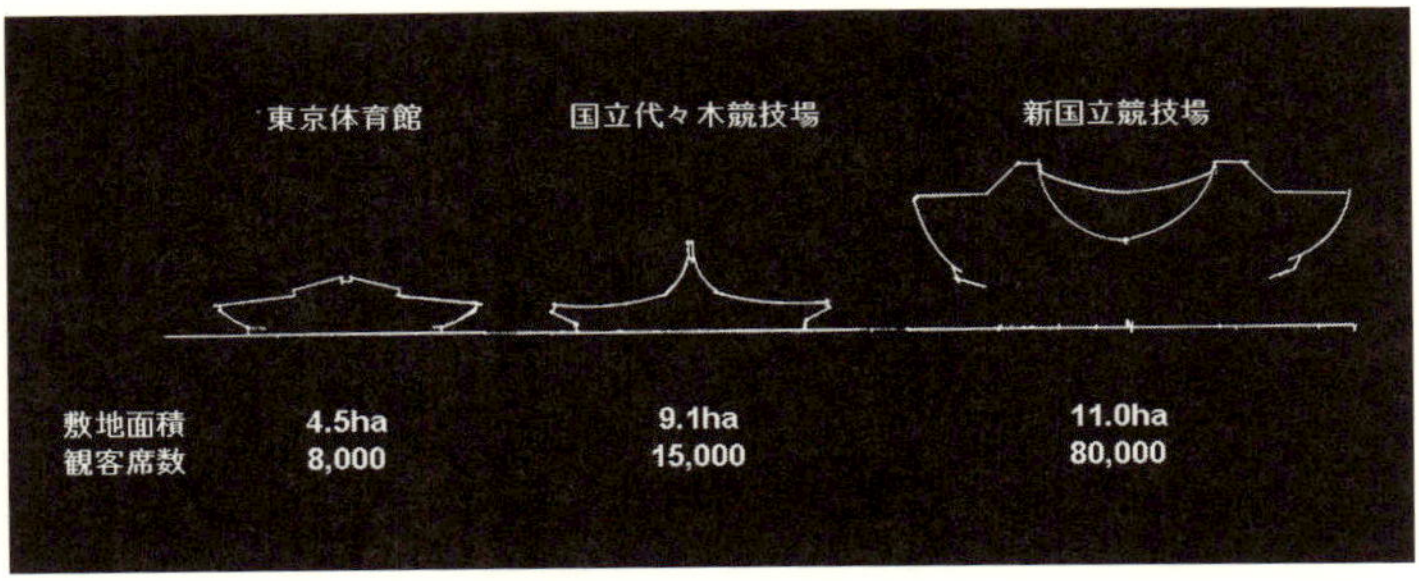

過ぎないことがうかがえる。

この光景を述べる次の短い一文に触れる機会があった。「絵画館前は整然と四列に植栽されたイチョウ並木、噴水、前庭である芝生広場が続き、そして絵画館を消失点とする空間構成。このような西洋的な空間構成は、日本では稀であった。近代の都市計画における歴史的遺産として貴重」[*1]。これをつくった人々の気概と誇りに似た気持ちが我々に伝わってくる。それでは誰がどのようにして内苑、外苑をつくったのか。その過程は二〇一三年に出版された今泉宜子氏の『明治神宮』[*2]に詳述されている。以下、私のこの項の記述についても彼女の著書に負うところが大きい。

一九一三(大正二)年、明治天皇崩御の翌年に、民間有志——渋沢栄一、時の東京市長・阪谷芳郎らの粘り強い請願を受け、天皇奉祀の神社、明治神宮建設の端緒が開かれる。現在、明治神宮があるところを内苑と称する。そして明治神宮外苑(以下外苑という)が提案され、内苑に対して外苑は公園、とくにその後各界からの要請に応じて、市民に開放されたスポーツを中心とする公園として整備されていく。しかし重要なことは、当初より内苑、外苑、また表参道、裏参道が一体として計画されてきたことにある。

先に東京体育館の設計の項で触れたように、この地域が東京の風致地区第一号に指定されたのは、その背後にある明治神宮との関連性を重視した姿勢の表れであり、今日この地域がたんなるスポーツ公園と考えられたのではなかった証左でもある。内苑の明治神宮はその本殿が太平洋戦争で焼失したが、一九五八年には復元された。一方、外苑では絵画館と周辺の公園造営が一九二六(大正一五)年に完成した。この代々木の鎮守の杜、外苑の公園、さらには明治神宮本殿、宝物殿、そして聖徳記念絵画館の建設にあたっては、当時の日本の建築、造林、農学の碩学が情熱をもってその造営に参加したことが、

*1　アイランズ編著『東京の戦前　昔恋しい散歩地図』草思社、二〇〇四年。
*2　今泉宜子『明治神宮——「伝統」を創った大プロジェクト』新潮選書、二〇一三年。

先に述べた今泉の書でさまざまなエピソードを交えながら語られている。とくにそのなかにでてくる伊東忠太、佐野利器、関野貞らは、我々建築家にとってなじみ深い名前である。

しかし、青山通りから見た絵画館の美しさも、しだいに絵画館に近づくにつれて失望に変わっていく。広い芝生の西側には仮設かと見まがう粗末な建物が幾棟か立ち並び、絵画館の前面道路は屋外駐車場になっている。

プログラムは「二〇五〇年の東京」を考慮したか

日本の人口は二〇〇八年をピークとしてすでに減少傾向にある。その減少率は、先進国内でも深刻で、二〇五〇年には、現在一億二〇〇〇万人のところ、一億を切るという。一五パーセント以上の減少率である。もちろん、人口減少は地方中小都市においてより顕著であり、東京は若干緩慢であるという。だが少子高齢化は並行して進み、とくに東京住民の高齢化はいっそう加速するという。そのことは税収減、医療費や社会保障費の増加を意味し、国、地方自治体に大きな負担を与えることは想像に難くない。それは直ちに巨大施設の維持、管理費の問題としても現れる。

今回のコンペ案はすべて与えられたプログラムに基づいてデザインされたものであるので、この項はむしろプログラムについての考察であるといってよい。まずプログラムの第一の特徴は八万人の観客を収容する全天候式の施設を前提としているということである。多くの競技、たとえばサッカーもラグビーも雨天でも行なうスポーツであるから、かならずしも全天候型である必要はない。したがってプログラムの解説にあるように、スポーツ以外にアーティストのパフォーマンス、またはコンサート、さらには広義の文化的行為による活用をこの全天候施設に期待しているようである。

しかし八万人もの観客を動員し得る、あるいはサッカー場の広さを要求するパフォーマンスはロックコンサートくらいしかない。現代の若者たちの特性の一つに、車離れ、旅行離れ、スキー離れなどがある。次の数十年間、ロック離れが進まないという保証もまったくない。

また、一見するとプログラムには、スポーツ競技運営のためのサポート、ホスピタリティ機能に対し膨大な面積が求められているが、それはほとんど収益を生まない部分である。店舗、レストランも、要請されている規模はプログラムからは判然としないが、かなりの面積が見込まれている。東京体育館ではアクセスと見晴らしのいいところにやっと一箇所、レストランを設けることができたが、総床面積は二〇〇平方メートルである。店舗はない。

一方プログラムでは八〇〇―九〇〇台の駐車能力のある規模の駐車スペースが要求されている。六本木ヒルズは二〇一三年に創立一〇周年を迎えたが、年間平均来場人数は約四〇〇〇万人という。かつて故・森稔社長が私に、地下駐車場をつくり過ぎたと述懐していたことを思い出す。六本木ヒルズの駐車場台数は、ホテル・マンションを除くタワー部分で約一〇〇〇台である。

プログラムによれば、この施設の総床面積は二九万平方メートルになる。その規模は国立代々木競技場の八倍、東京国際フォーラムの二倍を超す。この巨大な複合施設を維持していくうえで必要なエネルギーの消費量、人件費、それらを賄う収入の見通しと、その見通しを支える将来の市場性などについて、施設運営者は都民に対する説明責任をもたなければならないのではないか。なぜならそれは国民が将来支払う税に密接にかかわりあっているからである。換言すれば、一七日間の祭典に最も魅力的な施設はかならずしも次の五〇年間、都民、住民にとって理想的なものであるとは限らない。

さらに重要な問題は、述べてきたように濃密な歴史をもつ風致地区になぜこのような巨大な施設をつくらなければならないのか、その倫理性である。そしてその説明は現在の我々、将来の都民だけでなく、大正の市民も視野に入れたものでなければならない。神宮外苑、内苑の造営には、当時最も有力な言論メディアであった新聞・雑誌を含めて、国民、市民の意見も活発に反映されていた。その造営はたんに一群の識者によって行なわれたものではないのだ。

アテネの広場から

半世紀以上も前、私はアテネのパナテナイコ競技場前の広場に佇んでいた。その前年に受けたグラハム財団基金による長い「西方への旅」のなかでのひとときであった。

この広場はアテネの中心地区から後方に見える小高い丘に向かう道路のTセクションに位置している(二七二頁写真参照)。それは予期しない偶然の出会いであっただけに、息をのむ美しさであった。紺青の空を背景に白い大理石の観客席と前面広場の輪郭を緑が柔らかく包んでいた。おそらく世界の都市造形の傑作の一つに挙げてよいだろう。広場に佇むもう一人は私の同行者で、私はこのイメージを用いて、素晴らしいパブリックスペースとは一人しか人がいないときにも美しいものだという説明にしばしば使ってきた。しかし、今回の新国立競技場案が発表されて以来、私の記憶の室からこの一枚の絵は別の意味をもって引き出された。

それは、紀元前二世紀に改修されたこの競技場がすでに五万人の収容人口をもつ施設であったという事実である。しかし、施設のエンジニアリングのことをいっているのではない。その背後ではたらいたであろう市民共同体の意思と発言力の大きさを思うからである。「競技」は古代ギリシャの精神を支える柱の一つであり、またポリス間の戦争をできるだけ避けるための代替的紛争抑制手段(それゆえに古代オリンピックは発生した)としても重要であった。したがって理想の競技場を自分のポリスにもちたいという市民の要求は強く、政治的なプライオリティも高かったであろう。パナティナイコはまさにアテネ市民共同体のそうした意思の表れとみられる。

アテネでは、市民共同体自らが政治的主体となった前五世紀の民主主義のもと、あの壮麗なパルテノン神殿は、プログラムから始まり、かなりの細部までが、つまり市民共同体直接の意思で決定されたと聞く。古代市民共同体のこのようなありかたは、時を超えて近代「市民社会」における公共建築とのあるべき関係性へと連なっていくのだ。

市民社会とは今日どういうものなのだろうか。ここで私は二つの別の出会いを紹介したい。

私はここ数年、スイスのバーゼルで製薬会社ノバルティスの仕事にかかわってきたが、昨年(二〇一二年)、彼の地でちょっと話題になったことがあった。市の中心部の一隅に建設予定のコンサートホールをめぐって、コンペの最優秀案に選ばれていたザハ・ハディドのプランが、市民のレファレンダムの結果、否決されたということである。

案は東京のそれと比較するときわめて小規模で、建物が敷地からはみ出ることもない抑制のきいたものであった。だがスイスでは重要な公共施設の建設にあたって市民のレファレンダムにかけることが多い。それは税金を支払う市民にも建設の是非について意見を述べる権利があるという考えに基づいている。このときの否決はかならずしも彼女のデザインスタイルに対してだけではなかったと思う。なぜならば、その数年前、チューリヒの湖畔に想定されていたスペインのモダニスト、ラファエル・モネオの文化施設の案も、レファレンダムの結果建てられなくなったからである。

ザハの新国立競技場案は最優秀賞に選ばれただけでなく、見る者を元気づけるという賛辞までもらっている。おそらく彼女は苦笑していたに違いない。本当に苦笑したかどうかはわからないが、もしも私が彼女の立場であったら苦笑したということである。

市民社会とは何かを考えさせられた、もう一つの経験は、一九九六年、今からほぼ二〇年前のことである。私はオランダ北部にある、かつてハンザ同盟にも参加していた運河都市フローニンゲンの依頼で小さな〝浮かぶ劇場〟を設計した（図3）。テフロンのスパイラル状の屋根をもったこの小さな船は、夏の気候の良いときには、市民のための音楽祭、詩の朗読、あるいは、岸辺に繋留してパフォーマンスの舞台に使われるなど、多くの市民から親しまれてきた。

しかし夏の音楽祭に間に合わせるために早急につくられたテフロンの屋根は不完全で、数年後、お蔵入りせざるを得なくなったことを風の便りに聞いていた。それからさらに数年経った二〇〇〇年の中頃か、私はまったく見知らぬフローニンゲンの一市民から手紙を受け取った。その主旨は次のとおりであった。

「あなたが設計した〝浮かぶ劇場〟は市によって処分されようとしている。しかし我々はぜひあの〝浮かぶ劇場〟が運河で、再びさまざまなイベントに使われることを強く希望している。オランダでは公共の施設は、その設計者の同意がなければ処分することは許されない。ぜひ、市に、建築家として保存の希望があることを伝えてくれないか」。私はよろこんでその主旨の手紙を市に送った。

図3 フローニンゲンの〝浮かぶ劇場〟

そして三年前、この船をつくったときから市側でその実現に協力してくれた担当者から一通の手紙が届いた。「喜んでくれ。修復の予算がついた」。

この事件と、先に述べたスイスのレファレンダムは一つのコインの表と裏なのだ。つまり成熟した市民社会では、公共の資産はそれを建設するときも、あるいは撤去するときも、その許可は市民の同意なくしては得られないということである。当時〝浮かぶ劇場〟の総予算は三〇〇〇万円程度のものであった。

パナティナイコの競技場の歴史、バーゼルでのレファレンダム、さらにこのフローニンゲンでの経験は、やはり、時間軸のうえでも、あるいは空間的にも、遠く離れた個別の経験であったが、それらがたがいに関連した一つのできごととして私には理解し得るようになった。

今日まで続くお上社会

それでは日本に市民社会は成立したのだろうか。江戸の徳川幕府は二五〇年以上にわたって、さしたる反乱もなくその主権を維持してきた。これは世界の政治史でも稀にみる例である。その封建社会は当然、divide & rule、つまり分割統治が基本原則であった。

次に、幕府は、仮想敵でもあった大名群には参勤交代という制度を敷いた。これは島国である日本で初めて実行可能なシステムであり、隣国と地続きであることが多い大陸の国々では不可能である。多くの庶民を集め得る広場の代わりに、社寺境内も含む名所群が分散して設けられた。そこは少数の武士と庶民の交流も許される数少ない場所であったという。名所のほかには吉原と歌舞伎の芝居小屋があれば十分とされ、統治史に比類のない、空間政治学の賜としての安定した封建制度は一九世紀の中頃まで存続した。

そして日本は市民社会を経験することなく一足飛びに近代社会に突入する。封建社会の武士が構成した〝お上〟に代わって、官僚の支配する〝お上〟が今日まで続いていることは、よく知られている。

今回の国際コンペの特色は、〝お上〟の一部の有識者がプログラムを作成し、誘導してきたと考えてよいのではないだろうか。そのプログラムには、前述したこの地域の濃密な歴史的文脈の説明は一切なく、フラットなサイトだけがコンペ参加者に与えられた。したがって私は、最優秀案も含めて海外からの応募作品の敷地に対する姿勢についてあまり批判するつもりはない。ザハ・ハディドにとって今回のコンペは、毎年世界中のどこかで行なわれている国際コンペの一つ(one of them)に過ぎなかったのだろう。彼女の3Dモデリングのオペレーションの場として、東京の神宮外苑であれナイジェリアのたとえばラゴス郊外であれ設計対象としての差異はない。近接するJR線を無造作に飛び越えた提案に、その態度の一片がよく示されている。

しかし日本人の場合は少し事情が異なる。そこにはさまざまな立場の人々が参加したからである。

このような重要な施設のコンペを遂行するときに、プログラムの妥当性を確認するため、建築の専門家に簡単なデザインをしてもらう場合が多い。この施設の最大高さが七〇メートルとされたのもおそらくこうしたスタディの結果からと推測される。

だが屋内面積二九万平方メートルの規模はどのような根拠で決められたのだろうか。先に述べた代々木の国立競技場の八倍、東京国際フォーラムの二倍の床面積をもつことになるこの施設は、おそらく多くの関連部局から提出された、それぞれの最も理想的な機能と規模を積み上げていった結果、面積がここまで膨らんだのだろう。ホスピタリティ、店舗、スポーツ関連機能、図書室、博物館などに対して、国立代々木競技場の建築面積を超える四万六〇〇〇平方メートルを与えていながら、それ以上の詳細なプログラムはなく、その配分は参加建築家に任せられているようだ。

私自身これまで審査員として、また参加者として各地の国際コンペのプログラムに接する機会があったが、これほど主催者の守備範囲の責任を放棄したものを見たことがない。とくにコンペ参加者はどういう気持ちでこのプログラムに接したのだろうか。おそらく懐疑、戸惑い、諦めなど、さまざまあったに違いない。しかしそれらの様相についても今日まで沈黙が支配し、うかがい知ることもできない。

もしもこれがスイスであれば、プログラムが発表された段階でまずレファレンダムが行なわれたであろう。プログラムに対してである。市民社会では市民がジャッジである。お上社会ではお上がルールなのだ。今回はさらに錦の御旗を掲げたお上であっただけに、いっそう沈黙が支配したのではないかと想像される。そして「踊る会議」は終了したのだが、会議だけは現在も続けられている。

九月七日・IOC総会以降

二つのシナリオが考えられる。一つは一七日間のスポーツの祭典が東京で行なわれるというシナリオ。もう一つは、東京ではないというシナリオ。

第一のシナリオに対してはどうしたらよいだろうか。私はまず新しいプログラムづくりを提案したい。その新しいプログラムは、次の二つの目的を充足するものであってほしい。第一に、五〇年後の東京のこの地域にふさわしいスケールと内容をもった施設であること、第二に一七日間の祭典を行なうにあたり十分な機能をもった施設であることである。

この第二の点として、オリンピックの祭典には八万人収容の規模をもつということが最近の一つの標準であるならば、その条件を満たす必要はあるだろう。とはいえ同じ規模のものが恒久的にそこに居座る必要はない。むしろこの狭小な敷地と地域の特性を考えるなら、今より大きくないほうがよい。恒久施設は五・五万人を収容し、仮設のスタンドで二・五万人収容すればよいのではないか。当然、全天候式ではなくなる。北京の「鳥の巣」も設計の途中でオープンスタンドに変更されている。ロンドンの場合、当初から本設二・五万人、仮設五・五万人のスタンドが提案されていた。したがってこの新しい提案に対するIOC（国際オリンピック委員会）の反対はないであろう。また使用頻度の低い屋内駐車場は換気、照明に莫大な維持費がかかる。屋内駐車場のスペースは最小限にとどめ、一七日間に必要な駐車は周辺の駐車場を貸し切りにして、そこからホスピタリティサービスを行なえばよい。

先に述べたホスピタリティとスポーツ関連施設も、その内容に対し、運営主体の見解ははなはだ曖昧である。これも徹底的に整理し、五〇年後も都民に愛され、使用され、維持され得るプログラムにしたい。これらの結果を私の知る識者と相談し、ざっとチェックしてもらった結果、新施設のコストはこれだけでも数百億円あるいはそれ以上の削減が見込まれる。工期も短縮される。維持管理費ももちろん縮小されるだろう。

それでは建築家は誰がよいだろうか。新しいプログラムを作成し、それをコンペにする時間的余裕がなければ、一つのオプションは、コンペの当選者に敬意を表し、ザハ・ハディドと先に述べたロンドンのメインアリーナを担当した当地の競技場専門建築事務所の協同によるロンドン・チームが考えられる。ただし私の希望では基本設計当初から、外苑の歴史、環境、法規を熟知した建築家、耐震構造や日本の施工技術に精しい人々からなる日本チームも参加させることがより良い結果を生むと思う。〝お上がルールだ〟と先に述べたが、〝私がルールだ〟という建築家が昨今増えているからである。

それでは第二のシナリオの場合はどうなのだろうか。そのときは第一のシナリオにあった二番目の条件は消えて、一番目の条件だけが残る。そしてそのオプションの幅は現状維持も含めてかなり広いものになるだろう。良い結論に到達するためにはよりオープンな、透明性のあるかたちでさまざまな意見が交換されていくことが望ましい。

最後に、私はこれまで述べたどのシナリオになろうと、すくなくとも絵画館前の広場を一九二六年に完成した当時のデザインに戻すことを強く提案したい。先に触れた西側の建物を除去し、もしも駐車場が必要とあれば地下駐車場を設ければよい。一九二三年の関東大震災では一〇万人余の尊い人命が失われた。当時すでに造営に着手していたこの絵画館と前庭の計画は、その三年後に完成する。私は本稿の前半で「歴史的遺産として貴重」という言葉を引用したが、さらにこの地の歴史をふり返るとき、それは大震災で亡くなった人々に対する鎮魂の途にもみえてくる。

それが平成の都民から未来の都民に対する、また大正の市民に対する、ささやかな贈りものなのではないだろうか。

それでも我々は主張し続ける――新国立競技場案について

*1 本書二一九頁以下参照。

二つのリアクション

「新国立競技場案を神宮外苑の歴史的文脈の中で考える」*1が『JIA MAGAZINE』二〇一三年八月号に発表されてから五カ月半、二〇二〇年オリンピックの東京開催が決定されてからも五カ月が経過した。この間「新国立競技場案」をめぐり多くの論評、議論、報道がなされ、その波紋は国内だけでなく国際的な広がりもみせている。

まだ実現しない一建築プロジェクトがこれだけの社会的注目を浴び、活発な議論を巻き起こしたのは日本の建築の歴史のなかでも稀有のできごとであった。それはなぜなのだろうか。

当然、それが七年後のオリンピックの主要施設だからという答えだけではない。

これまで私個人に対していただいた多くの手紙やメールから、最も印象に残った二つをまず紹介しておきたい。一つは、東京郊外の、発達障害をかかえた子供たちのための施設の責任者からの手紙であった。ある児童の描いた一枚の白黒の絵が同封されていた。彼が、家並みの終わるところに立ち、眼前に広がる林と空だけの自然に向かって両手をあげている後ろ姿が描かれている。

この責任者の方は、先のエッセイで紹介された巨大施設の写真を見て、それを我々が用いる景観という抽象的な概念でなく、本来人間がもつ抑圧／解放という原初的な心理問題としてとらえてみたいという。これは建築家の私にとっても景観の本質に対する重要な示唆であった。

もう一つは、まったく未知の方からの突然のメールであった。その方は日本の著名な大学で経済史を教えていて、現在は大学の長期休暇制度を利用してイギリスのケンブリッジ大学に研究滞在中であるという。彼の説明によれば、たまたま従兄弟の一人に建築家がいて、その人がＰＤＦファイルで私のエッセイを送ってくれたという。彼は一読後直ちに大学のトップを含め経済学部の同僚にその記事を転送し、多くの人々から賛同の意思表示をもらい、とくにそのなかの一人からは「いま我々に何かできることはないか」という返事をもらったという。この問いは、健全な市民社会を形成する第一歩となる声である。なぜ私が冒頭のエッセイを書くに至ったか、その背後にある「いま我々に何かできることはないか」という同じ思いにも繋がっている。

先のエッセイの構想がまとまったのは、二〇一三年の五月頃であったと思う。その間、日本の社会は沈黙し続けていた。なぜなのだろうか。一つは、来るか来ないかわからないものにいま騒ぐ必要性はないという社会全体の無関心。何か懸念、あるいは批判を表明することはオリンピック誘致を阻害するのではないかという遠慮。そしてコンペ参加者の、敗軍の将は兵を語らずという心境――理由はさまざまであったに違いない。もちろん建築家たちの、変なことをいえばお上に睨まれるのは怖いという懸念もあっただろう。しかしそうした懸念がないはずの評論家からも、何の反応も示されなかった。日本にはジェイン・ジェイコブズは存在しなかったのだ。唯一、人類学者の中沢新一氏が

『JIA MAGAZINE』の古市徹雄編集長によるインタビュー[＊2]において、この新国立競技場案を厳しく批判していたが、残念ながらそれが主題ではなかったためにこの点は多くの読者から見過ごされてしまった。

先のエッセイについて、私は、二〇一三年九月七日にブエノスアイレスのＩＯＣ総会においてオリンピック開催地が決定される前に、ぜひメディアを通して発表したいと考えていた。なぜなら、日本にオリンピックが来なかった後にこのエッセイを発表しても、おそらく「あなたの懸念が現実のものにならなくてよかったですね」のひとことで忘れ去られる可能性が高かったからである。このエッセイは新国立競技場案のデザインを云々したものでない。こうした案を生んだ背後にあるプログラムがどのような手続きによって承認されたか、その結果としての景観、安全、また三〇年、五〇年後、国や都がよろこんで世話をしていくにふさわしい施設であり得るかに対する一連の懸念と批判がその骨子を構成している。同時に、今回行なわれたコンペの要項(プログラム)がコンペの呼びかけにあるように、「世界に誇れる案」を生むために真に適切なものであったのかという批判も含まれている。そして『JIA MAGAZINE』の古市編集長の全面的な協力によって、上記のエッセイは九月以前との私の希望どおり、八月中旬に発表することができた。

八月一五日、そして九月七日以降

このエッセイが掲載された『JIA MAGAZINE』は、建築家の団体による一機関誌であったにもかかわらず、その反応は即、予想をはるかに超えた広がりを示した。情報化社会でのフェイスブック、あるいはツイッターなどのソーシャルメディアの力といって

＊2　「中沢新一氏に聞く　グローバルとバナキュラーが共存する社会をめざす」『JIA MAGAZINE』二〇一三年三月号

しまえばそれだけの話かもしれない。しかし発達障害をもつ子供たちのための施設の責任者の方、あるいは遠くケンブリッジ大学の日本人研究者からのメッセージに思いをめぐらせるとき、この問題に個々の人間が抱く関心を基盤に、ある共感が広がっているともいえるのかもしれない。

長くロンドンに住んだイギリスの作家ジョナサン・ラバンは、メトロポリス・ロンドンについて次のような趣旨の興味ある言葉を残している。

「ロンドンのような大都市に住む一人ひとりは、ほとんど周りが異邦人に囲まれたなかで、いかに自分のアイデンティティをつくりだすかに苦心している。……いま我々の現代都市で最も重要なことは、建築的なユートピアや、より精巧な交通手段、あるいはエコロジカル・プログラムよりも、自己と都市との——とくにそのユニークな形態、プライバシー、自由についての——関係をめぐって、もっとまじめで創造的な評価と分析を行なうことではないか」[*3]。

換言すれば一〇〇〇万人の東京人には、自己のアイデンティティを求めて一〇〇〇万の「自分の東京」が存在してよいのだ。そこでは共感だけがそれらの繋ぎ手となっている。したがって、今回の賛同者それぞれがもつさまざまな東京への愛情が、共感の軸を形成していったと考えてもよいのではなかろうか。

先に「いま我々に何かできることはないか」という言葉に触れた。それはエッセイが発表された後、親しい何人かの建築家の友人(古市徹雄、大野秀敏、中村勉、元倉眞琴、山本圭介ら)から湧き上がってきた言葉でもあった。彼らを核として、その声は広がりをみせ、二〇一三年一〇月の日本青年館におけるシンポジウムを開こうという声に集結していった。そしてその後の、新国立競技場建設の当事者である文科省、JSC(日本スポー

*3 ジョナサン・ラバン、高島平吾訳『住むための都市』晶文社、一九九一年。

ツ振興センター）、東京都への要望書の提出へと続いていく。賛同者一〇三人の呼びかけに対して、そのことを聞きつけてぜひ参加させてくれと申し出た人も多数いたことをここに記しておきたい。

とくに二〇一三年九月七日以降、報道もきわめて活発に反応した。前記のシンポジウムには実に一〇〇人にのぼるメディア関係の人々が参加した。『東京新聞』はこの問題を九月二三日朝刊第一面のトップ記事として紹介し、一二月三一日の朝刊ではプログラムにかかわる、より具体的な報道をふたたび紙上のトップで取り扱っている。また『毎日新聞』は一〇月一九日朝刊で「新国立」の建設予算の大幅な増加を第一面トップ記事として掲載し、やはり一二月には社説でオリンピック後のこの施設の運営に対する重大な懸念を表明している。

もちろん他の主要新聞も、九月七日以降しばしば「新国立」についてさまざまな角度から報道していた。『朝日新聞』の「天声人語」、『日本経済新聞』の「春秋」にも取り上げられたことは「新国立」の問題がすでに国民的関心の対象になっている証左であった。しかし我々が要望書を提出した当局者からはまだ反応がない。

このメディアの努力に対し、また我々の提言に賛同していただいた方々の熱意に対し、改めてこの稿を借りて深い感謝の意を表明しておきたい。

周知のように、その後予算の見直し、それに伴うプロジェクトの設計変更が現在も進められているが、それがたとえどのようなかたちで収斂したとしても、このプロジェクトに関して残されている幾つかの疑問について、引き続き発言していかなければならないだろう。

まず、本稿冒頭で指摘したように、どのようなプロセスでこの狭隘な場所に巨大な施設を建設することを前提としたプログラムが生まれたのだろうか。

二〇一六年の夏季オリンピックの東京招致案のなかで、お台場のメインスタジアムが他の諸施設から遠いことをＩＯＣから指摘され、それが招致失敗に繋がったとする思いの強かった日本の当事者が、現国立競技場の敷地を選んだことは不思議だとはいえない。問題はその後の展開にある。

先に触れた『東京新聞』一二月三一日の朝刊はその間の事情を詳細に述べていて実に興味深い。ちょうどこの日、ＪＲ五反田駅のキオスクで『東京新聞』が「新国立」をトップ記事として扱っているのが目に留まったのである。その詳細をここで紹介する余裕をもたないが、『東京新聞』が情報公開請求によって得た情報からは、たとえ一部黒塗りであったとしても、メディアには、我々建築家たちがもち得ないパワーがあるということを実感した。

その情報によれば二〇一二年三月、すなわち国際コンペ以前に第一回の一四名からなる有識者会議が開かれていた。すでに初回の会合から「八万人がスタートライン」「全天候型スタジアムも必要となる」「ホスピタリティ機能の充実」「コンサート用のための充実した設備」など、施設の拡充に前のめりの発言で埋められていたことが議事録に紹介されているという。

また建築史家の松隈洋氏によれば、一九三六年、「幻の東京オリンピック」の敷地選定にあたっては、この地域が適当であるかどうかという激しい議論があった。それに対して今回は、二〇二〇年にオリンピックが東京に来るか来ないかという時点で、我々が当初から指摘してきた、敷地に見合わない巨大な施設の骨格が提案されつつあったのだ。もしもこの狭隘なそして歴史的文脈の濃密な地域にメインスタジアムを建設しなければならないなら、どのような規模、内容をもったものが最もふさわしいかという議論が、有識者会議ではほとんどなされなかったことも明らかにされている。敷地の大きさと建物の規模の関係に関して、懸念の声が一切出なかったのであれば、それは重大な問題である。あるいは、仮にあったとしても、マイノリティの意見として却下されてしまったのかもしれない。この有識者会議はその後、国際コンペ直前の七月に第二回、コンペの最優秀賞が発表された直後に第三回が開催されている。

コンペの審査員の一人であった鈴木博之氏は、「審査委員会」はデザイン競技の要項の立案に関しては携わることがなかったと述べているが、審査委員会の委員長は有識者会議の一員でもあった。

第一回有識者会議で示された誤ったヴィジョンを根本的に見直す機会は、原案で進めると建設費が三〇〇〇億円にも及ぶという衝撃的な概算発表のときであったと思う。その直後、ある有力政治家は、「そんな高価な案をつくった建築家なら首にしてしまえ」と述べたというが、あんがい多くの日本人の素朴な気持ちを代表していたのではないか。首にできなかったとしても、まったく異なったプログラムを、監修者やＩＯＣに大胆に提示するチャンスでもあったと思う。

しかし、当初の予算にさらに四〇〇億円を追加し、総床面積を二〇パーセント減らして何とか原案の原形をとどめたいという姿勢は、東京へのオリンピック招致のキーワードの一つであった「お・も・て・な・し」精神の発露だったのだろうか。ホストがゲストを温かく迎えるのは日本の生活慣習が生んだマナーであるという趣旨の意見が審査員の一人からあった。もしそうであるなら、同じ姿勢はコンペ主催者（ホスト）と参加者（ゲスト）の関係についても当てはまらなければならない。今回の応募要項にはおもてなしの精神の片鱗すらみられない。そこでは時間がなかったからという言い訳は成立しないと思う。

応募要項をめぐる諸問題

私は今回の応募要項について幾つかの疑問、批判を挙げている。それは応募要項を作成した部局に向けたものである。これについて要項作成に携わらなかった審査委員会の鈴木博之氏から丁寧な回答をいただいている。[*4] その回答は要項作成者の代理としての鈴木審査員からいただいているという理解のもとに今後の議論を進めていきたいと思う。

まず、なぜ模型提出を求めなかったかという疑問に対しては、応募者の負担を減らし、応募しやすくするための条件設定だという。はたしてそれは本当だろうか。後に述べるように、すでに応募資格の高いハードルを越えた建築家は、こうした競技設計のベテランであり、彼らが応募要項に模型があるから今回はやめようと考えることはまずない。

今回のように立体的に複雑な空間構成をスタディしていくために、おそらく多くの応募者はいくつものスタディモデルをつくっていたに違いない。一〇〇〇分の一くらいの縮尺モデルであれば、数日もかからずスタジオでつくることができるのだ。3Dプリンタを使用できる環境にあればその借用費用だけで、人の手を借りずに即座に模型はできてしまう。模型を提出すれば規則違反なのでみな出さなかっただけのことなのだ。応募要項作成者が心配するほどのことではない。

また私は模型の問題以外に、求められる外観パースが鳥瞰図一枚であることに疑念を呈した。私自身、過去、カナダ、アメリカ、アジアの主要都市、中近東、ヨーロッパ各地で一八件の国際オープンあるいは指名コンペに審査員として参加してきた経験がある。

*4　鈴木博之「それでも、日本人は「五輪」を選んだ」『建築ジャーナル』二〇一四年一月号。

したがって、応募要項で求められる提出資料が、どのくらい審査しやすいかということについてはつねに重大な関心をもっている。それは審査の公正さを守るためでもあるからだ。

たとえば新宿から高速道路を箱崎まで走ってみると仮定しよう。我々はその間東京についての情報として何を得ることができるだろうか。建物の凝塊《ぎょうかい》の連続、それに突出する東京タワーとスカイツリーくらいである。ところが地上で同じルートをたどってゆくと、そのルートについて数十倍、それ以上のインフォメーションを得ることができる。

あわせて、私は、建築を理解するうえで、「目線からの判断」が重要であると強調している。その説明としてホセ・ルイ・セルトの言葉を引用した。建物の地面から一五メートルくらいまでの部分と人間とのアソシエーションが最も大事であると。審査員の一人は、そうした言説は「新国立」の建築の価値を判断するうえで必要ないという。発言者のセルトは造形的センスでそれほど高い評価を受けている建築家ではない、と。それでは造形的センスの高い建築家のいうことだけが信用できるのか。ここで、誰がいったとか、誰がその言葉を引用したかは問題ではない。言説の内容、そしてそれに同意するか否かが問題なのだ。

私はたとえ著名な建築家でなくても、その人のいうことに耳を傾けたい友人はいくらでもいる。ちなみにセルトがハーヴァードスクエアに建てたホリオークセンター(一九六六年)は、当時北アメリカで類を見ない優れた都市建築であったと思う。それは同じハーヴァード近傍にあるジェームズ・スターリングのプロジェクトよりも、アーバンデザインとしては、はるかに良質のものである。

私はまた今回のデザインコンペの応募資格についても異議申し立てを行なっている。

一つは収容定員一・五万人以上のスタジアム設計の経験のある者としていることだ。これは類似の建築の設計経験があるという条件であり、よく使用される応募資格でもあり、納得しやすい。しかしそれと併記して、幾つかの国際賞を受賞していれば、類似施設の経験はなくてもよいとしている。なぜ著名建築家にだけこうして媚を売る必要があるのだろうか。それは言外に主催者は「あなた方（非受賞者）にはあまり興味をもっていませんよ」と示しているのに等しい。ゴルフのトーナメントに著名プレイヤーを呼んで華を添えたいという営業感覚に似たものがある。

　私の長い国際コンペへの審査、あるいは参加の経験のなかでこのようなルールは見たことがない。著名建築家に登場してもらいたければ単純に指名コンペにすればよかったのだ。少々参加人数は多くても。

　またこれは設計者選定でなくあまり例のない監修者選定のコンペであった。そうであればもっと監修者の役割、権利とその限界等について詳細に検討し、用意しておく必要があったと思う。応募を考える者は、監修者といっても彼が羊なのかライオン（あるいはライオネス）なのかわからないからだ。また施設の主要面積部分の説明も雑駁で、Aという施設に二万平方メートル、Bに一・五万平方メートルとそれ以上の説明はない。やはり応募者には途方に暮れた人もいたに違いない。敷地周辺の状況、その歴史についての説明は皆無であった。海外からこれらの事柄について疑念をもつ声も当然あったと聞く。

　コンペは終わっているのに、なぜまだ小言をいっているのかと問う人もいるかもしれない。それは、将来日本発の国際コンペを行なうなら、二度とこういういい加減な応募要項で臨んでほしくないからである。日本ではつねにこのくらいのことは海外に向かっていってもいいだろう、あるいはやってもいいだろうという感覚がある。その結果、政

新国立競技場案をモンタージュした内苑・外苑周辺図（右）と航空写真（左）

治家は自分の政治生命を危うくしたり、雑誌が廃刊に追い込まれていくのを我々は目撃している。建築家には純真な人が多いので、そこまで相手を追い込んでいかない。しかしその純真性を弄ばないでほしいと思う。

あるいは、このプログラムを作成した人たちは、「これは設計者選定の国際設計コンペではなく基本構想国際デザイン競技ですよ、だから従来の国際コンペの基準にしたがって、文句をいわないでください」と主張するかもしれない。だがこの要項を読むかぎり、基本構想国際デザイン競技と、国際設計コンペのどこが同じで、どこが違うかについての説明はまったくない。そして要項の冒頭で審査委員長は、民族国家を超えた大きな課題への対応を迫られる二一世紀の現代に、未来への希望の象徴としての建築をつくるために、応募者は最高の知性と情熱を傾けてほしいと要請している。そうであれば純真な建築家は、設計コンペと同じ努力とエネルギーを傾けたことだろう。

ここでひとこと断っておかなければならないことがある。現在日本でもさまざまなかたちで公共建築のプロポーザル、あるいはコンペが行なわれている。そのなかには応募要項作成に関しても、たとえば市庁舎であれば当局担当者や、市民グループのあいだで何年にもわたる討議を通してつくられていくものも多い。公開審査が行なわれ、その審査を市民が傍聴できるというきわめて透明感のあるプロポーザルも増えている。設計過程でふたたび市民を含むワークショップが続けられるという市民参加型のコンペ、プロポーザルもやはり増加している。今回、この新国立競技場はオリンピックを志向した国家施設ということである。だからといって国民、都民の声をまったく反映しないまま、プログラムの根幹が決定されていいということにはならない。成熟した市民社会ではあり得ないことなのだ。

それではこの新国立競技場は世界の、そして都民の希望の象徴になり得るのだろうか。もちろんこの施設が完成していない段階でイエスかノーかをいうことはできない。しかしなり得る条件、なり得ない条件については歴史も参照しながら分析していくことができる。したがってできるかぎり建築家でない方々にもわかるかたちで、以下説明していきたいと思う。

これまでに例をみない巨大で複雑な新競技場の建設コスト、また次の五〇年、あるいはそれ以上の長期にわたる維持管理費を税金として支払わされる国民、あるいは都民はこうしたことを知っておく権利があるはずだ。

「新国立」と建築の象徴性

八万人を収容する全天候型競技場とそれに付随する博物館、スポーツ関係諸施設、店舗、レストラン等がここを訪れる人々のための主要な施設である。したがって「新国立」の内外に接するのはメインスタジアムとその付随施設へ行く人たち、外部の通過者という三種の人々であることが想像される。

まず中央の巨大なスポーツあるいはイベント用の空間(あるいは空洞)は、運営者の試算によれば年間四八日間稼働するとしている。ただしそれぞれの稼動時間は一日のうち限定された数時間であり、セキュリティのために残りの時間は、関係者以外には閉鎖されるであろう。付随の施設は敷地に余裕がないためにこの巨大な空隙の周辺に立体的にはりつけられると予想される。その結果、諸施設は分断され、たとえば西北のAという施設から東南のBに行くまでの歩行距離は水平、垂直方向ともきわめて長くなり、好ましい濃密な空間関係を諸施設のあいだにつくることは困難になる。

たとえばパリのルーヴル美術館の地下空間を想像してみよう。そこでは上部のピラミッドからのエスカレーターとほとんど落差のないメトロの駅（対して、国立競技場駅のある都営大江戸線はきわめて深いところを通っている）からインフォメーション、店舗、レストラン、ギャラリーとそれ以外の美術関係の諸施設が集められた大空間へ気軽にアクセスすることができるのだ。それが美の殿堂の中核をなしている。一方「新国立」という希望を象徴するスポーツの殿堂の核はどこにあるのだろうか？

ここを訪れる観客にとって、その大空間は何を意味するのだろうか。サッカー、ラグビー、陸上競技、そしてロックコンサートが行なわれる際、人々の眼は一〇〇パーセント、選手やパフォーマーの動きに集中する。八万人収容のスタジアム上部席から見る米粒のようなパフォーマーの挙動は、スタジアムが大きくなればなるほど見えづらい席も増える。ラグビーは泥んこでもやるし、先日、私は吹雪のなか試合を続けるヨーロッパのサッカーのリーグ戦を見た。

陸上競技を含め、観客と選手が可能なかぎり同じ晴天、曇天、雨、雪、風などさまざまな状況を分かち合うのが本来のこの種のスポーツ観戦の原点ではないだろうか。厳しい状況を観客も分かち合い、初めて選手のおかれた環境もわかるという精神である。テニスは屋内外両用のスポーツであるからこそ、ウィンブルドンの開閉式屋根もおかしくないのだ。激しい雨のなかでプレーするラグビー選手、技術を凝らした屋根のもとでそれを見る観客――昔はこうした奇妙な落差のある風景は存在しなかった。国立競技場であれば、観客は試合が終わると、ふだんでも集中するイベント客の処理に弱いＪＲ線や地下鉄の各駅に殺到することになる。試合の終了後に、天蓋のデザインを眺めている心理的余裕は人々にはないだろう。またオリンピックの開閉会式でも、打ち上げ花火のことを考えると、天蓋はかえって邪魔になる。一九六四年のオリンピックでは五機の飛行機がスタジアム上空に五色の輪を描いて祝福したという。

それでは第三の、観客でもビジターでもないふだんこの周辺を利用する人々——通勤者、散歩者、学生、あるいは配達人にとってこの施設とは何だろうか。見るたびに元気を与えてくれる建物ではもちろんないだろう。私は先のエッセイでこのような巨大な凝塊の構造物が密集した都市のなかに投入されたとき、周辺に十分なバッファーゾーンを設けることがその施設を見たくない人々に対する作法であると述べた。バッファーゾーンのない「新国立」ではどのように「見なくてすむ」デザインにするかも問われているのかもしれない。

さらに一歩論を進めて遠望する建築の象徴性について触れてみたい。エッフェル塔や東京スカイツリーの象徴性はどのようにして獲得されるのだろうか。ひとことでいえばそれは人が富士山や秋の名月を見たときの感情に似ている。そこに何か自分の記憶、身体を重ね合わせ、人によっては俳句の一句すら心に浮かんでくるかもしれない。それは一人の人間が絵画や彫刻に対して自己投影しながら鑑賞することに似たものがある。美しい塔はそうした宿命をもっている。

一方、地上の構築物の象徴性はその「引き」によって、たとえ小さなものでも素晴しい印象を与えてくれる。国立競技場と隣接する絵画館を青山通りから見た光景がその好例である。また、ルーヴル美術館の古い宮廷建築と透明なピラミッドの見事なアンサンブルは、その前庭としてコンコルド広場、チュイルリー公園の「引き」があって初めて愛でられるものなのだ。残念ながら「新国立」は塔ではないし、その巨大な凝塊に必要な引きもない。それは密集した都市のなかに忽然と現れる建築なのだ。

私は前述のエッセイを発表したときから、一貫してコンペのプログラムに掲げられた幾つかの機能と規模について懸念を表明し、デザインの是非は論点としてこなかった。したがって、これは国際コンペのなかで最も優れた案であるからこれらの懸念を忘れてほしいという意見にはもちろん同意できない。ましてやこの建築は閉塞しがちな日本の建築界に活力を与えるデザインであるかもしれないという主張に対しては、本気で議論する気にならない。デザインはまだ実現していないドローイングの段階であるのだから。サッカー、ラグビー、陸上競技、文化イベントのそれぞれが可能な複合施設であり、そのために開閉自由の屋根を持ち、かつ八万人の収容能力をもつ規模であるというプログラム自体に最大の問題が存在する。それにどのような美しい、あるいは元気の出るような衣服をまとわせるかは議論の焦点にはならない。アリーナの大観衆、サポート施設を訪れる人々、あるいはこの建物の前を通過する人々のあいだに、何のシナジーも生まれてこないことは、上述の分析からも明らかである。

日本の新幹線はソフト、ハード両面において世界に誇れる技術の集大成であった。条件さえ揃えば、現在、世界各地からその技術を利用したいという要請があるという。これと比較して、今回単独でつくればそれぞれ理想的な施設であったものを複合せざるを得なかった(あるいはしようとした)結果、開閉式屋根、あるいは可動式観客席その他に膨大な資金と高度な技術を必要とする施設をつくりたいというところが他にあるだろうか。こうしてみてくると、大変申し訳ないが私にはこの施設は地球最後の恐竜に見えてくるのだ。そして神宮外苑は、もちろんジュラシック・パークではない。

「新国立」とオリンピック後

先に述べた『東京新聞』記事は、第一回有識者会議の発言で「日本が再生していくための起爆剤」「ブロードウェイを超える地域開発になれば」といった発言もあったと報告している。最初の日本再生起爆剤云々は何となくコンペの審査評に似ているし、「ブロードウェイを超える地域開発」は、まさか「ブロードウェイ」は冗談であったとしても、後に審査員の一人がいう「新国立」を中心とする地域の再整備という提言と妙に符合してくる。どの有識者の発言であったかは黒塗りのためわかっていないという。

こうした議論の是非を問うとき、大前提となるのは「新国立」が文化施設か娯楽施設かという点である。私はスポーツ博物館が付随していても、あるいは一年に数日間大文化イベントが行なわれても、基本的に娯楽施設であると思う。この「新国立」の周辺を眺めると北は新宿御苑、東は絵画館、明治記念館、東宮御所の緑へと続く。さらにその北には慶應大医学部と病院、すぐ南は國學院高校、西は津田塾大学、そして神宮内苑とのあいだには国立能楽堂もある。高校、小学校、社寺もそのあいだに多く点在している。なぜ彼らはこの地を選んだのか。一つには交通の便がよく、比較的閑静なこの地域のアンビアンス(文化的環境)を立地条件として選んだのだろう。

「新国立」を核とした再整備といっても、具体的に何をどこにという青写真がなければこれ以上の議論を進める価値はない。そのためには再整備に賛同する都市計画家、ディヴェロッパー、地主、エコノミスト等が協同して作成した青写真を見て、公開討論のかたちでその是非を議論すべきであろう。これはもはや国家プロジェクトではないが、地域の人々を含め、二〇〇〇人くらいの公開プレゼンテーションに基づく討論会を開くことは、この施設、地域が注目を浴びているだけに、必要であると思う。私は東京体育館(一九九〇年)だけでなく、秩父宮ラグビー場の西側にテピア(一九八九年)、また津田塾大学の施設にも関係し、この地域については知っていることも多い。もしもそうした要望があれば、よろこんで討論に参加させていただきたいと思う。

最後に残るのはオリンピック後の運営についてである。二〇一三年一一月二六日に、JSCはオリンピック開催後の事業収支見込みの試算を工事費試算とともに明らかにしている。それに対し『毎日新聞』は先述のように一二月二三日付社説において、その収支の見通しの甘さ、疑問と矛盾に満ちた数字について厳しい批判を行なっている。大野秀敏氏も『毎日新聞』二〇一四年二月二一日付のオピニオン欄で収支の関係についてさまざまな角度から述べられているので、私はあくまでこの施設が期待する観客、そしてそれに応える、あるいは応えようとする管理者の立場を想像しながら、論を進めたいと思う。

この「新国立」の大規模大会の予定は、サッカー二〇日、ラグビー五日、陸上競技一一日、文化イベント一二日の計四八日と試算している。スポーツが三六日、その他が一二日である。スポーツのためには、天蓋はオープンでなければならない。こうした事情のための有蓋競技場の建設コスト、維持費は膨大となる。IOCの要求は八万人入ればよいということなので、屋根についてはあくまでこの施設の多目的利用に固執した日本側の姿勢の結果と考えていいだろう。現在屋根のどのくらいの範囲が可変であるか私は詳細を知らないが、大きくすればするほど、芝生の育ちを含めてスポーツには適するが、そのエンジニアリングコスト(維持管理、保守に関する諸費用)は幾何級数的に増大するであろう。逆にそれらを補塡する収入として、とくにラグビー、陸上競技のための集客力は限られていると思う。

オリンピックですら観客が本当に見たい競技は限られているだろう。私は仮設スタンドを無理してつくるよりも、メインスタジアムの規模はできるだけ小さくし、その代わりに周辺、そして日本中に数百人収容のテントを無数に用意することを提案したことがある。そこにはたとえばマルチスクリーンが置かれ、観客が好きな時間帯に、好きな競技を観戦することができる。ときには周囲の人々とビールを片手に共感を分かち合うこともできるだろう。海外で行なわれるサッカーの観戦によくある風景だ。日本は卓越したテント技術をもっている。そのテントはサッカーゲームの観戦、暮れの野外セール、小学校の運動会、何にでも使え、どこにでも持っていける。たとえば八万人から五万人に規模を縮小すれば、そのコストの差額で、多くのテントを各地のコミュニティが保有することもできる。なぜこうした先を見る自由な発想が日本では許されないのだろうか。仮設スタジアムのように、終わればいらないものとはまったく違う。有蓋競技場は小さければ小さいほど、その市場性も拡大するのは常識である。

東京ドームでは、年間一五〇日は野球のために確保されている。しかも日程もほぼ一定なので、その他のイベント約一二〇日もより容易に振り分けることができるという。「新国立」の場合、四八日間のイベントだけで本当に収支の採算がとれるのだろうか。マルチパーパス(多目的)施設というと一見聞こえがいいが、現実のマネジメントは決して容易ではない。それが世界に類を見ない巨大施設であればなおさらだ。これから人口減少に向かう日本、東京の市場が八万人の観衆を安定供給し得ないことは明らかである。

建築の維持コストは時が経てば経つほど逆に増大する。動く部分はかならず寿命がくる。初年度の想定収支が、同じ数字でその後の一〇年、二〇年、安定してカバーできる根拠にはならない。『毎日新聞』が社説で提起した疑念は当然である。仮に収支のバランスが破綻したとき、誰が責任をとり、そのつけはどこへまわされるのだろうか。

＊

首相「戦いは始まったのだ。我々は勝利に向けて全力を挙げて立ち向かわなければならない」

国民「でも戦争が終わった後はどうなるのですか」

現在、勝者のいない不毛な戦いが世界のいたるところで、さまざまなかたちで繰り広げられている。歴史はまた繰り返されるものなのだろうか。

座談会「宴」のあと

――二〇一五年七月一七日、安倍首相はそれまで進めてきた新国立競技場計画を「ゼロベースで見直す」と表明しました。

その後、見直しに至った経緯の検証作業と並行してつくられた新整備計画のもと再コンペが行なわれ、一二月に設計・施工業者が決定しました。二〇一六年四月にはやはり選び直しとなっていた公式エンブレムも決まり、二〇二〇年に向けて再スタートが切られたかたちですが、何のための五輪なのか、そのヴィジョンは依然として見えないままのように感じます。

本日は、新国立競技場計画について具体的な提言を重ねてきた槇文彦さん、中村勉さん、大野秀敏さんの三人にお話をうかがいます。白紙撤回までの幾つかの節目、そして、これまで一体何を問題にされてきたかをふり返っていただくことで、それらの論点を未来にどう生かしていくか、考えたいと思います。

なかむら・べん／建築家。中村勉総合計画事務所代表。ものつくり大学名誉教授。
おおの・ひでとし／建築家。アプルデザインワークショップ代表。東京大学名誉教授。

何が誤りの始まりだったか

――最初に槇さんから、日本建築家協会の機関誌『JIA MAGAZINE』の二〇一三年八月号に発表されたエッセイ（「新国立競技場案を神宮外苑の歴史的文脈の中で考える」[*1]）の要点を、改めてご紹介

＊1　本書二一九頁以下参照。

いただけますか。

槇 国際コンペの結果、二〇一二年秋に発表された新国立競技場案は、ひとことでいえば、敷地に対してオーバーサイズでした。

ただ最終審査に残った他の案を見ても、高さや地上容積率などは同じコンペのプログラムにしたがっていますから、いずれもそれなりに大きいのは事実です。一次審査のパースで、競技場へのアプローチが首都高やＪＲ線をまたいでいた当選案ほど巨大には見えませんが。

建築は、実際に目の前に現れなければ、図面からその大きさをイメージするのが難しいところがあります。エッセイをまとめるなかで考えていたのは、普通の人の多くは、この案にどんな問題があるか建てるまでわからないとすると、まず景観上の問題――地上を歩く人からどんなふうに見えるかとか、安全上の問題――たとえば八万人の観客が避難する場合、うまく処理できるのかどうかに触れておかなければならないということでした。

お話ししてきたように、私は一九八四年、国立競技場と隣接する土地にある東京体育館の設計作業に着手しました。その際、最大高さは三〇メートル、建替え前の建築の地上容積を超えてはいけない、また隣の新宿御苑から樹立を越えて体育館の屋根が見えるのは好ましくないなど、東京都から非常に厳しい条件を与えられました。このときの経験もあって、当選案の容積や高さが、新宿御苑、聖徳記念絵画館など周囲との関係を無視していることに驚いたのです。

エッセイでは、コンペのプログラムとして示された面積の大きさ、高さ、外部空間の狭さなどの問題を指摘し、こう述べています。もしも東京が二〇二〇年のオリンピック会場に指定されたときにはまず、この敷地により相応しい、新しいプログラムを作成することが必要である。そしてそれを新しいコンペにする時間的余裕がなければ、一つのオプションとしては、コンペの当選者に敬意を表し、ザハ・ハディド氏と二〇一二年ロンドン五輪のメインアリーナを担当した競技場専門建築事務所との協同によるロンドン・チームが考えられる——と。

というのは、ロンドンのスタジアムでは、当初、観客席は本設二・五万人、仮設部分五・五万人と計画されていたのです。一方、新国立競技場のプログラムは、八万人の観客を収容する恒久施設を要求していました。サッカーW杯の開催基準を考慮した結果と聞きましたが、狭小な敷地と周辺地域の特性を考えたとき、八万人収容の恒久施設をつくることが本当に合理的でしょうか。エッセイを書いた二〇一三年夏の時点では、まだ古い競技場がありましたから、恒久施設は既存の建築物程度の五・五万人分として、残りは仮設にしたらどうかと申し上げました。

大野　槇さんの話のなかに、プログラムという用語がありました。建築関係者以外にはコンペとの関係がわかりにくいかもしれませんので、少し整理しますと、建物を設計するためには、敷地は何平方メートルで、予算はいくらで、なかに何を入れるのか、あれこれ決めなければいけない。それを建築設計界ではプログラムと呼んでいます。

公共建築の設計者をコンペ形式あるいはプロポーザル形式で決める、要するに公募して決めることは、一九九〇年代のゼネコン汚職事件以降徐々に広まって、今ではほぼ定着してきました。そういう意味で、一昔前と比べれば設計者選定プロセスの公開性はずいぶん高くなってきています。しかし、プログラムを決める過程は、とくに国の施設では、いまもほとんど公開されていません。多くの場合、行政内部で決められたものが条

野球場北からの景観のシミュレーション

件として建築家に提示され、それに対する設計案を出すケースが多いと思います。

槇さんは、当選案が「大きすぎる」といわれたわけですが、もちろんザハ・ハディド氏が大きくしたわけではなくて、もともとプログラムが大きかった。デザインの評価以前に、プログラムに本質的な欠陥があると指摘したことが、一つ大事なポイントだと思います。

槇　いまはコンペのプログラムづくりにあたって市民の声を聞く自治体もかなりあると思います。それは、政治にとって保険でもあるからです。首長にしろ、地方議会の議員にしろ、選挙のときに「なぜあんな無駄遣いを」といわれると大きなマイナスになります。ですからその点は非常に慎重で、私も市庁舎などを手がけたとき、長い時間をかけて市民の意見を聞いた経験があります。

大野　そうですね。地方自治体は国と比して予算執行が身近で、その分、意識も高いです。

槇　一方、国の事業の場合、地方政治のようなプレッシャーはあまりないわけです。ではどうしているかというと、有識者会議が多用されます。安全保障政策にしても憲法の問題にしても、有識者会議から出てきたものがかなりの権限をもっていますね。今回も、会議(「国立競技場将来構想有識者会議」)で出された要望の集積が、ほぼそのままコンペのプログラムになりました。

東京新聞の森本智之さんが書かれた『新国立競技場問題の真実』[*2]では、この有識者会議の実態が詳しく取り上げられています。情報公開請求でオープンになった議事録によれば、事業主体となるＪＳＣの河野一郎理事長(当時)は、第一回有識者会議の冒頭説明ですでに、収容人数は「八万人がスタートライン」「全天候型スタジアムも要検討」と

＊2　森本智之『新国立競技場問題の真実——無責任国家・日本の縮図』幻冬舎新書、二〇一五年。

示していました。

中村　プログラムとのかかわりで補足しますと、有識者会議のもとに三つのワーキンググループ（ＷＧ）がありました。そのうち、他の二つのグループの意見を整理しながら、競技場の設備と規模を検討した中核組織が「施設建築ＷＧ」です。有識者会議で建築の専門家は安藤忠雄氏一人でしたが、このＷＧのメンバーは、彼をはじめみなさん関連分野の専門家で、コンペの審査員も務めています。

安藤氏は、白紙撤回となる日の前日に記者会見を開いて、「頼まれたのはデザイン案の選定まで」と説明していました。しかし実際には、コンペの審査委員長であると同時に、施設建築ＷＧの座長として必要な設備や条件を検討する立場にあった。現にこのＷＧの第一回会合で安藤氏は、「千駄ヶ谷駅から歩いてきますと、相当な大きさ」「周辺は全体のバランスがいい公園」「これだけ大きなものが入れるのか」とスケールに関する意見を述べています。また第二回では、他の委員から、会合での意見を「全部単純に加算していくと、規模的に不可能」との声も上がっていました。ところが、ＷＧでプログラムは何度か練り直されているものの、これらの意見がより大きな議論に繋がることはありませんでした。

大野　工事額がなぜ増えたかについては後でも触れたいと思いますが、その理由の一つに、バンケット会場や博物館や駐車場などの付帯設備が盛りだくさんだということがあります。加えて、陸上競技、球技、音楽興業と、共存の難しい三つの機能を一つの施設でこなそうとしていたからです。

最近の音楽業界ではＣＤなどの売上げが落ち、収入源としてライブパフォーマンスの比重が高まっているそうです。だから、都心に大物アーティストの公演ができる場所がほしい、さらに、最大のリスクである雨天中止を避けるためには屋根があるとなお良い、となる。一方、球技場としては天然芝が必要ですが、芝の育成には日当たりと通風が欠かせません。それで今度は屋根を開閉できるようにしたいという声が上がるわけです。一方、サッカー関係者などからすると、球技観戦には陸上トラックが邪魔になるので、トラックの上にも可動席を設けたい、となる。こうした多目的化を実現するために、機械設備頼みの方向に傾斜してしまった。

中村　河野理事長は、やはり第一回会議の挨拶で、「多様な利活用形態によって「稼げる」スタジアムに」とも言っていましたね。

大野　こうした多機能施設は、建設費と維持費がかさむ割に機能が中途半端になりがちで、世界の潮流は高水準の単機能施設に向かっています。

都市計画の視点は生かされたか

――槇さんたちがグループとして動きはじめたのはいつからだったのでしょうか。

槇　エッセイを発表した後、「自分たちも何かしなくては」といって、議論をさらに深めていくためにシンポジウムを企画してくれた人たちがいました。槇事務所ＯＢの元倉眞琴さん、山本圭介さん、ここにおられる中村さん、大野さん、それからエッセイを発表した当時の『JIA MAGAZINE』編集長だった古市徹雄さんにも加わっていただいて、二〇一三年九月初めに槇グループができました。

その数日後、ブエノスアイレスでのＩＯＣ総会で東京開催が現実のものとなります。そこから、本当にこういう競技場がつくられるのかとメディアでも意見が出はじめたわけです。

翌一〇月に行なわれた日本青年館でのシンポジウムでは、先のメンバーのほか、建築史家の陣内秀信さん、社会学者の宮台真司さんがパネリストとして参加されました。このとき、私が最初のエッセイで書いた以上に、社会的な、あるいは都市計画上の問題があるとそれぞれの方が発言されたように思います。大野さんも、都市計画面で発言されていましたね。

大野　建築関係者も含めて、みなハディド氏の建築に目が向いていましたが、先ほどのプログラム(施設の内容)の問題は、都市計画のレベルでも大きな問題であることを伝えたかったのです。

まず大規模イベント会場の設計において、安全上の配慮は最も基本的な事項の一つです。しかし、コンペの要綱どおりにつくると敷地が建物でいっぱいになってしまう。わずかな周縁部に、はたして八万人の観客がいっせいに避難するスペースを確保できるのか。これは建築家がいくら工夫しても解けない問題です。

槇　それから、たびたび指摘されたように、神宮内苑・外苑一帯は風致地区第一号となったところですが、プログラムには敷地周辺の歴史的、地形的説明がほとんどありませんでした。

大野　風致地区指定のように、都市の自然を守るとか、住環境を守るとか、景観のために適切な制限をかけるのが都市計画の大きな役割です。そして人々の異なる利害や期待を調整し、都市の向かうべき方向を示すのが都市計画家の仕事です。プログラムがつくられる時点で、その役割がきちんと果たされなくてはならなかったと思います。

中村　この地域は風致地区で最大高さ一五メートルとなっていますが、コンペの要綱には、施設の最大高さを七〇メートルに変更することが前提とされていました。実際に、二〇一二年に行なわれた施設建築WGの会合、また有識者会議では、副知事や都の技監が、都市計画審議会での承認を見越したような発言をしています。しかし、この規制緩和が実際に承認されたのは、二〇一三年五月に開かれた東京都の都市計画審議会の場です。このときの審議会では渋谷駅周辺の再開発などと一緒に、神宮外苑の新競技場計画が議題になっていました。

議事録を見ると、計画の環境面への影響について意見を述べているのは公園管理運営研究所の方一人だけです。その意見も十分に議論されることなく、「他にご質問、ご意見は……」となって淡々と了承されています。有識者会議も都市計画審議会も、非常に形式的なものだったといえると思います。

大野 いま述べてきたような都市景観上、安全上、そして維持管理費用に関する懸念があるとして、シンポジウム後の二〇一三年一一月、建築家や文化人の方、全部で約一〇〇人の方から賛同を得て、文科省と都に要望書を提出しました。「オリンピック終了後も、国民、都民から親しまれ、将来の世代からも賞賛されるために、計画条件を根本から見直してほしい」、そう述べて検討事項を挙げました。

調査から浮かび上がった問題点

中村 要望書への直接的な回答は得られませんでしたが、二〇一四年の五月、これまでの案を縮小した「基本設計案」が公表され、有識者会議で了承されます。

二〇一三年秋に、設計者が三〇〇〇億円に達する工事費の試算を出したと報じられるなど[*3]、計画への批判がいっそう高まっていたので、規模やコストを見直した案がつくられたわけです。

＊3 『毎日新聞』二〇一三年一〇月一九日付。

大野　コンペで示された建設予算額は一三〇〇億円でした。世界の歴代オリンピック会場で建設費が一〇〇〇億円を超える施設はありませんから、この予算自体が大盤振舞いですが、さらに高い試算が出てきたわけですね。

槇　基本設計案を見たとき、直感として、これまで指摘してきたのと同じ問題が残っていると思いました。しかし基本設計案の発表とあわせて詳細な図面が一般公開されたことは重要でした。より真剣な検討を進めることが可能になったからです。

大野　その後、槇さん、中村さんたちと取り組んだ分析を通して、大づかみに言って三、四のテーマが浮かびあがってきました。なかでもキールアーチの構造、ドームの開閉式遮音装置の問題は、計画全体を象徴するものだったと思います。

たとえば、槇さんが「2LDKが入るサイズ」と言っておられた断面面積八〇平方メートル、幅四〇〇メートルのキールアーチが本当にあの高さで建築構造として成立するのか。友人の構造の専門家に話を聞くと、建築のアーチのスパンとしては前例がないだけでなく、幅に対して高さが低いので、地震の際には長周期振動による揺れが止まらなくなるのではないかと懸念していました。

槇　開閉式遮音装置のほうは――ＪＳＣは、基本設計案の公表以降、開閉屋根のことをこう言い換えたのですが――、ねじれた鞍形をした三次元曲面のデザインでした。日本の他の例を調査すると、屋根のある豊田スタジアムも大分銀行ドームも、おおむね二次元的な動きです。それでも不具合が起きて、豊田スタジアムでは二〇一五年四月に運用を停止しています。大分銀行ドームは年間稼働日数が新国立競技場での想定の半分だったにもかかわらず、天然芝の管理に今も苦戦しているそうです。

こうして実際に調べてみると、キールアーチや開閉式遮音装置、あるいは芝生の育成などが技術的に可能かどうか、検証もしないで突き進んでいることがうかがえました。コストの問題もそうです。未検証のテーマを幾つも抱えたまま案が承認されて、莫大なお金が投じられようとしていた。

これには強い危機感をもちました。レイテ沖海戦で十分な情報も戦略もないまま武蔵を投入して沈ませた、そういう参謀本部的なメンタリティが七〇年後にもまだ残っていたのだと思いました。

大野 それから収支計画では修繕維持費の問題がとくに大きいと思います。JSCは後の説明会で今後五〇年間にかかる維持費は建設費の四〇パーセント、年間コストは一四・一億円と計上していると回答しました。ところが、そこには大規模修繕の費用は含まれていません。

大規模修繕費を入れた試算では、五〇年間で建設費の一〇〇―一五〇パーセントの費用がかかると予測されます。JSCは初期の収支計画では年間四億円の黒字と説明していました。しかし、この「黒字」というのは役所用語で、フローだけの採算性をみている。民間の事業のように減価償却費を含むと、当然赤字になります。

槇 多摩ニュータウンの複合文化施設「パルテノン多摩」も、築約三〇年で老朽化が進んで、当時の建設費に近い額を改修費用として負担しなければ維持できなくなっているそうです。[*4] こうした例はいまよく耳にしますね。

大野 本来、公共事業はそもそも元をとれるものではなかったのですが、中曽根内閣以来の「民活」路線では、公共事業にも採算性を求めるようになりました。そこにねじれが生じていきます。今回のケースでも、もはや公共施設というより興行場に近い。JSCからすれば、施設を立派につくればつくるほど売上げが増えて、フローの成績はよ

*4 『朝日新聞』二〇一六年三月二七日付。

くなる。大規模修繕が必要なときがきたら、国会にお願いして予算をつけてもらえばいい。そうした発想で、際限なく無駄遣いをするメカニズムができています。

他方で、根本祐二さんが『朽ちるインフラ』[*5]で指摘されたように、戦後に整備された社会資本は、更新投資の必要な時期を迎えている。実際、橋やトンネルの天井板が崩落する事態が起きています。メンテナンスだけでも公共施設に関係する支出がいっそう増えていくということです。

さらに人口減少と高齢化による歳入減・歳出増を考慮すれば、過剰な公共施設をつくっている場合でないのは明らかです。

招致キャンペーンでは「コンパクト五輪」をアピールしていましたが、政府は「地方創生」も打ち出しています。都心への一極集中がこれ以上加速しないよう、埼玉や横浜の大規模競技場を活用することだって考えてもよいはずです。

ムラ社会のルール

中村　基本設計案が発表されて約二カ月後の二〇一四年七月、日本建築家協会、日本建築士会連合会、東京建築士会、日本建築士事務所協会連合会、東京都建築士事務所協会、以上五団体の代表が、ＪＳＣによる説明会に出席しました。私は東京建築士会会長の立場で参加しましたが、槇さんと大野さんは、非公開であることを理由に参加されなかった。我々もその場で議論することを避け、ＪＳＣや有識者会議の考え方を聞く場と位置づけていました。

説明会に参加した有識者委員は、ざっくばらんな議論をといいながら、あくまで既存路線を盛り上げていこう――「おもてなしの心」で日本の技術を結集して五輪を成功さ

＊5　根本祐二『朽ちるインフラ――忍び寄るもうひとつの危機』日本経済新聞出版社、二〇一一年。

せよう、ザハ・ハディド氏に対しても失礼ではないか――そうした姿勢に終始している印象でした。施設建築WGの委員であった内藤廣氏は、二〇一三年一二月に発表した「建築家諸氏へ」*6というメッセージで、「決まった以上は最高の仕事をさせる、ザハ生涯の傑作をなんとしても造らせる、というのが座敷に客を呼んだ主人の礼儀」と述べています。

槇 発注者であるJSC側が最初に五会と話をする場を設けたのは、これで建築界のお墨付きを得たことにしたかったからでしょう。発注者側は、有識者会議、都市計画審議会、それから業界トップとの集まりで手続きは済んだとして粛々と計画の実現に向かっていく。これは業界、学界、行政の関係の一つの典型例です。

中村 実は、この説明会には前段があって、二〇一三年一二月に開かれた自民党「無駄撲滅プロジェクトチーム（PT）」の会合で、JSCに対して予算が一三八八億円を超えないこと、また管理費赤字補塡を行なわないことを確認していたのです。そのような確認事項の一つに、建築界の八〇パーセント以上が賛成すること、というものがありました。

基本設計案発表後、二〇一四年九月にもこの自民党無駄撲滅PTの会合が開かれ、私は三八項目にわたる質問書を提出しました。質問内容は槇グループの討議で組み立てたものでしたが、それまでの槇グループでのヒアリングや調査を踏まえて、当時の基本設計案では工事費は約二一〇〇億円にのぼる可能性がある――これは、後から二五〇〇億円に上方修正するのですが――、工期も日産スタジアム（横浜国際総合競技場、七万二〇〇〇人収容）と比較しても同じ四二カ月では不可能で、五〇カ月はかかるのではないかと指摘しました。

*6 内藤廣「建築家諸氏へ」http://www.naitoaa.co.jp/090701/top/for architects.pdf

この会合のことでよく覚えているのは、前日に千葉で痛ましい事件が起きて、会合が行なわれた自民党本部に右翼の街宣車が来ていたことです。県営住宅の退去を迫られたシングルマザーのお母さんが、中学生の子どもを殺してしまったという。「こういう社会にしたのはお前たちだぞ」、そういう怒鳴り声が外で響いていました。一方、会合ではコンペの技術調査員を務めた元日本建築学会会長の和田章氏が、工事費のことを「一七〇〇(億)とか、一九七一(億)とかいうお金は確かに大金ですけれども、……オリンピックとパラリンピックの四週間全国民がエンジョイする、一億人で割れば、一人一九〇〇円です」「一週間のあいだに三日も飲みに行けば、すぐ家族分くらいはお父さん、お母さんは使っている」と発言した。委員長(当時)の河野太郎氏が、すかさず「オリンピックだから金をいくらかけてもいいという議論は慎んでいただきたい」と返していましたが。

大野 今回の一連の動きをみていると、やはり建設業界と霞が関、それから学界、産官学のなかで、相互に持ち上げつつ、その利権を膨らませていく建築ムラのメカニズムが働いていると感じます。それが、現実を見失わせる力の一つになっている。

先ほど人口減少・高齢化時代の施設余りについて触れましたが、四〇年もすると日本の人口は九〇〇〇万人を割り、高齢化率はほぼ四〇パーセントになります。その状況で八万人規模の施設の需要が本当にあるのか。アスリートファーストどころか、建設需要ファーストで、本質的な問題を先送りし続けているわけです。

設計・施工体制とマネジメント

――JSCは非公開で専門家に対する説明会を開く一方、二〇一四年八月には、ECI(Early

Contractor Involvement）といわれる入札契約方式で施工予定者を公募すると発表しました。これはどんな方式だったのでしょう。

槇　施工の話に入る前に、まず設計の体制をみておく必要があると思います。今回、特殊だったのはコンペで「設計者」ではなく「監修者」を選んだ点です。つまり最優秀賞に輝いたザハ・ハディド・アーキテクツはデザイン監修にあたり、設計は、公募で日建設計・梓設計・日本設計・アラップの四社による設計共同体（ＪＶ）に委託されました。先ほどの基本設計案も、ザハ・ハディド事務所と日本の設計ＪＶが一緒につくっていったものです。

監修者と設計者の関係のあいまいさについては、私が当初から指摘してきたことです。おそらく、両者を分けたのは、期限どおりに要件に合ったスタジアムができるかどうか、事業主体の側に心配があったので、能力のありそうな日本の設計者を選定したということなのでしょう。コンペの要項では、監修者に、設計者がデザインの意図を十分に反映しているかをチェックし、必要な場合、修正の提案を行なうといった強い権限を与えています。しかし、設計者・監修者の違い、上下関係などその内容はもっと明確であるべきだったし、両者の役割について徹底した話し合いがあって、そのあと契約するのが本道だったと思います。事実、検証委員会の報告書では、当初は役割分担が不十分だったために監修者と設計者の双方で近い内容の作業が行なわれ、設計作業の完了時期が遅れたとありました。

そうしたあまり前例のない体制をとったとはいえ、フレームワーク設計、基本設計、さらに実施設計まで進めていたところに、今度はＥＣＩ方式を導入するという。最初に聞いたとき、非常に不思議に思いました。

大野　施工の仕組みについて簡単にお話しすると、公共工事の場合、原則として設計と施工は分離して、設計の仕様書に基づいて入札で施工業者を決めます。それを前倒しして、設計段階から施工業者の意見を取り入れようというのがＥＣＩの大きな考え方です。最近はＰＦＩ(Private Finance Initiative)、ＤＢ(Design-Build)と、いろいろなかたちで投資と設計施工を合体させる動きが世界的にみられます。

たとえば高度な施工技術が必要で、設計サイドだけでは対応できないとか、プロジェクトの規模が大きいときに予算や工期を確実なものにしたいとか、それぞれに動機があって、単純に何が良い悪いとは言えません。ただ今回は、日本側にサポートする設計チームがあって、そのうえコンストラクションマネージャーにあたる業者もいて、充実した体制をとっていた。そこにさらに建設会社の支援を得るということですから、やっぱり不思議というほかないですね。

槇　たとえばもしも自分が設計者で、作業途中で施工者が入ると言われたら、やっぱり、我々のやっていることを信用していないのですか、というのが正直な感想だと思います。検証委の報告書によれば、導入を決めた後で想定外にその時期が遅れたとのことでしたが、ＥＣＩ方式が示された時点で技術的な積み残しがあったのか。それを発注側、設計側はどう認識していたのか、知りたく思います。さらにこの四社連合の設計者が本当に設計者として適切な助言、報告を——とくにコスト、スケジュール、あるいは技術上の問題に関して——ＪＳＣや監修者に行なってきたのか、私は疑問をもっています。

中村　二〇一四年五月に基本設計案を出して、ＪＳＣがＥＣＩ方式で竹中工務店・大成建設を施工予定者に選んだのが一二月。それまで約七カ月間ですね。

先ほど触れたように、その間に槇グループでは同規模の日産スタジアムで工期とコスト、大分銀行ドームと豊田スタジアムで開閉式屋根、味の素スタジアムで芝生、大阪ドーム（京セラドーム大阪）で騒音、札幌ドームでおもに維持費について分析を行ないました。それらの分析を基に三八項目の質問として提出していましたが、やはり明確な回答はありませんでした。もしかすると設計の現場では、もうこれ以上答えが出せない状況にあるのではないか、私はそういう感触をもっていました。

またＥＣＩ方式の施工予定者は、さまざまな施工方法を確立するために、かなりのシミュレーションをする必要があると主張し、そのための見積りを出したものの、ＪＳＣはその一〇分の一の見積り価格しか認めず、必要とされるものが結果的に先送りされることとなったそうです。その話を聞いたとき、検証の終わっていない段階では、施行者もコストや工期に対して責任を負わされる請負契約はできないだろうと悟りました。既定路線で進むことが確認された二〇一五年七月七日の有識者会議後も、私はまだ状況が変わるという望みをもち続けていたのです。

槇　もう一つ、重要だと思うのは、基本設計案の予算です。二〇一四年一二月に施行予定者に選定された竹中・大成の二社は、翌年一月には総工事費三〇八八億円となること、さらに工期もラグビーW杯には間に合わない旨をＪＳＣに報告していたそうです。その後、文科省に話が上がって、予算・工期の問題がまた噴出することになるわけです。

工事費が三〇〇〇億円を超えるという話は二〇一三年の時点でも出てきていました。そこで明らかになるのは、基本設計案の工事費一六二五億円は過小評価であったということです。関係者はこの予算で大丈夫だと本当に思っていたのでしょうか。結局、この基本設計案で突き進んだことで全体の破綻に至ったわけです。

中村　予算の問題にせよ、ＥＣＩ方式にせよ、やはり日本の設計ＪＶが何の反応も示してこなかったことに謎が残ります。ＪＳＣはザハ・ハディド事務所に総額で約一四億円、日本の設計ＪＶに約三八億円を支払っています。一般的には、ザハ・ハディド事務所が設計の「当事者」「責任者」として認識されてきたと思いますが、設計ＪＶも、もちろん対価を得て公共事業に携わっていたわけです。

槇　そうですね。のちに白紙撤回の決断がなされたとき、ザハ・ハディド氏は安倍首相に直接手紙を書いていたし、事務所としての立場も幾度か表明していました。ところが、日本側の設計者は悲しんでいるのか喜んでいるのかもわからない。実際の設計にあたった四社ＪＶにも、社会に対する説明責任があるはずです。

「白紙撤回」直前の提言

――二〇一五年五月以降、当時の下村文科大臣と舛添都知事との建設費負担をめぐるやりとりから、競技場計画の問題が改めて浮上し、人々の関心が一気に高まりました。

大野　工期からしても、見直しに向けた最後のチャンスだということで、二〇一五年の六月五日、記者会見を開いて槇グループの代替案について説明しました。基本設計案の構造形式と、過去のオリンピック主会場でひろく用いられてきた構造形式を比較して、コストの面でも工期の面でもキールアーチが問題の中核であると話をしたら、その比較がわりとわかりやすかったようです。「キールアーチ」という言葉が受けたのか（笑）、浸透した気がします。

中村　二〇一四年後半からマスコミの疑問や批判の声が強まっていましたが、この記者会見の後からはとくに、保守的だった一部の新聞社も大きく扱いはじめました。これらの提言が社会的な力をもち得たのもマスコミ各社の支援が大きかったと思います。

槇　新たな提言のあと、二〇一五年六月一八日に下村文科大臣と次官の方に大野さんと私が呼ばれ、そこで我々はラグビーW杯に間に合わせるという工期さえ諦めれば、代案でやり直す時間はありますと申し上げました。その代案というのはキールアーチをやめ、また開閉式屋根のないデザインとすることです。その後、大臣はこの案を官邸にもっていかれた。けれども、このときは官邸預かりとされ、一旦は、旧来の計画を維持して実施する方向が固められます。

二〇一五年六月二九日、五輪組織委員会の調整会議で、大臣は建設費二五二〇億円とする見直し案を報告しました。完成予定時期は二カ月遅れる、だがラグビーW杯には間に合わせるとの内容でした。その後七月七日の有識者会議でも案が了承されています。

中村　この有識者会議の直後、七月九日にJSCは施工業者と約三三億円の契約を結んでいます。スタンドなどの工事を請け負う大成建設に一部資材を発注する内容です。また、これまで競技場問題の担当は文科省の下村大臣でしたが、六月二五日には、オリンピック・パラリンピック担当大臣に遠藤利明議員を据えた。つまり七月七日の有識者会議前後までは、既定路線を固めているようにも見えたのに、それから一〇日後に「ゼロベースで見直す」と首相によって撤回されたわけです。別に我々が撤回せよと要求したわけではなかったので、槇さんは「オウンゴールだ」と言っていましたね(笑)。

槇　あの当時、内閣支持率が下がっていたので、これ以上ここでマイナスをやったら……とシュートを打ったのでしょうが、その効果はあまりなかったからです。しかし、下村大臣が官邸にもち込んだ案にはそれなりに意味があったと思います。大臣からは後日、私たちの代替案は、後の白紙撤回に至る重要な提言だったと感謝されました。

ともかくも計画は白紙となったので、槇グループの役目はもう終わったのではないかと思いました。七月三〇日にグループのメンバー全員に出席していただいて、もう一度メディアに対して、我々のアイディアとして、キールアーチと可動式屋根の中止、観客席のみの屋根にすること、そして規模を縮小して、ラグビーW杯での使用を諦めるなら今からでも一〇〇〇億円以内で競技場をつくり上げることは十分に可能であると、技術的な検討を改めて説明しました。

あいまいな「第二幕」のスタート

中村　全体の検証として真っ先に思い浮かぶのは、プロジェクトを統括しているプランナーは誰だったのか。結果的に官僚の人たちは一体何をしていたのか。設計者のなかでも、誰が実質的なプロジェクトマネージャーなのか——一貫して、全体のマネジメントを行なう人間がいなかったことです。それは白紙撤回以降についてもいえます。聖火台がプログラムに入っていなかった騒ぎもありましたが、そもそも新しいプログラムを誰がつくったのか、具体的にはわかりません。

槇　遠藤大臣は七月末よりアスリートやジャーナリストの方など大勢を呼んで話を聞いていました。我々も先ほどの提言をお伝えしましたが、結局、「この辺でコンセンサスですね」とあいまいなかたちで第二幕に入ることになったと思います。

どんなプログラムにすべきかは、本質的には複雑なことではないはずです。三年前のエッセイでも申し上げたように、第一にポスト・オリンピック——五〇年後の東京のこの地域にふさわしいスケールと内容をもった施設を、といえば、それだけで日本らしさとかスケジュールとか、コストの点は吹っ飛んでしまいます。そのくらいの新鮮さをもったプログラムでなければいけなかったと思います。

だから、再コンペについて「A案、B案のどちらがいいですか」という質問に、私は興味はありませんでした。一流の建築家と一流の施工会社が組むのだから、これは一流のコンペだと思ったら間違いです。プログラムが間違っていたら、コンペとしては一流ではないですよね。

専門家の役割——幾つかの位相から

中村　一連の問題について、市民からは、個人からも、また運動としても、さまざまな声が上がったと思います。でも、専門家はそうした意見や社会の動きを十分にくみ取ることができたのか。そもそも専門家同士の議論は深まったのか。ともに不十分だったと思います。

槇　日本も黙っていない社会になってきたのは心強いことです。ただ、今回は国家プロジェクトだったので、かたちのある自治体の顔のある市民というものが想定されていなかった以上、もう少し専門家がしっかりしなければいけなかったといえるのではないですか。

中村　本来であれば有識者会議やWGの会合は、それぞれの専門家がとことん議論すべき場でした。しかし、最初にお話ししたように、本質的なやりとりはなくて、官僚が書いたシナリオに沿って議論が進められていました。

大野　この間、メディアでも「専門家の責任」といわれてきましたが、いろいろなレベルでの専門家、専門性が存在すると思うのです。そのなかで日本では、技術官僚は細部を、行政官僚が大所高所から考えるという構図がずっとあるように思います。その構図のもとで、技術の専門家がきちんとした発言の機会を与えられずに、都合のいいところだけ主張をつまみ食いされることが続いているのではないでしょうか。

一方で専門家や技術者は、「ムラ」をつくって、利益集団化している。たとえば、ザハ案の廃案決定に際して、せっかく斬新な建築ができるチャンスだったのに惜しいことをした、そう考えている建築家もけっこういると感じました。議論の矮小化というか、限られた領域にしか興味をもてなくなるのも、ムラ特有の関心のもち方の一つでしょう。でも、専門家だったら三〇〇〇億円の予算といわれたときの妥当性にも目を向けてほしい。最初に申し上げたように一〇〇〇億円あれば、立派な競技施設ができるわけです。たとえば、問題になっている保育士給与引き上げのために必要な国の緊急予算は二〇一六年度で五〇〇億円しかありません。新国立競技場の建設費は、やっぱり半端な額ではないのです。

槇　今さら言っても意味のないことですが、たとえば構造界から「このキールアーチは実際にはどんなものなのか」とか、環境面で「本当に芝生が育つのか」とか、そういう検証の試みが、建築学会や実務家たちのあいだで、もっとあってもよかったのではないかとは思います。

基本設計案の発表後に、我々はかなり集中的に情報収集とシミュレーションを行なって、さまざまな懸念を示しました。それは評論ではなくて、自分たちなりの分析と提言をしたということです。

複数のグループが意見交換の場をもって、もう少し早く分析が進んでいたら、「もう時間がありませんから」という第二幕にはならなかったかもしれません。

巨大開発の影

中村 東京都は神宮外苑地区の関係権利者と、二〇一五年の春に再開発の基本覚書を交わしたそうです。競技場問題の背景として、巨大都市開発の動きも見ておいたほうがよいと思います。

槇 コンペの審査委員を務めた鈴木博之さんも、外苑の景観は時代とともに変化を遂げているとおっしゃっていましたが、単に新国立競技場を建設するだけでなく、一大スポーツ拠点として神宮内苑・外苑一帯を違うものにしようとする流れがあります。秩父宮ラグビー場と神宮球場の位置を入れ替えようという話もその一つです。再開発に向けた力が絶えず働いて、有識者会議にも、暗黙の了解のようなものがあったのではないかと思います。

大野 都市開発の規制緩和の流れは二一世紀に入っていっそう強まって、東京でいえば、代々木公園、神宮外苑、東宮御所、皇居と繋がる貴重な大緑地帯ですら、一般の市街地と同様に開発対象としてもよいという雰囲気が出てきたと思います。特区を活用して、今や路上にさえ建築がつくられています。

都市再開発、あるいは今回のような大型公共事業が経済を牽引するエンジンだという考えはやはり根強いですが、先ほどから申し上げている人口減少、さらに公的債務がGDPの二三〇パーセントにも達していることを考えれば、少しの負債であっても、未来世代への大きな負担になり得ることは想像できます。

槇 建築の維持費の問題もありますが、社会保障政策をきちんと実行していけるのかという課題もありますね。

縮小期の日本という文脈

中村　我々が今回、槇さんの問いかけに共感したのは、都市のなかの、誰もが自由でいられる空間、オープンスペースの重要性を再認識したことも大きかったと思います。緑や公共空間は社会資本であって、それがあることによって都市の魅力、価値が高まる。この点をしっかりと伝えたいとの思いをもっていました。

二〇五〇年の社会、二〇七〇年の社会に、大野さんの言われたような負債ではなく、遺産となるものを残してゆかなければならないと思います。

大野　この競技場問題でもそうでしたが、都市の価値というとき、建替えでなく改修によって新しい価値を創造する、それが日本ではなかなか選択肢にならないもどかしさがあります。二条城でサミットを行なうのが世界の常識なのに、政府は二〇〇五年に京都御苑のなかに新しい迎賓館をつくりました。新築を喜ぶ文化の根は考えられている以上に深いと思います。

私は、とり壊されてしまった古い国立競技場を改修して使うべきだったと今でも考えています。一九六四年の東京五輪のために丹下健三さんが設計された国立代々木競技場(一九六四年)は、名作の誉れ高い建築です。それは、成長期の日本を見事に象徴したデザインでした。もしも、クリエイティブな改修国立競技場が誕生していたら、縮小期を巧みに運営する日本を建築によって象徴できたのではないかと悔やまれます。

槇　やはり、これまでエッセイでも指摘してきたように、今日の都市の文脈、社会の状況をふまえたとき、必然的に、少なくない公共施設が利用者の減少、維持管理の困難に直面することになると思います。そのときに、施設の一部でも、住民が参加し、そのありかたを議論して運用する、住民参加型の広場をつくることもできるのではないでしょうか。

あなたの都市の象徴とは、と各国の人々に訊ねたら、さまざまな答えが返ってくると思います。歴史的な大聖堂、モスク、宮殿、図書館、美術館、競技施設、鉄道駅……それらは誇りの象徴といえるのかもしれません。三年前にエッセイを書くきっかけとなった新国立競技場案は、こうした誇りや歓びを人々に与えるものとは程遠い案でした。

でも、これから都市の象徴となるのは何かと問われると、案外、施設や建築ではなく、人々のあいだに深い関わりあいをつくりだす広場なのではないかとも思っています。

（二〇一六年五月、聞き手＝『世界』編集部）

追記

日本では二〇一六年に刊行され、日米両国で話題になっている堀田江理著『1941 決意なき開戦』[*7]という本のあとがきで、堀田氏は次のような言葉を残している。

全一六章を通して訴えたかったのは、日本の始めた戦争は、ほぼ勝ち目のない戦争であり、そのことを指導者たちも概ね正しく認識していたこと、また開戦決意は、熟考された軍部の侵略構想に沿って描かれた直線道路ではなかったことだった。その曲がりくねった道のりで、そうとは意識せず、日本はいくつかの対米外交緊張緩和の機会をみすみす逃し、自らの外交的選択肢を狭めていった。

一九四一年開戦前夜における政策決定にまつわる諸問題は、我々にとって他人事で

＊7 堀田江理『1941 決意なき開戦——現代日本の起源』人文書院、二〇一六年。

はなく、敗戦を経ても克服することのできなかった、この国が継承し続ける負の遺産だとも言えるだろう。そのことは、ごく最近では、福島原発事故や新国立競技場建設問題までに至る道のり、及びその事後処理における一連の経緯が、明確にしている。より多くの人々に影響を及ぼす決断を下す立場の指導層で、当事者意識や責任意識が著しく欠如する様相は、あまりにも、七五年以上前のそれと酷似している。

すでに「新国立競技場案を神宮外苑の歴史的文脈の中で考える」において市民社会になりきれなかったお上社会について指摘しているが、さらにそこにムラ社会のルールが複雑に絡み合い、結局設計者、監修者、施工者、文科省、ＪＳＣなどの組織を統括していく明快な意思決定機構が存在しないまま、すべてが運ばれてきた。この日本の社会組織にいまもって隠然と存在する、体質ともいうべきＤＮＡを、堀田氏は太平洋戦争後も変わらない日本の負の遺産と称しているのではないだろうか。

Ⅵ　新しいヒューマニズムの建築をめざして

群造形——その四五年の軌跡

「全体と個」をめぐる考察の始まり

一九五八年一〇月にアメリカから日本に帰国した私は、東大時代にともに丹下健三研究室に所属し、卒業後も丹下アトリエに残った神谷宏治の紹介で、メタボリズムの人たち——川添登、菊竹清訓、黒川紀章、そして彼らの精神的指導者ともいうべき立場にあった浅田孝と出会うことになる。

いま考えてみると、当時の日本の建築界は、現在のように建築関連の職域がひろがっておらず、どちらかといえば自由職業としての建築家たちの闊達な言論と行動を軸に動いていた。もちろん村野藤吾、前川國男を頂点とし、丹下健三、大江宏、吉阪隆正ら、新鋭の建築家たちがひしめくなかで、我々のようにあまりまだ実績をもたない若い建築家たちにも新しい場が与えられようとしていた。そのことは、言論の新鮮さもさることながら、一九六〇年代の日本の精神風土の一つの産物だったと考えてよいだろう。同じ頃にイギリスで生まれたアーキグラムと比較してみると、建築の仕事もなく、閉塞状態にあった彼らと異なって、メタボリズムはちょうど二一世紀初頭の中国のように、未来に対する夢がその基盤にあったように思われる。しかし経済の上昇期にあったといっても、今日の北京や上海が、グローバル経済のなかで多くの国際的、かつ成熟した資本と建築家の草刈り場と化しつつあることに較べれば、メタボリズムは「考える」時間のある運動であった。それが私の場合、「建築する」ことと同時進行の形式をとり得たことになる。メタボリズムのメンバーはそれぞれ異なった軌跡をその後描いてゆくが、すくなくとも次の一〇年にわたって、ある時代の精神を共有することができたと思う。

一九六〇年、世界デザイン会議が東京で開催されたのを機に、メタボリズムのマニフェストとして出版された小冊子『METABOLISM/1960』[*1]、そこにおさめられた大髙正人との共同提案「群造形へ」が生まれるまでのいきさつについては、すでに多くの機会に触れてきたので、ここでは省略したい。しかしこの提案の背景として、私なりにそれまでに考えてきたことは、もう一度ここで確認しておいたほうがいいだろう。

私は一九五九年と六〇年の二度にわたって、当時まだ多くの建築家にとって海外旅行がそれほど簡単でないときに、さまざまな地域・都市を訪れる幸運に恵まれた。そのなかでとくに強い印象をもったのが、中近東から地中海沿岸にかけて展開する集落の姿であった。日干し煉瓦を下地にした漆喰の塗壁と瓦屋根で構成された民家群が、単純なかたちを自在に組み合わせながら、複雑な地形に対しても、集合体としてきわめて魅力的な全体をつくりだしていた。とりわけ私を感動させたのは、そこにある基本的な型、たとえば小さな庭を囲むかたちで幾つもの個室が庭に向かって設けられるという、きわめて単純な空間形式が基本になっていることであった。そこに、長い年月にわたって培われてきた地域文化の知恵の集積を読みとることができた。一九六〇年代に入るとルドフスキーの『建築家なしの建築』[*2]によって、こうしたヴァナキュラーな建築に人々が注目しはじめるようにもなる。

*1　川添登編前掲書（本書一五六頁注参照）。
*2　B・ルドフスキー前掲書（本書六五頁注参照）。

大髙正人・槇文彦「群造形　新宿副都心計画」（一九六〇年）

私がとくに関心をもったのはこの集落が示唆する「全体‐個」の関係性であった。全体‐個の問題は我々が住む地球の自然現象からはじまって、人間社会のなかにある、政治、経済、組織、都市、そしてもちろん建築に至るあらゆる局面に立ち現れる問題であり、現象である。都市についても、また建築においても、それを構成する要素、単位についてどのような重要性をあたえ、どのような関係性をつくり出すかによって、見方、構築のありかたはまったく変わってくる。

全体と個の関係性をめぐる考察は、私自身の建築の美学と倫理の基底につねに現われるようになる。有機体である都市は、どこまでも、そこに存在する個々の建築、あるいは地域の自立性があって初めて保たれる。その事実を直観的に示してくれたこの旅は、そういった意味でも貴重なものであった。私の立場が明らかにほかのメタボリストたちと異なっていたとすれば、形態やシステムによって支配されるほど、我々の環境は単純なものではなく、「意志のある個」の力が究極的には強いという立場を当初からもっていたことにほかならない。

集合体と連鎖の方式

一九六〇年代の初頭といえば建築界はいまだ、戦前から引き継がれた近代建築のさまざまなテーマを一つずつ試し、実現していくという段階であった。同時にはたして都市に対して近代建築理念がどこまで、どのようにその有効性を実証し得るかという課題に対してさまざまな疑問が提出され、新しい探索がはじまった時期でもあった。メガストラクチャーはこうした時代のコンテクストのなかで、技術への信頼にもとづく一つの挑戦であったとみることができる。

一九六〇年の夏、南仏で開かれたチームX《テン》の会議に参加した私は、彼らが提唱する人間、地域主義的なアプローチがメガストラクチャーを否定しつつ、しかし〈巨大な数〉すなわち多くの人たちの住居問題に対して、建築家としてどこまで有効な策を示し得るのか、苦悩を隠し得なかったのを目撃している。

一九六一年、旅も終えてワシントン大学に帰った私は、次の一年、幾つかそれまで書き留めておいた考えを基にして、後に *Investigations in Collective Form*[*3]（「集合体の研究」）の第一章におさめられた「集合体——三つのパラダイム」を書き上げた。

その後、一九六四年に第二章となるエッセイを加えて同書が刊行されるが、二章では、リンケージという観点から集合のありかたを取り扱っている。ここでは、結節の問題がさまざまなレベルにおいて議論されている。たとえば都市の構築物の単位である一つひとつの建物に寿命があるとすれば、それぞれ時間がずれながらリサイクルしていくもの同士——新しいものと旧いものとのあいだに、どのような関係をつくるか、これらを個と個の有機的な結節の問題でもあるとみなしている。

したがって都市の様相を、同時に発生しつつあるさまざまな数かぎりない行為やイベントの総和としてみようとする観点もそこから自然に生まれている。こうした状況において建築家、プランナーが新しいものを介入させていくとき、その行為をオペレーショナルなものとしてとらえ、オペレーションの手続き、仕方のなかに、その行為者の都市へ立ち向かう姿勢の反映を見出そうとしている。つまり、都市の具体的な場であれ、社会システムであれ、その基本に「個の自立性」を認め、それぞれの個の全体への参加のありかたを問い続けてきたといえるだろう。

Investigations in Collective Form の第一章「三つの集合のパラダイム」では、コン

＊3　Fumihiko Maki 前掲書（本書四二頁注参照）。

ポジショナル・フォーム(Compositional Form)、グループ・フォーム(Group Form)、メガ・フォーム(Mega Form)を一見対立的なパターンとして取り上げているが、その最後に述べているように、この三つのパターン、すなわち様態は、一つの形態のなかに同時に存在し得るものであり、おたがいに排除するものではない。それは個と全体のあいだにつねに存在する三つの基本的な関係でもあるのだ。

まだ建築をつくる経験の浅かった私には、集合体であれリンケージであれ、形態を構成している空間の存在について十分に認識できず、看過してしまっていた。コンポジショナル・フォームは、グループ・フォーム、メガ・フォームに比して集合を構成する単位が建築的に最も自立していることを前提にしていたが、コンポジションのなかで成立していく外部空間の様相、また、要素間のありかたについてさらに突っ込んだ分析を行なうべきであったろう。

後にヒルサイドテラスの住居計画(一九六九―九八年)、あるいは立正大学熊谷キャンパス(一九六五―六七年)、慶應義塾大学湘南藤沢キャンパスの計画(一九九〇―九一年)を通じて、こうした外部空間をいかにつくっていくかによって初めて集合をつくり上げ得るということを経験していった。

また、一つひとつの建築的要素の自立性を強調するとともに、ときには意識的にそのあいだに弱い関係――リンケージをつくることによって、逆に場所と時の指標としての個々の自立性を強く浮き出させ得るという微妙な手法も、やはり経験的に獲得することができた。対立と調和という対概念のなかには、実は無数のレベルの関係が存在し、その集積が都市の実像であることも知るようになった。

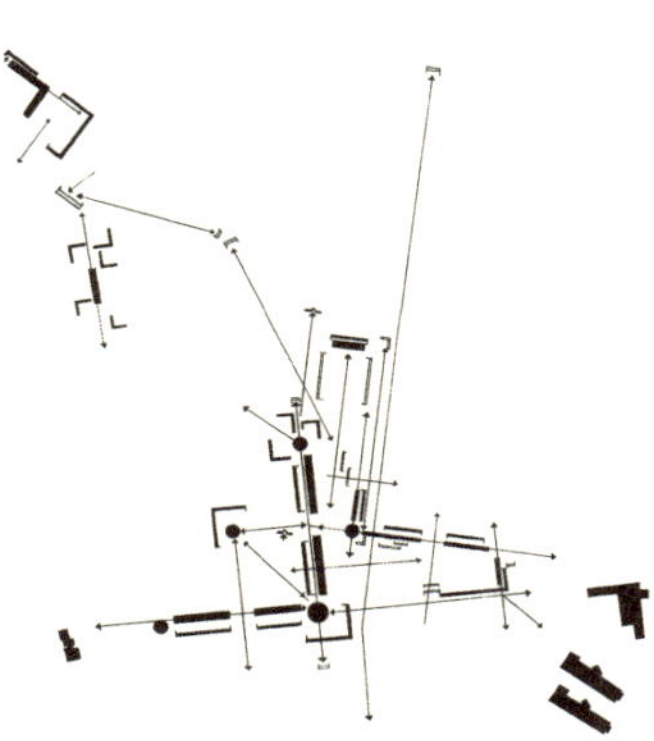
立正大学熊谷キャンパスのプラン

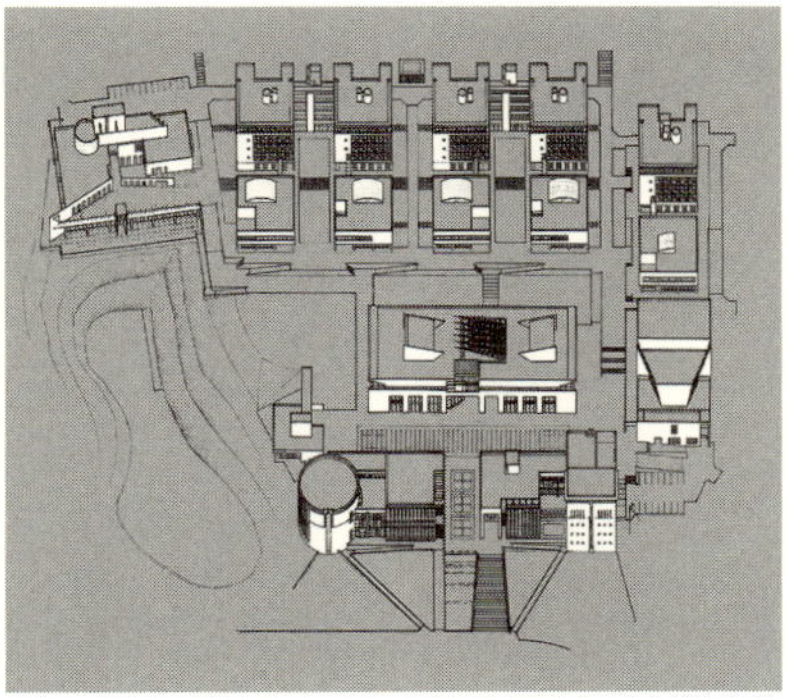
慶應義塾大学湘南藤沢キャンパスの等角投影図

群造形の実践

私は一九六五年に、長かった海外生活に一つの区切りをつけ、東京で本格的な建築設計活動を開始する。すでにほかのメタボリズムのメンバーは若手建築家として、日本の建築界の第一線で確固たる地位を築きつつあり、その活動は海外にも知られるようになっていた。そうした状況のなか三〇歳代の半ばを過ぎていた私にとって、あまり後れをとりたくない気持ちがしだいに強くなりつつあったのも事実であった。いずれまた、国際的に活動の舞台をひろげる意志は強かったが、まず本拠をしっかりと固めなければならないと考えていた。

折よく六〇年代から七〇年代の日本の右肩上がりの経済にも助けられ、次の一〇年間、順調に仕事を進めることができた。そしてそのなかで、群造形のアイディアを具体的に実践する機会をもつこともあった。一つはペルーの首都・リマ郊外での低所得層用の集合住宅のプロジェクトで、これはメタボリズムのメンバーが協同してつくった唯一の作品である。もう一つは今日まで関係の続くヒルサイドテラスの集合住宅――店舗・文化施設を中心にしたコンプレックスである。

この二つの作品は、ともに私がかねがね考えていた「個と全体」のありかたを模索し、さらに深めて現実化する絶好の機会を与えてくれただけでなく、メタボリズムが主張してきたメタモルフォーゼ(変形)が現実にどのように現れ、それが都市や居住環境の持続的発展にどのような意味をもつものであったかということを示すものであった。

■リマの集合住宅―セルフ・エイド方式の試み　一九六九年、菊竹清訓とともに現地を訪れた私たちは、リマの荒涼とした台地周辺にひろがるファヴェーラの実体に圧倒されるとともに、ある一つの興味ある事実を発見することができた。それは貧しい人々にとって、住居とは基本的に日干し煉瓦を主体とした単純な壁構造であり、屋根、外壁、開口部、間仕切りに至るまで、すべて住民たちが時間をかけて少しずつ資金の余裕を見計らいながらつくっていく――日本でいうならば東急ハンズのようなところで、安い建材を買い整えることができる――仕組みがあることでなりたっている点である。事実、道を歩いていると、木材や藁のようなものを抱えて家路を急ぐ人々を見かけることが多かった。リマは、湿度は高いが降雨量がきわめて少なく、こうしたセルフ・エイドの方式がより実践しやすい環境でもあったのだ。したがって地震に強い構造体と生活を支えるより良質なインフラの新しい提案が、計画のスポンサーであった国連の期待するところであった。もう一つのプログラム上の重要な命題は、中南米の低所得層に共通して存在してきた現象として、いかに家族の構成人員の成長に対応し得る居住空間システムを発見するかということであった。

『METABOLISM/1960』で提案されているメガストラクチャーのアイディアは、巨大架構とそれにプラグ・インされる要素群から成立するという、当時多くの建築家たちが夢みていたハイテク思想を中心に展開されたものが多かった。

しかしメタボリズムのメンバーがリマであたえられた課題は、その対極にあるローテク技術にもとづく取り換え=成長のシステムの発見と実現にあった。低層高密度の集合住居の成長のシステムにおいては、かねてから菊竹清訓が唱えてきた「かた」の発見がなくてはならなかった。

我々チームの初期のスタディではこうした「かた」の発見の追究に多くの努力を傾けた。基本的には同じ、ただしスパインの長さに大小のある二つの「かた」から、国連が

リマの集合住宅(PREVI)プロジェクト

要求した小家族から子供八人の大家族にまで展開し得る居住空間を可能とし、また居室の共同空間とプライヴェートの空間の互換性、あるいは住民たちが自主的にフロント部分を店舗に変換し得る容易性などを考えるなら、我々の提案はこの同じ地区に実現した二〇に近いさまざまな案のなかで、最も傑出したものであったと自負している。事実、近年、日本の若手の建築家たちによって、中・高層住宅のタイプについてさまざまな「かた」の提案がなされているが、リジッドな機能を前提としない、より柔軟な住み方と空間のシステムを確立した点において、このプロジェクトは先駆的な役割を果たしているといってよいのではなかろうか。

そしてこの住居群は完成後、居住者たちの手によって、我々の想像を超えるレベルのメタモルフォーゼを遂げたのである。我々が当初より予想していたような増築が彼らの手によってなされただけでなく、多くの家屋の前面には草花が植えられ、白い外壁はさまざまな好みの色に塗り替えられた。またあるところでは道に面した正面の空間は店舗に改装されていた。

■ヒルサイドテラスの場合　ヒルサイドテラスの計画は幾つかの点でリマの集合住居と異なっている。第一に同じ低層集合住居でも、はっきりした「かた」が存在していなかったこと、第二にあらかじめ全体のマスタープランも存在していなかったことがこの計画の特徴として挙げられる。ここではリマの場合と異なって、「全体－個」の関係が弱いリンケージで形成されている。具体的にいうならば建物相互間の露地、樹木、類似の外部空間などがその役割を果たしている。と同時に個々のあいだに存在する差異性が印象的な全体を構成しているともいえよう。それは同じものの繰り返しによってつくられる全体とは異なった全体である。

もっとも、まったく「かた」なしで出発したのではなかった。

第一期（一九六九年）のB棟と称する部分は一層の店舗プラス二層のメゾネット形式の住居という三層からなっている。一時、この「かた」を次に予定されている敷地全体に適用しようとしたマスタープランは、その後のプログラムの変更、与えられた敷地の文脈などに対してきわめてフレキシビリティに欠ける点で、我々自身が内部否定してしまった経緯がある。

そのとき以来、この計画ではそれぞれの個の共通因子を壁面縁の連続、外部空間のヒューマンスケールの維持、効果的な樹木の介在などにとどめた。逆に約二五年、六期にわたるこの計画では個々の建物の表層、構成において意識的に差異性を表現し、同時にそれを時の経過の刻印とする手法を採用した。これらはとくに第三期（一九七七年）以降強く現れている。

建築環境計画学の門内輝行教授による論文の一つに「街並みの景観に関する記号学的研究」[*4]がある。そのなかで興味あることは、多くの日本の優れた街並みを記号論的に解析すると、さまざまな要素間の差異性と同一性の共存がみられるということである。ヒルサイドテラスにおいては、グループ・フォームは経験的、かつインクリメンタルな発展過程のなかで実現されていった。もちろんメタモルフォーゼというテーマもこの計画では異なった位相から検証されている。

一つはおよそ二五年という時の流れのなかで、多くの店舗が幾度となく改装され、その内部では当初の面影はほとんどなくなっている。また居住者もずいぶん変わっている。しかしその全体の容貌は驚くほど変わっていない。メタモルフォーゼはこのコンプレッ

ヒルサイドテラス。旧山手通りからコートヤードを望む

＊4　門内輝行「街並みの景観に関する記号学的研究」『建築雑誌』一九九八年八月号。

クスの場合、おそらく〝成熟〟という言葉で表現するのが最も適切ではないかと思われる。建物そのものがしだいに老朽化することは避けられないとしても、適宜修復とメンテナンス、そして樹木の成長によって緩慢なメタモルフォーゼが進行しつつある。

それは決してかつてのメタボリズムが意図した壮大な実験としてのメタモルフォーゼでなく、むしろ歴史と記憶を継承していく人間社会のなかで必然的に現れるパターンの確認作業であったともいえよう。旧い集落や街並みと異なって、比較的まだ新しい、半世紀に満たないモダニズムの建築にも〝成熟〟があり得る。このことを建築家としての生涯のなかで経験し得たことは大変幸せなことであると思う。これもひとえに「個と全体」というテーマに経験的にアプローチした結果といえよう。一九六九年に完成した第一期計画は二〇一九年に生誕五〇年を迎えるが、その姿に当初のフレッシュさは失われていない。

ヒルサイドテラスにおいてぜひ言及しておかなければならないのは、その周辺への波及効果であろう。そのなかでとくに記録にとどめておきたい二つのできごとがある。一つは旧朝倉邸と庭園についてである。ヒルサイドテラスの南側に位置する広大なこの場所は戦後朝倉家が国に物納し、最近まで財務省の所管下で「渋谷会議所」として使用されてきた。しかし財源難の折からほかの国有地と同様、二〇〇二年には、引き取り手がなければ競売にかけられるおそれがあるとのニュースが流れた。

その後、旧朝倉邸と庭園を保存するための有志のグループが結成され、多くの関係者の理解と努力によって、旧朝倉邸が重要文化財に指定されると同時に、庭園も含めて自治体に運営が任されるという理想的なシナリオが現実化しつつある。多くの旧い建物や庭園が急速に姿を消しつつある現在、これは画期的な動きである。同時に、こうした運動が成功しつつある背後に、長年我々がヒルサイドテラスを中心に築き上げてきた一つの「かた」としてのまちづくり運動があった。国立の景観訴訟からも読みとれるように、その地域において持続的にまちづくり運動が存在してきたかどうかが、運動の成否の鍵となる。

代官山の有志の会は、さらに対象地域を旧山手通り沿い周辺にまで拡大し、景観的見地からこの地区に高さ制限を与える条例の制定に向けて自治体に働きかけている。もしもヒルサイドテラスが昭和後期から平成にかけての東京に一つの記憶装置をつくり上げたとするならば、旧朝倉邸とその庭園は、大正から昭和初期にかけてのよき山の手の記憶装置を提供している。そしておそらく旧山手通りの街並み形成は我々の次の世代の人たちにゆだねられるであろう。このようにみてくると、ささやかな群造形の実践として出発したこのプロジェクトは、それがきっかけとなって、一段と上位のスケールの群形成に向かいつつあることが明らかになってくる。それはスケールこそ異なれ、「個↓全体」の関係性の増幅であり進展である。このことは次に述べる私の都市観へとも繋がっていく。

二一世紀の都市の姿

かつてジェイン・ジェイコブズは『アメリカ大都市の死と生』[*5]で、なぜ都市の様態の分析、将来の予測が困難であるかの一つの理由として、都市は意志ある個の集合がつくりだす社会環境であるからと述べている。全体が個を規定していく演繹的アプローチはそれゆえ不適切であるし、他方で、まったく不規則な個からは何のまとまりも生まれてこない。

＊5 ジェイン・ジェイコブズ前掲書（本書一四六頁注参照）。

歴史的にみるならば、都市も建築もそれぞれの地域社会が望む社会秩序が選択し、つくり上げたさまざまな空間形式の表れにほかならない。そして、人や物資の動きが比較的緩慢な時代であれば、過去につくられた空間形式でも十分にその後の社会的変化に対応し得る弾力性をもつことは、歴史的にも証明されてきた。

しかし今日のように都市社会が急激に膨張し、内的流動性も加速している時代では、ジェイコブズが予見した「意志ある個」が多数存在し、異なる理念と異なる利益を求めて行動することが顕著となりつつある。こうした現代都市にあっては、どんな空間形式をもアプリオリに設定することがきわめて困難になっている。別な言い方をすれば、建築家やプランナーが都市の全体像を、たとえどのようなかたちであれ示す意義が急速に減少しつつある。出発点としてのマスタープランは必要であったとしても、そのマスタープランですら、下位あるいは内部構造の変化によって直ちに変わらざるを得ず、柔軟性をもたなければならない。この点は、今日我々がすでに多く経験してきていることなのである。

実際に、ほとんどの現代の大都市は多焦点化し、さらにその多焦点のそれぞれが、よりミクロなスケールの小焦点の集合としてメタモルフォーゼを絶えずおこしている。そのなかで個もまた、たんに浮遊する個でなく、ITなど、新しいコミュニケーションの手段を通じて、意志ある、しかし場所に限定されない個の集団として活動しつつある。

このとき、どのように意志ある個の集団を、具体的にそれぞれが望む物理的環境の実現に向けて翻訳していけるのか。その戦略を探し出すことが、二一世紀の都市形式における重要な課題であるだろう。

さらに、今日の大都市では資本、情報、欲望という、旧い都市に比較してはるかに巨

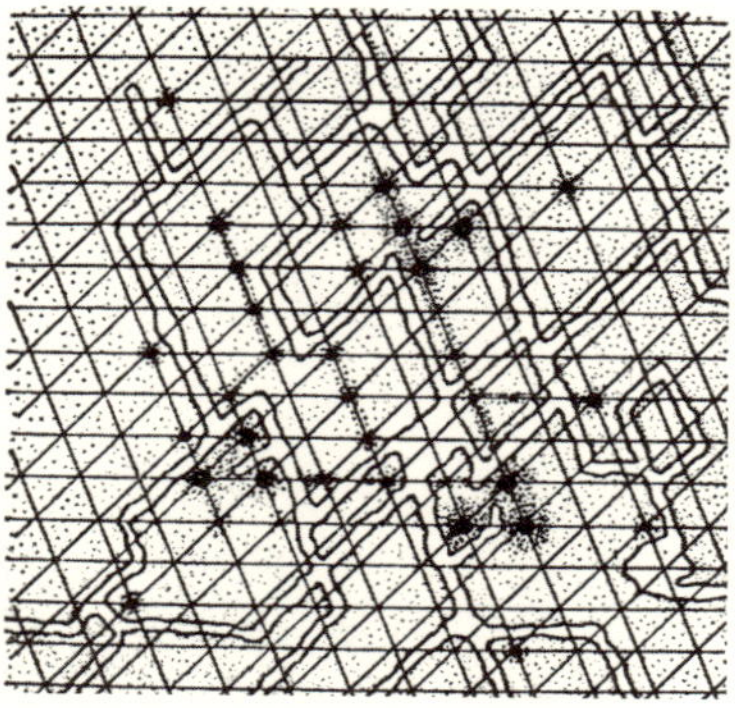

二一世紀の都市プラン

大となった三つの外力が、変化を促進しつつある。これらの要素は『METABOLISM/1960』を我々が発表したときには、まだその地平の彼方にようやく姿を現しかけていただけだった。

私が八〇年代にもう一つ発見したことは、こうしたグローバリゼーションの対極ではあるが、都市の姿は、その地域の固有の文化の所産でもあるという事実であった。

一九八〇年に出版された『見えがくれする都市』[*6]では、東京の前身・江戸のまちづくりに現れた固有の空間形式と秩序のありかたが分析され、それがどのように今日的意義をもつかの問題提起を行なっている。そこではグローバリゼーションがつくりだす共通性と、地域固有の差異性をどのように利用し、統合していくかが今日的課題として問われている。

都市の変貌、またそれを維持してゆくためのダイナミクスがますます複雑になればなるほど、空間形式のなかでとくに重要な要素は、都市のパブリック領域のかたちと、そのネットワーク化であろう。多義的なパブリック領域の拡大と保全が都市そのものの質を決定していく。

いまもしも二一世紀の都市をあえて総括するなら次のようにいえる。

二一世紀の都市は多様な機能、規模、ライフスパンをもった空間群のネットワーク化として諒解されるようになる。一方、流動的、過渡的な都市に住む人々の欲望と、その器としての都市空間が本質的にもつ非柔軟性のあいだに生じる矛盾、ズレもまたいっそう顕著になる。

情報、流通の世界と同様に、個人の欲望、行動が都市空間のありかたに、より直接的に強く反映していく。したがって都市はこうした多様な欲望を一方において規制し、他

＊6 槇文彦ほか前掲書（本書四二頁注参照）。本書は、二〇一七年秋に、その英訳書が同じ鹿島出版会から出版されることになっている。

方において解放するという二律背反的な機能をもつ空間インフラとしてとらえられる。ただし、このような都市空間インフラが情報、流通のインフラと基本的に異なるのは、「歴史的な時間」のなかで選択された都市のそれぞれの場所は、可視的な記憶装置として、今後も蓄積され続けていくという宿命が存在する点である。

また都市の本質は、夢をはぐくむインキュベーターとしての役割にある。集団の無意識の願望が絶えず都市空間に翻訳され、その結果、生まれた都市空間がまた新しい姿を触発するというメカニズムは二一世紀の都市においても持続され、促進されるであろう。したがって都市とはすでに述べたような多様な生活体がつくりだすダイナミクスを常時モニターし、意思決定機構にインプットしていく共同体としてとらえられる。〝計画〟という概念もおそらくこうした次元において再規定されなければならない。

（二〇〇四年三月）

追記——群造形その後

本稿は当初「群造形と現在、その45年の軌跡」として大高正人・川添登編『メタボリズムとメタボリストたち』[*7]に寄稿したものである。その後、二〇一三年刊『漂うモダニズム』[*8]にいちどおさめられている。先述のように、一九六四年にワシントン大学から *Investigations in Collective Form* が出版されてから五〇年以上経ち、改めて群造形の「その後」をふり返りたいと考えた。幸いこの小冊子は現在もアメリカを中心とした多くの大学の、とくに都市デザイン分野の人々に古典的な研究書として読まれている。

我々はこの五〇年間、集合体のありかたについて、さまざまな試みを通じて理解を深めてきた。これまで実現したプロジェクトに関しては、多くの人々によって経験されたり、

＊7　大高正人・川添登編『メタボリズムとメタボリストたち』美術出版社、二〇〇五年。

＊8　槇文彦前掲書（本書三頁注参照）。

あるいは、書籍などを通じて紹介されているので、説明の重複をなるべく避けながら、ここに加筆していきたいと思う。これまでの試みのなかから浮かび上がってきた共通の特質を記録しておくことは、我々が都市における「集合体」の本質を正しく認識し、さらなる発展を期する一助となるのではないかと思う。

オープンスペース

第一に挙げたい特質は、集合体のなかに存在する、個を繋ぐオープンスペースの重要性である。

現代の集合体はかつての集落にみられるような、等質の個の集合であるとは限らない。たとえば私がこれまで設計したり、訪れてきた幾つかの大学のキャンパスは、異なった機能、スケール、そして姿をもった建築群によって構成されることが多い。

たとえば旧い名門校のキャンパスであれば、それぞれの建築のスタイルはクラシシズムから近代建築まで色とりどりであり、それが現代建築ともなれば、百花繚乱の様相を呈している。時代の集合体ともいうべきか。それらについては後述するとして、まず改めてヒルサイドテラス・コンプレックスを取り上げてみたい。

この計画の経過に関しては先にも精しく述べているが、ヒルサイドテラスは、大学のキャンパスと異なって住居群であったので、群造形的発想も可能であったのかもしれない。事実、前述のとおり当初、第一期で試みた一つの「かた」の集合によって、その後の全体像を考えたこともあったが、第二期に実際に着手すると、その「かた」がかならずしも与えられた地勢、地形あるいはプログラムに適切でないことが判明した。

さらに、与えられた予算はより潤沢となり、他方で、人々の住まい方にも変化がみられるようになった。その結果、同質の個よりも異質の個の集合体のほうが面白いのではないかと考えるようになったのである。第一期から第六期完成までの二五年間（第四期は元倉眞琴の設計による)まで、その外観はむしろ異質性を強く意図したデザインになっている。同質でなく異質(ヘテロ)の集合体である。

にもかかわらず、ヒルサイドテラスがまとまった集合体として認知されている理由は、当然同じ建築家による無意識のうちのデザインの等質性によるところもあるかと思うが、それぞれの個を繋げる、変化のある外部空間の工夫によって、他にあまりみかけない、集合体としての印象を与えているのではないか。

東京や日本の都市ではヒルサイドテラスのような広い前面道路をもったところは、必然的に高い容積率により、異なった建築の様相が現れるのが常である。しかし低容積率を保ち、また、広い敷地の自由な個の配置が可能になったことは幸運であったといわねばならない。

第一期のコーナープラザ、その後方にあるサンクンプラザ、第二期の中庭型プラザ、第三期の小さな丘と神社をとりまくオープンスペース、第六期の前面道路に開かれたプラザと奥庭と、それぞれ異なった性格をもったスペースをつくり、いわばプラザ集合体として、そこを訪れる者にわかりやすい、親しみのある空間を提供している。プラザに面して、ギャラリー、店舗、カフェ等を配置することによって自然な空間の回遊性も与えている。

ここに面白い記録がある。最近UCLAの研究者たちが、主として二〇世紀に出現した世界中の代表的近現代建築を一五〇点取り上げ、国際的な建築家約二〇人に、どの建築に学生をつれて見学に行きたいか、すなわち学生に学ばせたいかというアンケートをとっていた。それは教育に主眼をおき、どの建築が優れているか、美しいかという設問ではなかった。

アンケートの結果、第一位はミース・ファン・デル・ローエのバルセロナ・パビリオンドテラスが票を集めている。ヒルサイドテラスは、ここで挙げられた他の建築と異なっ(一九二九年)、そして二位にル・コルビュジエのサヴォア邸(一九三一年)とともにヒルサイドテラスが票を集めている。ヒルサイドテラスは、ここで挙げられた他の建築と異なって、ほとんどはプライヴェートの住居である。当然、我々も含めてその内部空間は知るよしもない。しかしこれだけの高得点を集めたのは、やはり個を繋ぐ外部空間の豊かさにあったのではないだろうか。

成長と成熟というパラメーター

建築にはつねに時という要素が介在する。社会性、経済性を語る際に、時が重要なパラメーターであることはつとに知られているが、建築、都市空間の存在を語る際には、その評価基準として無視されていることが多い。とくに集合体のように広がりのある空間をあつかう場合、時による変化、成長と成熟の課題は欠かせないパラメーターである。

先に取り上げたペルーのリマ低所得層集合住宅のその後の成熟、成長について少し述べてみたい。既述のとおり、この長屋タイプの基本となる住宅の「かた」は時とともに家族の構成員が増えたり、子供たちが成長してゆくことに対応し、容易に空間拡張ができるか否かを重要なテーマとしている。

リマでは雨がほとんど降らないので、住民の手によるセルフエイド方式が昔から発達し、そのための建築資材の供給も容易に行なわれるという伝統が存在する。

完成一〇年後、このプロジェクトを訪れた友人が撮ってきてくれた写真では、すでに二層化されたところが多かった。やはり前面の寝室を店舗に改装したり、派手な色彩を施した家も少なくなかった。さらに完成から三〇年後、最近そこを訪れた建築家の写真と報告によると、何と三層はおろか、四層の住宅まで現れ、一層住宅の原形をとどめているのはわずか一軒しかないようであった!

国際的な建築家たちによる集合住宅群は現在ではＰＲＥＶＩと呼ばれ、各国建築家の研究対象になっている。

私も以前スイスのＥＴＨ（スイス連邦工科大学チューリヒ校）に招《よ》ばれたとき、研究者たちからＰＲＥＶＩについてインタビューを求められた。メタボリズムだけでなく、クリストファー・アレグザンダー、アルド・ファン・アイク、ジェームズ・スターリング、アトリエ・ファイブなど当時第一線で活躍していた建築家たちの集合住宅がどのような変化を遂げていたか、その様態は私にとってもきわめて興味のある現象である。ぜひこうした変化の調査結果が一冊の本にまとめられることを期待している。メタボリズムで我々がマニフェストの一つとして挙げてきたメタモルフォーゼは、まさしくこの計画で劇的に実現されたといってよい。

さらに「成長と成熟」は、大学のキャンパスの集合体設計のうえで欠くことのできない重要課題である。慶應義塾大学湘南藤沢キャンパスは一九九〇年に第一期が完成し、二〇一五年にその二五周年を迎えた。このキャンパス・マスタープランでは、中央に大きな歩行者専用のループ状の場所を設け、そのなかに重要施設を配置するとともに、ループの外側に将来必要となる施設の配置が可能なゾーンを十分にとり、そこにこの数十年間、我々の設計による大学院棟、ゲストハウスのほか、複数の建築家によるさまざまな施設が建設されてきた。

一方、このキャンパスの第一期計画が完成した頃、慶應の同窓会から一〇万本の苗木の寄贈があり、ループ内および周縁に植樹された常緑樹、落葉樹群は現在見事に成長し、緑のキャンパスの趣をみせている。この緑樹の成長はヒルサイドテラスにおいてもみられる現象であり、都市の生活の豊かさを補完するものとして重要な役割を果たしている。

慶應義塾大学湘南藤沢キャンパス（撮影：石戸晋）

■シンガポールのリパブリック・ポリテクニック・キャンパス

集合体の研究のなかで三つの集合のパラダイムを紹介したとき、その三つのコンポジショナル・フォーム、グループ・フォーム、そしてメガ・フォームは対立的なパターンでなく、それぞれの様態は一つの集合のなかに同時に存在し得るものであり、おたがいに排除するものではないと述べた。その三つの原型が最も明快に統合された例として挙げられるのが、シンガポール理工系専門学校キャンパス(リパブリック・ポリテクニック・キャンパス、二〇〇六年第一期完成)だろう。

このキャンパスの特徴は、PBL(Problem Based Learning)というイギリスで開発された教育方法を採用していることである。ポッドと称する、生徒一人ひとりの机がある一一の中層部は、等質ないわゆるグループ・フォームである。その下部の二層の空間は長径約二四〇メートル、短径約一八〇メートルの楕円形の巨大なメガ・フォームであり、周辺に自由に配置された文化、エネルギー、駐車、宿泊、体育等の施設群はコンポジショナル・フォームといってよいだろう。

この新しい教育方法では担当の教員が朝出した課題を、生徒は一人から数人でリサーチし、午後にその結果を報告するという。そしてそのためにメガ・スペース——我々はアゴラと称している——にある図書コーナーを利用したり、研究室で自由にリポートの作成ができる仕組みになっている。設立数年後に、四つのスクールから、ホスピタリティの専科スクールが加わった五つのスクールへと改編されたが、全体の教育空間のありかたにおいて柔軟性に富んでいたために、そうした変化をそのまま吸収している。

さらにその数年後、新たな増設が東側でも行なわれたが、そこでは第一期で設けられた研究ラボの不足を補っている。最近も訪れたアゴラ・スペースのほうは、広々として、相互で視線を交わせる空間となり、学生たちは大学生活をたのしんでいるようだった。この

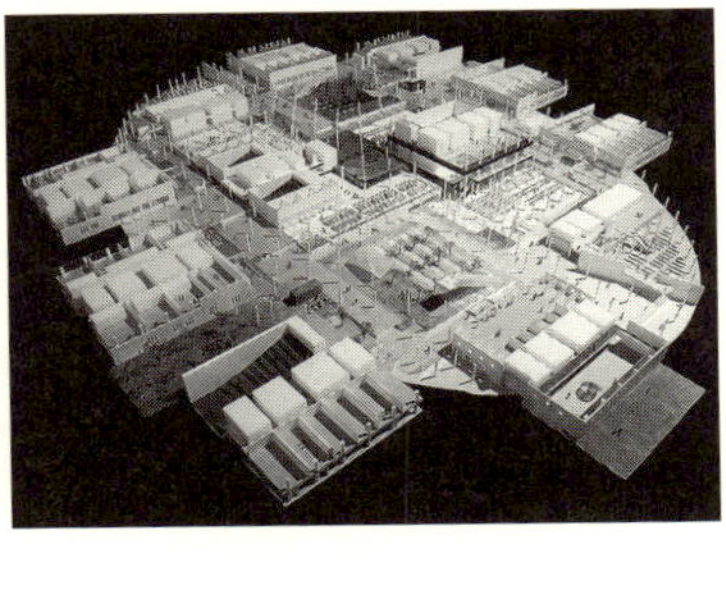
シンガポール理工系専門学校キャンパスの模型

同校舎全景

アゴラの中心部は、幾つかの専門化されたライブラリーによって構成され、その真ん中にコーヒー・コーナーとビリヤードテーブルが設けられている。キャンパスの最中心部にビリヤードテーブルがあるのは世界中でこのキャンパスだけであろう。

また、成熟に欠かせない要素は施設の不断の管理であり、その結果がつねに成熟する環境の背後に存在する。建築も人間と同じなのだ。施設を愛するオーナーは、そのために必要な管理をつねに怠らない。健康につねに気をつかう人間と同じである。

得てして公共施設の場合は維持費の不足からメンテナンスの悪さが目立つケースが多い。巨大な公共施設が要する巨大な維持費。これは我々が新国立競技場の国際コンペ案について指摘し続けてきた点でもある。可動式屋根はなくなったが、同時に収入も減り、本当に人口減少、財源減少の進む東京で現在案の施設が次の五〇年、維持できるのであろうか。本書の「Another Utopia」[*9]では、二〇七〇年の国立競技場の姿というフィクションも紹介している。

二〇一四年、ソウルでのDOCOMOMO国際会議で求められた基調講演のテーマは「集合体」であった。上述した幾つかの集合体の説明ののち、私はいかにして優れた集合体を都市あるいは田園のなかにつくってゆけるのかについて言及した。キーポイントは、一個の優れた建築をつくっていくときと同じように、その建築家の空間に対する深い理解と愛情である。そして人間に歓びを与える空間という目的を達成するには、建築家のもつ「わざ」に帰するところもきわめて大きい、と。

アムステルダムにあるアルド・ファン・アイクによる孤児院「子供の家」については、「漂うモダニズム」[*10]のエッセイの後半でも紹介しているが、このデザインにおいて、数人の子供のための優れた核空間(個)が、いかに同じく優れた全体像をつくりあげているか。その核空間のなかで空間の構成に従う人間、ここでは子供たちの、視線構造のありかたが

*9 本書五四頁以下参照。

*10 槇文彦前掲書(本書三頁注参照)所収。

いかに示されているか。人間は視るということの次に、考え、あるいは感じることからその行動——ふるまいが発生する。近代建築においてこれほど明快な分析を行なった作品は、この孤児院の前にも後にもない。我々が過去の作品から学ぶものがあるとするなら、それはたんにその建築の姿とか内部空間のありかたからの印象にとどまるものではない。建築に内在する普遍的な課題が存在しているか、それが作品を通してみえてくるか、ということでもあるはずだ。

群造形を「集合体」研究の中心に据えた本が、私がかつて教鞭をとっていたワシントン大学の二人の建築家によって刊行される準備が進められている。それとともに私たちの「群造形」をめぐる一連の作品展も、アメリカの大学を中心に開催が企画されている。

一方、私はいずれ同じワシントン大学から『集合体の研究Ⅱ』——これまで述べてきたさまざまな経験を通じて自分なりに深めてきた集合体をめぐる考察と、その様態の回想も含めた小冊子を出版したい気持ちをもっている。

なぜなら、最初の「集合体の研究」を発表した同じ人物が五〇年後、「その二」として理論分析を発表するという事例は、私の記憶では過去にないからだ。将来、ロバート・ヴェンチューリが改めてラスベガスについての、レム・コールハースがニューヨークについての、あるいはクリストファー・アレグザンダーがパターンランゲージの続編を発表しても、私のほうが先ならば、ギネスブックに登録されるかもしれない。もちろんこれは冗談だが。

空間・時間・建築

抱擁する建築の姿

この本の冒頭のエッセイ「変貌する建築家の生態」の最後で触れている空間・時間・建築について、私自身の経験も含め、さらにより具体的に述べてみたい。

繰り返しになるが空間・時間・建築それぞれの三つのアジェンダをまずあげておこう。

時と建築

1　時とは　記憶と経験の宝庫である

2　時が　都市と建築の調停者である

3　時が　建築の最終審判である

空間と建築

1　空間には　外部と内部の差は存在しない

2　空間は　機能を包容し、かつ刺激する

3　空間が　人間に歓びを与える

第一に、我々は空間のなかに生きているという認識からはじめなければならない。建築家の作業の対象となる建築は、与えられた空間から切り取られたものに過ぎない。

ビッグバン以来、一三八億年かけてつくられた環境のもと、人間は存在してきた。それは、人間、動物、植物が棲息し得る適当量の水、空気、温度、湿度をもった空間の完全な支配下におかれてきたことを意味する。やがて、都市あるいは田園、そしてそれぞれの個人の限られた生活環境へと目線を下げていくにしたがって、人間は空間の支配下にありながら、逆に与えられた空間を利用しようと思うに至った。

動物が本能的に自己保存のために見つけだそうとする、「見晴らしと隠れ家」の条件を満足する空間——すなわち「場所」に、その原点を見出すことができる。他の動物から容易に見られることなく、逆に、他の動物の行動を探知し得る場所を選定することは生存のための必須条件であった。山陰、洞窟、樹上、水辺など、彼らは本能的にそれらを探し出し、行動してきた。そこにはもちろん、空間における内部と外部の差は存在しなかった。

つくられた空間、建築が、きわめて素朴なものから今日我々が手掛けるような、いっそう巨大で精緻なものになるにしたがって、人々の内部空間に対する支配感は増大する。しかし、人間の視線やさまざまな身体性の問題に焦点を当ててみたとき、人間による一方的な空間の支配は存在し得ない。たとえば最近エコロジカルな建築として、通風、光、断熱といった外部の空間との共存のありかたがますます重要な課題となりつつある。

視線による空間の支配のありかたは当然、文化的、ときには政治的特色を帯びてくる。この点は歴史的にも証明されている。たとえばヨーロッパの文化圏にみられる長大な都市軸と、その軸を基にした都市の象徴ともなるべき焦点の配置という構図、すなわちバロック的な都市の構築は、それがつくられた時代の支配者の権勢の誇示でもあった。こうした視線構造の明快性に対して、日本の都市の構造、とくに江戸－東京においては、逆にそこに存在する地勢、樹木等をいかした複雑性、曖昧性をもつ重層化した視線の構造が好まれた。つまり奥性の演出であった。封建時代につくられた城は、確かに焦点の誇示であったが、それもいかに防御しやすいかという点が腐心されていて、その構図においてバロック空間の明快さはない。そこに明らかに、それぞれの地域社会が培ってきた文化の差異性があらわれている。

しかし、同じヨーロッパ圏を例にとっても、さまざまな外部空間への依存性があることが読みとれる。たとえばアテネのパルテノンの存在はそれが丘の上にあることによって、初めて周辺の空間と一体となったものとして評価された。もしも同じパルテノンの神殿が市街地に挿入されたものであったならば、その評価はどうであったのだろうか。一方、ローマのパンテオンでは、上部からの自然光がつくりだす荘重な内部空間が、その建築の存在そのものである。開かれた空間は、周辺の空間と圧倒的な共存関係にある。そして閉じた空間では、光を除く外部空間との関係性は拒否される。我々は内部空間と外部空間のさまざまな様態が、現在なお、建築、都市の重要な課題であり続けていることを認識する。

空間は人間の肉体のようにときに閉じ、あるいは開いている。人間が相手を抱擁する仕草は、まさに「半開き」である。

その最も美しく抱擁する建築の姿は、この本でも紹介しているアテネのパナティナイコ競技場とその前面広場にみることができる。T字路の交点に広場を介して展開する半分開いた競技場は、まさに来る者を抱きしめ、招きいれようとしている。その姿はそこで競技が行なわれていないときにあっては沈黙の静けさを、競技が行なわれていれば、観客の色とりどりの服装がつくりだす華やかさと歓声によって、美しくたのしい姿をみせてくれる。このように内部空間と外部空間が一体となった、私にいわせれば世界で最も優れた都市デザインの傑作の一つがそこに存在する。

空間とは、ときに想像の世界においてそれを視、またそこから展開される思考の世界でもあるのだ。

矢萩喜従郎の最近の著作『視触——多中心・多視点の思考』[*1]における、空間に対して視るということの意味の綿密な分析、そしてそこから生まれる思考の結果を二次元の世界において表現する苛酷な作業をみていると、「空間」には外部も内部も存在しないという大前提がなければ、そうした作業は成立しないことがよく理解できる。我々建築家は、つねに三次元の空間を取り扱っている。しかし彼のようなグラフィックデザイナーは、彼の求める空間を二次元の世界において表現しなければならない。たとえばイベントのポスターがつくられるまでを考えてみよう。おそらくそのイベントに与えられた空間における私たち人間のふるまいのつくり方から、さまざまな思考の模索が始まるに違いない。

それだけに、昨今流行の3Dフォームでは本当に人間の思考から生まれる創造の本質をとらえきれているのだろうか、と考えさせられる。最近、ウィーンとソウルでザハ・ハディドによる近作の空間を体験する機会があった。ウィーン経済経営大学の図書館と学習センター(二〇一三年)では、ザハ特有のダイナミックな空間の、視覚的・身体的体験を得ることができたが、ソウルの東大門デザインプラザ(二〇一四年)の空間体験は、

*1　矢萩喜従郎『視触——多中心・多視点の思考』左右社、二〇一四年。

スケール・オーバーの空虚感をもたざるを得ないところが多かった。そこには空間における多様な人間のふるまいを見事に包みこんだ丹下健三による代々木の国立競技場が与える祝祭性は存在しない。

機能を超越する形態

古典的なそれまでのスタイリスティックな建築形態に対し、「形態は機能に従う」(Form follows function)という宣言とともに、モダニズムが反旗を翻してから一世紀以上が経過している。だがある意味ではこの一世紀のあいだに、当時漠然と規定されていた形態と機能のそれぞれの概念も、その関係性も変化し続け、モダニズムの当初のモットーは死語になりつつあるといってよい。

産業革命とともに、新しい機能をもった建築施設が続々と誕生した。駅舎、空港、小学校などの教育施設、百貨店、オフィスビル、病院、獄舎、コミュニティ施設——それまでに存在しなかった機能をもつ施設は、当然、従来の様式建築が対応し得るものでなく、形態に柔軟性をもったモダニズム的建築のみがその解であると考えられてきた。「形態は機能に従う」「新しい形態は新しい機能に従う」という言説に当時は異論をはさむ余地はなかった。

しかしモダニズムが発生する以前、数世紀、ときには数十世紀にわたって、世界各地に発生していたヴァナキュラー建築において、まさに「形態は機能に従う」という原則はそれぞれの地域において忠実に実践されてきた。もちろん住居と工商を中心とした生活圏における比較的安定したライフスタイルと限られた建築工法、そして制限された素材が、あるレベルの「かた」をつくりだすことはさほど難しくなかったと思う。ルドフスキーの『建築家なしの建築』[*2]に示されているように、その「かた」は多岐にわたるが、そこに共通した「形態は機能に従う」という原則は一貫して存在し続けたのである。

そうしたヴァナキュラーの建築がつくりだした数々の「かた」も、一九世紀から二〇世紀にかけての急速な資本主義の台頭によって失われつつある。我々多くの建築家は、その潮流に否応なしに参加を強いられている。

形態が空間に、そして機能がプログラムに置換されれば「空間はプログラムに従う」ということはできる。だが当初与えられたプログラム自身が、時の経過とともに維持できなくなる事実を我々はすでに経験している。そこではさまざまな空間の転用、あるいは共用の必要性が発生する。もちろんこうしたプログラムの変更が設計の段階で組み込まれていればよいが、そうした転用の道は、かなりの時間が経ってから発見されることが多い。

したがってあらかじめ汎用性の高い空間をつくることによって、空間の生命を一段と長く維持していく方法も、もう一つのオプションとして最近の空間構成に多くみられるようになった。そもそも、空間は、建築家が当初想像していなかったかたちに利用されることも多い。空間は機能を包容し、かつ、新しい機能を誘発するのだ。それは建築家にとって、最も貴重な体験の一つであるといえる。

一例として、二〇〇七年に完成した三原市芸術文化センターを通して、その空間の汎用性について少し述べてみたい。

この施設は三原市（人口約一〇万人）の中心的な公園の一隅にある既存の文化センターが老朽化したことで新しく建設されたものである。市の希望として一二〇〇人の観客席のホールを有するこのセンターは、三原市の人口を考えると、かならずしも頻繁に利用

＊2　B・ルドフスキー前掲書（本書六五頁注参照）。

されるとは考え難かった。しかも市民が常時利用する公園内の施設であれば、ホールに接するホワイエは通常、大きなイベントがある場合の人々の出入りスペースとするより、公園に面してヒューマンなスケールをもったパビリオン的な場を考えたほうが、コンサートが開かれないときにも、汎用性のある空間になるのではないかと考えるにいたり、その線に沿ってデザインが展開された。

ホールとのあいだには中庭もあり、パビリオンは隣接したカフェとともに広い芝生の緑地に面している。この構想によって、たとえば昼間は市民がちょっと休憩したり、小さな集まりをもつ場となったり、小音楽会に利用されたりしている。さらに興味深かったのは、このホワイエが結婚式の披露宴に使用されることもあるということである。これも建築家が想像もしなかったたのしいできごとであった。前面のグリーンの芝生は子供たちのキャッチボールにも常時使われているが、パビリオンの前面に張り出したデッキがそのままイベントの舞台に利用されることもある。青山にあるスパイラル（一九八五年）の屋上庭園や黒部市のＹＫＫゲスト・ハウス（前沢ガーデンハウス、一九八二年）も昨今、たびたび披露宴に使用されるという。これらはあらかじめ計画されたものでなく、空間がそうした使い方を刺激した結果であるといってよい。

最近、オランダの建築保存の専門家から興味ある事実を聞いた。それは、アルド・ファン・アイクの設計した「子供の家」（一九六〇年）、ヘルマン・ヘルツベルハーによるセントラルベヒーア保険会社（一九七二年）、そしてヨハネス・ブリンクマン＋レーンデルト・ファン・デル・フルフトのファン・ネレ工場（一九三一年）、これらオランダのモダニズムの代表的建築は、本来の機能が喪失されたのち、すべて別の機能をもつ施設へと転用されているという事実である。たとえば孤児院はオフィスに、ファン・ネレ工場はある企業の本社ビルにというように。かつて、「形態は機能に従う」というマニフェストを見事に実現したと考えられていたこれらの作品は、その本来の「機能」を失ったあとも、そのユニークな形態ゆえに保存しようという共通した認識がそこにみられる。換言すれば、建築の形態とは、機能を超越した象徴として認められることがしばしばあるということだ。ヴィトルヴィウスの言葉に従えば、象徴という〈用〉としてその価値が認められているというべきか。

都市と建築の調停者としての「時」

時を通して、我々は何が都市で不変であり、何が時とともに変わっていくかを知ることができる。もちろん変わるといっても、ゆっくりと一世紀かけて変わるものもあれば、一〇年、二〇年くらいの単位で急激に変わっていくものもある。

我々の生活にも大きな影響を与えているのは、たとえば小売を含めた物販の世界ではないだろうか。コンビニエンスストア、ショッピングセンター、アウトレット、インターネットによる通販……これらは都市・農村を問わず、古典的に群生してきた小売業の衰退を加速させている。

それは「変貌する建築家の生態」でも触れた、アトリエ事務所vs.組織事務所のありかたに酷似しているところがある。とはいえ、組織も真似できない独自の商品を販売することでしかアイデンティティを確保し得ない小売業であっても、通販などで販路を見出しているところも少なくない。しかしアトリエ事務所に通販は存在しないのだ。

一方、変わらないもの、あるいは変わりにくいものは何だろうか。すでに「Another Utopia」[*3]において指摘したように一つはオープンスペース群であろう。ニューヨークの

＊3　本書五四頁以下参照。

セントラルパーク、ロンドンのハイドパーク、あるいは東京の皇居とその前の広場が消滅したと考えてみよう。それは直ちに我々が親しんできた各都市の空間秩序の崩壊を意味する。

グローバル社会の特質の一つとして、我々はようやく世界的に存在する現象をより容易に通観することができるようになった。そこに存在する普遍的な現象を知るとともに、そうではない異なった生命力をもつ現象もよりよく知ることができるようになるのではないだろうか。

「時は都市と建築の調停者である」という言葉に関して、私がその思いを深くした例には、やはりヒルサイドテラスのプロジェクトがある。

このプロジェクトは第一期が一九六九年に完成し、それから約四半世紀を経て第六期が九二年に完成している。各フェイズ間にはそれぞれ平均四―六年くらいの間隔があった。いわゆる「スロー・アーキテクチャー」の典型といってもよい。そこでは予期しなかったさまざまなメリットも生じた。

まず建築家にとって、その前の経験を反面教師として、次のフェイズのデザインに応用するための時間的余裕を得たこと。第二に変化する東京のライフスタイルが要求する住まい方への対応。たとえばワンルーム・マンションあるいはＳＯＨＯタイプなど、バラエティのあるユニットを提供することができたこと。第三に、小さくはあるが音楽、芸術の発信地となり得る施設を第三期以降充実してきたこと。第四にしだいに余裕ができてきた建築単価に見合った素材とその表現を通して、意図的に、ヘテロな集合体を実現してきたこと。それは、与えられた「時」を有効に利用し得た、建築家にとって幸運な一例であったということができるだろう。

時とは記憶と経験の宝庫である

当然、時とともに経験も記憶も増加する。しかし経験についてはその質が問題となる。そしてある特定のテーマ、技法、知識等に関心と興味がある人間であれば、その関心事の周辺の経験もまた、貴重な財産となり得る。

ＮＨＫは、「プロフェッショナル 仕事の流儀」というドキュメンタリーのシリーズを放送している。たとえばそれが寿司職人であれ、刀鍛冶であれ、彼らの経験と長年にわたる試行錯誤、工夫の集積がその仕事をかたちづくり、時に関しては、それらがリニアな時系列にのっているると表現し得るだろう。

建築家については、どうであろうか。たとえば経験の振幅が少なく、技法の深化をめざす建築家としてミース・ファン・デル・ローエを挙げることができる。日本では谷口吉生がよい例の一人である。

一方、経験はかならずしもリニアではない。おたがいに関係の深い経験は凝集する。たとえばヴァナキュラーの建築ではその幅は小さな点集合となるだろうし、現代の建築家であれば、点集合も大きくなるが、どちらかというとより離散型になるだろうと考えられる。さらに深化については、そこに垂直軸を与えれば、ある特殊な事象についての経験をトポグラフィックなかたちで表すことができるかもしれない。「漂うモダニズム」[*4]で示した大海原の経験はどちらかというときわめて離散型、不安定なものになりがちである。それだけに、ある一定の目的を中心とした凝集型の経験を持続する建築家の存在はより貴重なものであるともいえよう。

＊4　槇文彦前掲書（本書三頁注参照）所収。

記憶――文化とは何か

建築家にとって過去の時間と密接に繋がるのは経験だけではない。

私は、「新国立競技場案を神宮外苑の歴史的文脈の中で考える」*5 のエッセイの冒頭で次のように述べている。

> 誰もが人生のなかでさまざまな出会いをもつ。ある出会いは強く印象に残り、他は忘却の彼方に消え去っていく。……場所、建物、人、そして建築にまつわる事件……それらの多くはきわめて離れた空間と時間のなかでのできごとであり、それぞれが私の記憶の室《むろ》に収められている。しかし、何か一つのできごとが起きたとき、それまで一見関係がなかったような記憶が室から引き出され、おたがいに関連した一つの思考の世界をかたちづくっていく……

このように一つの建築が連鎖的に昔の建築にかかわる記憶を蘇らせることは多々ある。しかし幼少からの記憶ともなれば、さまざまな建築の記憶は当然五感を通して経験したものが多い。まず色である。幼少の頃、周辺の家々はほとんどが木造で、くすんだ茶、グレイ系の色彩が圧倒的ななか、数少ない白い家はモダンの象徴であった。さらに忘れられないのは、それぞれの建物、主として住居の匂いである。それはそこに使用されている木質によって、あるいは仕上げによってさまざまであったが、その特有の匂いから子供心にもその家のアイデンティティを確認することができた。

もう一つ、我々の時代の「かくれんぼ」は、現在の子供たちが経験し得ないものであっただろう。大きな家に行くと、そこここに子供が隠れ得る小さな空間があった。地理

*5　本書二一九頁以下参照。

学者アプルトンの有名な言葉に、「隠れ家と眺望は、動物の生存に必要な本能的な選択である」というものがあるが、我々子供たちは、そうした空間の選択行為に生存でなく快楽を見出していたといってよい。大都会の画一的なコンクリートの集合住宅に住む現在の子供たちは、ここに挙げた環境の感触に基づく経験あるいは記憶を求めることはできない。それならば我々の子供時代に想像し得なかったどんな新しい経験が彼らを待ち受けているのだろうか。一つはおそらくそこに存在しない空想の世界なのかもしれない。限られた経験から人間は無限の空想の世界を描きだす能力をもっている。そしてそれらはときに記憶の室にもおさめられていくのだ。

今から六年前、ポルトガルの国際会議の帰途、友人のいるマドリッドに二日ほど滞在していたときのことである。彼が夕方、街の中心部の広場を案内してくれた際、広場に面したオペラハウスの、手前の芝生に座った人だかりが目にとまった。みな、劇場の外壁にかかげられた小さなスクリーンに目を向けていた。彼の説明によれば、劇場内でプラシド・ドミンゴがヴェルディの曲を歌っているのを見ているのだという。無料で？と一瞬の思いは、また次の思いによって直ちにかき消された。文化とは社会に対する無償の愛の表現であり、行為なのではないかと。

先に触れた、アテネの最古の屋外競技場も半分外に向かって開いている。無料で競技を覗きみる者がいてもいいという態度なのだ。それが、スポーツという文化に対する無償の愛の行為なのではないだろうか。無償の愛は英語では unconditional love と呼ばれ、その概念は聖書にもしばしばあらわれているという。

たまたまある美術館のプロポーザルの作業の途中で、このマドリッドの記憶を想い出した。私は直ちに美術館前面の広場に、立体の大きなスクリーンを備えつけた案を考えた。記憶が一つのデザインを導きだしてくれたよい例である。

なぜ社会性なのか

時が建築の最終審判である。

ここで時とは歴史という言葉に置換してもいいかもしれない。建築も人間という言葉に。つまり「歴史は人間の最終審判である」ということになろう。ここで人間とは抽象的な人間ではなく、それぞれの人間を意味している。

確かに建築と人間の一生にはきわめて類似したところがある。両者ともまず生を享けてこの世の中に出現し、そこから周辺の社会とさまざまなかたちで接触がはじまる。もちろん、大きな差も存在する。人間は一〇〇歳前後でかならず死に直面する。建築は永遠とまではいかないが、ミレニアムを超えた存在も無数にある。だがときに不慮の死を遂げることもあるのだ。ニューヨークのワールドトレードセンターの生は三〇年にいたらなかった。

また、建築も、人も、多くは静かに生まれ、静かにその生を終えていく。誰の話題になることもなく――。しかし世界中、同じ人間が生まれ、同じ建築が生まれるわけではない。頻繁に地震や大火に襲われてきた日本の人々が抱く無常観、その一方で、自然により強い愛着をもち、形成してきた特異な文化を、ヨーロッパのそれと対比的に認識することができよう。

そして建築にせよ人にせよ、誕生のありかたにも文化的な類似性と差異性を見出すことができる。王族や著名人を親にもった子供はそれなりに生まれたときから社会の注目を浴びることが多い。同じように、著名な建築家の手になる、あるいはそれまでさまざまなレベルで存在しなかった新しい様相をもった建築が誕生したとき、それは当然メディアにも取り上げられ、注目を浴びる。

しかし、人間も建築もそれに続くふるまい——建築ではヴィトルヴィウスのいう三大価値の保持——そしてさまざまなレベルにおける社会性の展開を時が追い続けることとなる。

なぜ社会性なのか。芸術家の作品の芸術的価値は自己完結型である。その作品が高い価格をつけられ、有名な美術館に飾られようとも、逆に一片の紙屑のように処理されてしまっても、社会そのものに直接影響を与えることはすくない。

建築はそうではない。そこに存在した時点において、社会性の有無が問われ、さらに、その建築が存在するかぎりそれが問われ続ける宿命を背負っている。その社会性とはかならずしも高貴なものである必要はない。他人に迷惑をかけるものでなければよいのだ。そこに、人間の価値との類似性があることを我々は発見する。けれども同時に、建築の価値とはより永く、その周辺社会に愛されることで決定される。人間のさまざまな行為、優れた思考が文化を築いてきたように、建築の文化的価値は当然検証され続けるであろう。建築が生まれた時代の社会、ものづくりの技術、宗教も含めたその時代の人間が希求したもの——さまざまな事象の鏡として存在し続けるのだ。

つくり、書いてきた半世紀をふりかえって

グローバルな課題の芽

人間はどこに棲息していようと、かならず彼自身の原風景をもっている。「Another Utopia」[*1]で述べたように、奥野健男は『文学における原風景』[*2]において彼の子供時代を回想しながら、下町に住む子供にとっては路地空間が、また山の手に住む子供にとっては原っぱが彼らの原風景であるということから、東京、そして日本の街の生態を解き明かしていった。

奥野と同世代であり、同じ山の手に住んできた私にとっても「原っぱ」はまさしく原風景であった。家のまわりにあるさまざまな大きさ、かたちをした原っぱは、庭とは違い、遊びにきた友達を案内する最高のおもてなしの場でもあったのだ。

そうした経験から、これからの都市には、もっと大胆な発想に基づくさまざまな機能と姿をもったオープンスペースが必要であると思う。建築と異なって、より市民が自由に発言し得る、そしてよいアイディアを容易に実現できる二一世紀型のオープンスペースのほうが、はるかに未来志向型のユートピア形成を約束してくれるのではないか、という提案である。これらの一連の作業、提案については松隈洋と私の対話をまとめた

＊1　本書五四頁以下参照。
＊2　奥野健男前掲書（本書五五頁注参照）。

『建築から都市を、都市から建築を考える』[*3]の終盤でも述べているが、いかに将来の都市にとってより充実した、汎用性に富んだパブリックスペースの展開が重要かという視点にも繋がる。

「Another Utopia」を最近英訳し、親しい友人に送ったが、その反応は日本のそれより早かった。イギリスの代表的建築雑誌 *The Architectural Review* の首筆は、我々が都市をどうしたらよいのかという漠然とした不安をもっているなか、このエッセイは大変新鮮であるので、近いうちに掲載すると約束してくれた。ちょうどそれは、一九七〇年代に我々が奥野健男のエッセイから受けた衝撃に似た告白として、大変うれしかった。

また、二〇一七年一一月にスイスの連邦工科大学チューリヒ校(ETH)でこのエッセイをテーマにした講演を行ない、その際に *WERK* という建築雑誌のインタビューを受ける予定である。一方パリのある出版社から私のエッセイ集を出す準備もあり、そのなかに「漂うモダニズム」[*4]そして「Another Utopia」も含まれている。このようにこれらのエッセイが英、独、仏の言葉によって読者をひろげていくことは、まさにグローバル社会の一つの特徴であろう。日本には、私の書いたものより優れたエッセイ、提言が、日本語のままで山のように書庫に眠っているのではないか。著者、出版社も、もう少し広い眼で世界をみていいと思うのだ。もちろんその内容が国際的視野に立つものである必要はあるのだが。

「漂うモダニズム」を書くきっかけが、青年たちが共通してもつ不安であったように、「Another Utopia」におけるオープンスペースはどうであるべきかという問いは、世界で共有されるものでもあったので、強い反応がジャーナリストたちから投げかけられたのだ。しかしそのきっかけには、自分の子供時代の原っぱ、あるいは夏の軽井沢の南原

*3　槇文彦、聞き手・松隈洋『建築から都市を、都市から建築を考える』岩波書店、二〇一五年。

*4　槇文彦前掲書(本書三頁注参照)所収。

の記憶、経験が強く反映している。グローバルな課題といっても、それぞれの人間のきわめてローカルな経験のなかに、その芽がつねに存在するということだ。

「Another Utopia」については、私は、もう一つ夢をもっている。それは先に述べた英、独、仏語にひろく翻訳された後、若い世代を対象に広場、オープンスペースについての国際アイディア・コンペを行ない、その結果をもとに、一つの本をつくるということである。「夢を育む」ことは、誰にも許された数少ない自由の一つである。かつて評論家・多木浩二は、都市とは夢を育む場所と定義した。もちろん田園もそうであってかまわないのだが。

考えてみると、私の空想はより地に足のついた空想だといってよいかもしれない。私は、自ら定義した「時間・空間・建築」[*5]の、「時」の特性の一つとして、「時とは記憶と経験の宝庫である」と述べている。今後も、私に与えられた残り少ない時間のなかで、この言葉を大事にしていきたいと思う。「応答「漂うモダニズム」に応える」[*6]で、私は、自分は評論家でなくオブザーバーだといっている。よきオブザーバーであるためには、つねに現実をみすえた認識が必要なのだ。

＊5　本書三〇二頁以下参照。
＊6　本書三〇頁以下参照。

書くこととつくること

建築設計が始まると建築家はさまざまなアイディアをめぐらせる。それは自由な空想の世界でもある。しかしそのアイディアが図面化され、さらに施工を経て実現してゆけば、敷地、予算、プログラム工期、その他のさまざまな条件のなかで否応なしに現実主義者、リアリストにならざるを得ない。もちろんリアリストの経験を経て、さらに初期のアイディアの充実化をはかることはよいことだ。本書で言及してきた集合体の理論、あるいはヒルサイドテラスのデザインにはそうした経験が役に立っていたと思う。

もちろんそれがそのまま実現をめざすものでなく、提案自体が主体であるなら、建築家にとってそれはすでに一つの作品であり、そのなかで建築史に永く名をとどめるものも少なくない。

私も半世紀以上にわたってつくり、書き続けてきた。そしてどちらかといえばある理論、理想を一貫して守り続けたミースのような建築家でもなく、また、コルビュジエ、ピカソのように年とともに変貌し続ける巨星でもなかった私にとって、書くこととつくることは歓びでもあり、また苦痛でもあった。

書くといっても私の場合、主として都市と建築にかかわる主題のものが多いので、建築のデザインと同じように、よいテーマを発見したときにはそこに共通した歓びが存在する。荒野のなかで灯火のある一軒家を発見したときのように。

一方、つくるという行為は、客観的に自己作品をみると、かねがね建築とはこういうものでありたい、あるいはこうであるべきだという自らの考えを裏切るものではなかったかと、自己批判の苦痛を伴う。建築に対する言説は本来自由であるべきだが、一貫性を求め、自分のやっている、あるいはやってきたことは正しいとするならば、その言説は絶えず拘束されざるを得ない。書くかつくるか、どちらかをやめてしまえばずいぶん気楽な生活ではないかと思うこともたびたびあった。

かつて著名な作家であり、理論家でもある建築家が、つくることと言うことはそこに矛盾があってもかまわないのだと豪語したことがあるときく。私には到底そのような勇気はない。

自分がこの半世紀のあいだ、つくるということにおいて、一つ支えにしてきた次の言葉を紹介し、この稿を終えるとともに、このエッセイ集の締めくくりにもしたい。

「建築の形態、あるいは姿とは、建築家がその美を求める過程において彼の倫理観が支えていくものでなければならない」

初出一覧

I

変貌する建築家の生態　書き下ろし

応答「漂うモダニズム」に応える　槇文彦・真壁智治編著『応答　漂うモダニズム』左右社、二〇一五年

Another Utopia　『新建築』二〇一五年九月号

II

インタビュー　I・M・ペイ——次世代におくるメッセージ　『a+u』二〇〇八年八月別冊

インタビュー　ルシオ・コスタ——ブラジリア　時が育んだ都市の「根」　『季刊大林』四四号、一九九八年（原題：「対談　ブラジリア」）

コルビュジエの『輝ける都市』　ル・コルビュジエ、白石哲雄監訳『輝ける都市』河出書房新社、二〇一六年（原著一九三五年）

ハーヴァード大学「都市デザイン会議」でのジェイン・ジェイコブズ　『ジェイン・ジェイコブズの世界 1916―2006』別冊『環』二二号（二〇一六年六月刊、原題：「ハーヴァード大学都市デザイン会議におけるジェイン・ジェイコブズ」）

Ⅲ

オマージュとしての建築　『KENCHIKU』一―四号（二〇一四年秋―二〇一五年夏、原題：「一建築家の出会い」［1］［2］、「オマージュとしての建築」［1］［2］）

旅とはなにか　『建築への旅　建築からの旅』エーディーエー・エディタ・トーキョー、二〇一七年（初出：『GA JAPAN』一三九号）

私の蒼生のころの歴史　『建築雑誌』二〇一六年四月号

パナティナイコとの出会い　『建築と日常』三―四合併号（二〇一五年三月刊）

第三走者・阪田誠造　阪田誠造、「阪田誠造　坂倉準三の精神を受けついだ建築家」編集委員編著『阪田誠造　坂倉準三の精神を受けついだ建築家』建築画報社、二〇一五年

空間と人間――追悼・宇佐美圭司　『宇佐美圭司回顧展　絵画のロゴス』和歌山県立近代美術館、二〇一六年

朝倉徳道さんを偲んで　『代官山ヒルサイドテラス通信』七号（二〇一七年春―夏号）

Ⅳ

都市のＤＮＡ　『公研』二〇一五年一〇月号

細粒都市東京とその将来像　『美学』六六巻一号（二四六号）五―一二頁、二〇一五年六月三〇日刊

ミニコミュニティ・プランニング
――明日の東京と建築家　日本建築家協会『現代日本の建築家　ＪＩＡ建築年鑑２０１３』建築画報社、二〇一四年（原題：「明日の東京と建築家」）

都市に潜在する情景　『代官山ヒルサイドテラス通信』二号（二〇一四年秋―冬号）

Ⅴ

新国立競技場案を神宮外苑の歴史的文脈の中で考える　槇文彦・大野秀敏編著『新国立競技場、何が問題か
――オリンピックの17日間と神宮の杜の100年』平凡社、二〇一四年
（初出：『JIA MAGAZINE』二〇一三年八月号）

それでも我々は主張し続ける
——新国立競技場案について　『JIA MAGAZINE』二〇一四年三月号

座談会「宴」のあと　『世界』二〇一六年七月号（原題：「検証　新国立競技場問題
ポスト・オリンピックの社会のために——「槇グループ」は何をどう問題にしてきたか」）

VI

群造形——その四五年の軌跡　大髙正人・川添登編『メタボリズムとメタボリストたち』
美術出版社、二〇〇五年（原題：「群造形と現在、その45年の軌跡」）

空間・時間・建築　書き下ろし

つくり、書いてきた半世紀をふりかえって　書き下ろし

図版提供一覧

Ⅰ章

43頁	西沢立衛「豊島美術館」	提供：西沢立衛建築設計事務所
43頁	谷口吉生「鈴木大拙館」	提供：谷口建築設計研究所
44頁	隈研吾「アオーレ長岡本庁舎」	提供：隈研吾建築都市設計事務所

Ⅱ章

69頁	ペイ氏にインタビューする著者	提供：新建築社
74頁	製図台の前に坐るペイ氏	提供：Pei Cobb Freed & Partners
93頁	ソサエティ・ヒル	写真：Robert Damora
103頁	ワシントン・ナショナル・ギャラリー東館	写真：アフロ
119頁	蘇州博物館	写真：アフロ

Ⅲ章

182頁	楷・行・草の書体	出典：都市デザイン研究体『日本の都市空間』(彰国社，1968年)38頁

Ⅳ章

199頁	図2　大街区のモデル化	出典：バリー・シェルトン，片木篤訳『日本の都市から学ぶこと――西洋から見た日本の都市デザイン』(鹿島出版会，2014年)126頁
213頁	「地下鉄ヒルサイドテラス駅」	提供：アートフロントギャラリー
214頁	「みんなのぶらんこ」	提供：同上
214頁	「代官山リビング」	提供：同上
215頁	陸前高田市「うごく七夕まつり」	提供：陸前高田市

そのほか記載のないものはすべて槇総合計画事務所提供

あとがき

『残像のモダニズム』は、冒頭で述べたように『記憶の形象』、『漂うモダニズム』に続く、私にとっては一九六〇年代からの――それは私の建築家人生とおよそ同時期に始まるが――都市・建築に関するエッセイ集の三冊目にあたるものである。

この三冊を字数にすれば優に一〇〇万字を超えると思うが、なぜ建築家がこんなに書こうとするのかと、世の中の建築家でない人々は不思議に思われるかもしれない。

我々建築家にとって、当然作品をつくることが仕事の根幹をなしている。しかし作品の背後にあって、そこにはみえないさまざまな事象を、書くということでぜひ記録しておきたいとの衝動を強くもつことがたびたびある。なぜならそれは美の探究という芸術性を超えて、建築の実現の過程において施主、技術者、利用者、さらにはより広い社会の人々の意見に遭遇する運命をもっているからである。我々は否応なしに社会とは何か、文化とは何か、都市とは何かという問い、そして究極には人間とは何かという問いに対して、自分なりの答えを見出していかなければならないともいえる。

私にとって、そこには一つの思考の流れも存在する。たとえば『記憶の形象』所収の「平和な時代の野武士たち」で示そうとした当時の新しい建築家像の出現は、巻頭エッセイの、より広いグローバルな建築家の生態へと繋がっていく。

この本の副題「「共感のヒューマニズム」をめざして」は、「漂うモダニズム」のエッセイで示した建築のそれに対し、建築だけでなくより広い文化性をもったかたちで我々の生活におけるヒューマニズムの展開があることに触れている。建築家でない誰もが建築よりも容易に意見を言いやすく、かつ参加しやすい「広場」の特質について「Another Utopia」では述べた。また「都市のＤＮＡ」で指摘している日本文化の穏やかさ、あるいは「空間・時間・建築」で触れている、無償の愛としての文化の本質ということは、建築を超えた広義のヒューマニズムと理解してもらってよい。

最後にこの本の完成まで誠実に向き合っていただいた岩波書店の方々、特に堀由貴子氏には深い敬意と感謝の念を記しておきたい。

著者紹介

槇　文彦
建築家。一九二八年東京都生まれ。東京大学工学部建築学科卒業、ハーヴァード大学大学院デザイン学部修士課程修了。その後ワシントン大学、ハーヴァード大学、東京大学で教壇に立つ。現在、槇総合計画事務所代表。
主な作品にヒルサイドテラス+ウエスト、岩崎美術館、スパイラル、京都国立近代美術館、幕張メッセ、慶應義塾大学湘南藤沢キャンパス、風の丘葬斎場、MITメディアラボ、4WTCなど。日本建築学会賞、高松宮殿下記念世界文化賞、プリツカー賞、AIA(アメリカ建築家協会)ゴールドメダルほか受賞多数。文化功労者(二〇一三年)。
著書に『見えがくれする都市――江戸から東京へ』(共著、鹿島SD選書)、『記憶の形象――都市と建築との間で』(筑摩書房)、『漂うモダニズム』(左右社)、『応答　漂うモダニズム』(共編著、左右社)、『建築から都市を、都市から建築を考える』(聞き手・松隈洋、岩波書店)ほか。

残像のモダニズム　「共感のヒューマニズム」をめざして

二〇一七年九月二二日　第一刷発行

著者――槇《まき》 文彦《ふみひこ》
発行者――岡本 厚
発行所――株式会社　岩波書店
〒一〇一―八〇〇二
東京都千代田区一ツ橋二―五―五
電話案内　〇三―五二一〇―四〇〇〇
http://www.iwanami.co.jp/

装丁――矢萩喜從郎
印刷――三陽社／カバー――半七印刷
製本――松岳社

ISBN 978-4-00-023065-0　Printed in Japan

伽藍が白かったとき　ル・コルビュジエ　生田　勉・樋口　清　訳　岩波文庫　本体九六〇円

日本の近代建築（上・下）　藤森照信　岩波新書　上・本体八八〇円　下・本体八六〇円

小さな建築　隈　研吾　岩波新書　本体七六〇円

丹下健三　戦後日本の構想者　豊川斎赫　岩波新書　本体八四〇円

都市のイメージ　新装版　ケヴィン・リンチ　丹下健三・富田玲子　訳　A5判二九二頁　本体三六〇〇円

建築から都市を、都市から建築を考える　槇　文彦　聞き手＝松隈　洋　四六判一九二頁　本体一九〇〇円

岩波書店刊

定価は表示価格に消費税が加算されます

2017年9月現在